AF397564

Lilien Mergner

Es kann die Bravste nicht in Frieden leben

novum pro

Bibliografische Information
der Deutschen Nationalbibliothek:

Die Deutsche Nationalbibliothek
verzeichnet diese Publikation in
der Deutschen Nationalbibliografie.
Detaillierte bibliografische Daten
sind im Internet über
http://www.d-nb.de abrufbar.

© 2015 novum Verlag

ISBN 978-3-99048-222-3
Lektorat: Pia Euteneuer
Umschlagfoto:
Nkarol | Dreamstime.com
Umschlaggestaltung, Layout & Satz:
novum Verlag

Gedruckt in der Europäischen Union
auf umweltfreundlichem, chlor- und
säurefrei gebleichtem Papier.

www.novumverlag.com

Ein Bauernhof Anfang Februar 1945 in Thüringen

Endlich hatte die Kleine das geeignete Versteck gefunden. Sie kroch zwischen den Zweigen hindurch – „Au! Mist!" Da war ein Stück von der Schürze am Dorn hängen geblieben – das gab wieder tüchtigen Ärger mit Mama. Dann rutschte sie und landete in einer kleinen Kuhle, die beim Sturz des riesigen Baumes nach einem gewaltigen Unwetter entstanden war.

„Hier findet uns keiner", flüsterte sie ihrer Puppe zu und drückte sie eng an sich. „Aber trotzdem musst du ganz still sein. Großmutter hat bisher alle Verstecke gefunden. Der liebe Gott hat ihr bestimmt hinten auch Augen gegeben, die aber keiner sehen kann. Wenn sie sich ihre Haare wäscht, schaue ich immer genau hin, ob ich vielleicht doch das Geheimnis herausbekomme, wie sie hinten sehen kann. Da, hörst du? Da ruft sie schon wieder. Ich soll beim Kühe Füttern helfen und das Futter für das Kleinvieh mischen. Pscht! Sei ganz still!"

„Wo ist denn dieses kleine Luder wieder?", ertönte jetzt die energische Stimme der Mutter. „Hast du ihr nicht gesagt, was sie bis abends noch zu machen hat?"

„Gönne ihr doch ein paar Minuten Pause, Jenny. Sie ist erst fünf Jahre alt. Da haben wir ihr zu Weihnachten deine alte Puppe zurechtgemacht und geschenkt, und sie hat keine Zeit, damit zu spielen."

„Kann ich etwas dafür, wenn die Männer unbedingt Krieg spielen müssen, irgendwelchen Feinden nachjagen, die keiner kennt und die ihnen wahrhaftig nichts getan haben, wenn diese Männer dann nicht mehr nach Hause kommen?! Da müssen wir Frauen eben alles alleine bewältigen, egal wie alt wir sind!"

Großmutter Alma sah ihre Tochter an. Sie hatte ja so recht. Die schönsten Jahre des Lebens stahl man den Kindern und den jungen Frauen. Durch das magere Essen und die schwere körperliche Arbeit war ihre Jenny dürr wie eine Zaunlatte. Man musste schon sehr genau hinschauen, um etwas Weibliches an ihr zu entdecken. Dabei lebten sie auf dem Dorf, wo die Hühner trotz Krieg noch Eier legen, wo es Milch gab und man ab und zu sogar heimlich ein Schwein schlachten konnte, wenn man an die verfluchte Nazi-Regierung abgegeben hatte, was sie verlangte, um die übrig gebliebene Bevölkerung zu ernähren. Der Zweite Weltkrieg ging nun schon ins sechste Jahr, und die Nachrichten wurden von Tag zu Tag besorgniserregender. Wie musste es erst den armen Frauen in der Stadt gehen, bei denen der Hunger ständiger Begleiter war. Eine furchtbare Zeit war das. Und dieser verdammte Krieg war immer noch nicht zu Ende. Dabei waren schon so viele Männer gefallen. Die Bauernhöfe waren vor Kurzem noch von der SS durchsucht worden, um alle Männer, sogar Jungen, die kaum dreizehn Jahre alt waren, aufzustöbern. Nachbars Michael war gewaltsam seiner Mutter entrissen worden, die den Jungen versteckt hatte. Sie hatte ihn im Heuschober vergraben, ein getarntes Ofenrohr hatte das Atmen erleichtern sollen. Doch ein plötzlicher Schrei hatte alle ihre Hoffnungen platzen lassen. Mit Gabeln im Heu stochernd, hatten sie ihn fast aufgespießt. Aber er war nur wenig verletzt worden, zu wenig, um als dienstuntauglich eingestuft zu werden. Es war grotesk, diese Kinder in Uniformen zu stecken, welche an den dünnen, winzigen Körpern herumschlotterten und von den weinenden Müttern eiligst etwas zurechtgenäht wurden, ehe man die armen kleinen Opfer abholte. Und diese halb verhungerten Jammergestalten sollten sozusagen die „Karre noch aus dem Dreck ziehen" und den Nazitraum retten? Großmutter Alma konnte sich nur an den Kopf greifen, sah sich aber vorsichtshalber dabei um. Jeder vernünftig denkende Mensch wusste, dass der Krieg längst verloren war – aber sagen durfte man es niemandem – nicht einmal innerhalb von Familien. Sie kannte bereits einige, die sogar von der eigenen Verwandtschaft denunziert worden waren, weil sie Hitler und seinen Wahnsinn verflucht hatten. Vor Morgengrauen waren die Ärmsten abgeholt worden; und niemand wusste, wohin man sie gebracht hatte – womöglich in dieses geheimnisvolle Lager Buchenwald, gleich hier in der Nähe bei Weimar, in welchem Juden, Zigeuner und Verbrecher eingesperrt waren, alles Staatsfeinde oder Untermenschen, wie der hiesige Gauleiter behauptet hatte. Ab und zu raunten sich die Leute zu, was für schreckliche Dinge sich dort abspielten, aber etwas Genaues wusste man nicht.

Ein hoher Zaun verwehrte Neugierigen den Einblick. Und irgendwie wollte man es gar nicht wissen, was dort geschah. Man hatte schließlich seine eigenen Probleme, die sich mehr und mehr vergrößerten. Trotzdem waberten immer wieder Gerüchte durch Weimar, durch Apolda und die umliegenden Dörfer.

„Und doch ist der Krieg verloren", murmelte die Großmutter verbittert. „Schon als im vorigen Jahr die britischen Bomber die Thüringer Rüstungsbetriebe angriffen, ist den vernünftigen Leuten klar geworden, dass jetzt die große Abrechnung kommt."

Über den englischen Sender, der in mehreren Sprachen über den Äther die neuesten Informationen verbreitete und den sie heimlich hörten, erfuhren sie, dass auch über Hamburg und Peenemünde verheerende Luftangriffe erfolgt waren.

Ebenfalls über diesen Sender hatten sie erfahren, was an der Ostfront vor sich ging: Die letzte Stellung der 6. Armee hatte sich hungernd und halb erfroren in Stalingrad den sowjetischen Truppen ergeben.

Großmutter Alma kochte vor Zorn. Und was hatte daraufhin Propagandaminister Goebbels von sich gegeben? „Glaubt ihr mit dem Führer und mit uns an den endgültigen und totalen Sieg des deutschen Volkes?! Wir verlangen vom Gegner die bedingungslose Kapitulation! Seid ihr entschlossen, dem Führer bei der Erkämpfung des Sieges durch dick und dünn und unter Aufnahme auch der schwersten persönlichen Belastungen zu folgen?!"

Alma stellten sich die Haare auf, wenn immer noch die hysterischen Schreie der Massen ihr Bewusstsein ausfüllten. „Jaaaa!"

Die Nazis entwickelten auf Hochtouren die geheimnisvolle neue Wunderwaffe Vz. Diese Raketenbomben sollten den Deutschen Vergeltung gegen alle Feinde verschaffen, die Schmach von Verlusten tilgen: Auge um Auge! Bombe um Bombe! Und die Leute grölten: „Jaaaaa!"

Wie ernst die Lage war, wurde Alma bewusst, als in ganz unmittelbarer Nähe ein Luftangriff der Amerikaner erfolgte, auf das Rüstungswerk Buchenwald. Dreihundert Häftlinge, die Waffen produzieren mussten, kamen dabei ums Leben. Und diese Naziverbrecher glaubten immer noch an die Wunderwaffe – wollten die Menschen an ein Wunder glauben lassen.

Der Luftkrieg war schon Ende 1943 mit voller Wucht über Mitteldeutschland hereingebrochen, wo sich viele große Waffenproduktionsstätten befanden. Hier wurden mit atemberaubender Geschwindigkeit Kriegswaffen entwickelt und hergestellt: Motoren für Panzer, Bombenflugzeuge und Kriegsschiffe, unvorstellbare Mengen an Stahlhelmen. In Dessau produzierten die Junkerswerke Sturzkampfbomber. Aus Plauen und Zwickau kamen Panzer und Kraftfahrzeuge. Der Luftkrieg zur Zerstörung dieser Werke war in vollem Gange. Die mitteldeutsche Rüstungsschmiede war seit Langem bereits Kriegsschauplatz. Die Gauleiter hatten unter Strafandrohung der Bevölkerung befohlen, keine Lichter mehr anzuzünden und alles zu verdunkeln, damit die Feinde sich nicht orientieren und die großen Städte bombardieren konnten.

Daraufhin legten auch Alma und Tochter Jenny jeden Abend die Fensterläden vor und dichteten alle Lichtquellen ab. Beim Schein von Kerzen flickten sie die Arbeitskleidung und nähten für die kleine Marita, die viel zu schnell wuchs, aus Jennys alten Kleidern neue Garderobe. Jenny brauchte sowieso kein Kleid mehr, da sie nur noch schwer arbeitete und die festen Hosen und Joppen ihres verschollenen Mannes trug.

Die Lebensmittel wurden immer knapper. Kartoffeln und alles Gemüse aßen sie nur noch mit Schale. Alle Gerichte verlängerten sie mit Brennnesseln, Löwenzahn, Miere, Brunnenkresse und anderen Kräutern und Wurzeln. Rüben dienten nicht nur als Tierfutter, sondern die Frauen übten sich an vielerlei Möglichkeiten, sie einigermaßen schmackhaft zu kreieren.

Flüchtlinge

Jäh wurde Großmutter Alma aus ihren Gedanken gerissen.

Menschen näherten sich dem Gehöft und Alma erkannte sofort, was das für arme Kreaturen waren. Wahrscheinlich kamen diese heruntergekommenen Familien aus der Stadt, weil der Hunger sie in die Dörfer trieb. Als die abgerissenen Gestalten sich näherten, stutzte sie. Diese Leute waren anders gekleidet, trugen mehrere zerschlissene Kleidungsstücke übereinander, um sich vor der Kälte zu schützen. Eine leichte Schneedecke hatte das Land überzogen und ein eisiger Wind wehte.

Langsam, scheu um sich blickend, kamen die Menschen näher. Es waren fast nur Frauen und Kinder. Die Blicke der Frauen waren leer. Sie, die gewiss einmal bessere Zeiten gekannt hatten, vielleicht gebildet waren oder gar studiert hatten, demütigten sich hier, um ihre Kinder am Leben zu erhalten. Ein alter Mann, der vor Schwäche kaum noch auf den dünnen Beinen stehen konnte, deutete zögernd eine Verbeugung an, ängstlich auf den Hofhund Wotan blickend, der knurrend näher gekommen war, sich aber gleich wieder zurückzog. Großmutter hatte für einen Augenblick den makabren Gedanken, dass Wotan für solche dürren Knochen keinen Bedarf hatte. Er erhielt nahrhaftere. Weil Alma so fassungslos verharrte, kam eine Frau näher und hielt ihr ein Armband entgegen – für ein wenig Essen. Schnell schob Alma die Hand zurück. Sie wusste, dass manche Bauern aus dem Dorf den Bettlerinnen aus der Stadt Uhren, Schmuck und andere kleine Besitztümer abnahmen, für ein Stück Brot, ein wenig Milch und ein paar Eier.

Nach der ersten neugierigen Begutachtung winkte sie die Leute heran und führte sie in die Scheune. Mit Hilfe von Tochter Jenny breitete sie Decken über Heubündel, auf denen sich die armen Menschen erschöpft niederließen. Während Jenny Tee und einen großen Topf voll Hühnerbrühe kochte, fragte Alma den Alten aus und stellte fest, dass er einen merkwürdigen Dialekt sprach.

„Wir sind Flüchtlinge aus dem Ostpreußischen. Wir wurden von Stalins Truppen verjagt und durften fast nichts mitnehmen. Wer nicht freiwillig gehen wollte, wurde sofort erschossen. Wir sind bis nach Thüringen gegangen, weil die nördlichen Bereiche Deutschlands die Flüchtlinge kaum noch aufnehmen konnten – oder wollten", fügte er verbittert hinzu.

Inzwischen schleppte Jenny Kübel mit heißem Wasser in die Scheune und schüttete sie in den Bottich, den Alma bereitgestellt hatte, damit die Erwachsenen sich reinigen konnten. Sie legte zwei Stücke Kernseife bereit, Waschlappen und große Tücher. Dann forderte sie die sieben Kinder auf, mit ihr zu kommen. Die zwei jüngsten klammerten sich an ihre Mütter und weigerten sich wimmernd. Großmutter nahm das kleinste, das sich heftig sträubte, kurzerhand auf den Arm. Das andere gab sie einem größeren Mädchen an die Hand. So brachte sie die Kinder in die Küche. Das war der einzige warme Raum, denn auch mit Holz und Torf musste gespart werden. Auf dem Tisch stand ein Waschzuber. Sie setzte die Kleinen abwechselnd hinein und weichte mühevoll den Schmutz von den mageren Körpern ab.

Den Größeren gab sie Lappen und ließ sie ihre Fetzen ablegen.

Wieder einmal rief Großmutter Alma den Herrgott an, dass er sich dieses Drama anschauen sollte: die Kinder, zitternd vor Kälte, mit Lumpen am Körper, die Köpfchen voller Läuse, Grind und Ausschlag im Gesicht.

„Lieber Gott", betete sie, „wir Deutschen sind schuldig geworden und haben viele deiner Gebote missachtet, und du hast recht, wenn ,die Rache dein ist' und wir für unsere Sünden bluten müssen. Doch du hattest damals zugelassen, dass die Priester, deine Stellvertreter auf Erden, diesen Krieg und die Soldaten segneten. Dir Allwissendem kann es doch nicht entgehen, dass Kriege aus Menschen Mörder, Diebe, Vergewaltiger und Verbrecher machen. Und deine Stellvertreter auf Erden segneten sie, bevor sie andere Länder überfielen. Wie kannst du jetzt, wo schon so viel Blut geflossen ist, mit ansehen, wie diese unschuldigen Kleinen jämmerlich zugrunde gehen?" Und bei ihrem Anruf des Herrgotts wurde Alma mit einem Mal bewusst, wie viele Kinder in den von Deutschland überfallenen Ländern bereits ein ähnliches und viel schlimmeres Schicksal erlitten hatten und noch erlitten. Was waren Menschen nur für grausame Bestien! Und Alma flehte Gott an, dass diese armen Kinder, wenn sie noch am Leben waren, auch jemanden finden würden, der ihnen half.

Die kleine Marita hatte mit ihrer Puppe Paula ihr Versteck verlassen und war neugierig näher gekommen. Aus sicherer Entfernung betrachtete sie mit großen Augen das Geschehen. Sie lächelte ein Mädchen an, welches ungefähr in ihrem Alter war. Betroffen musste sie feststellen, dass das bleiche, dünne Mädchen bitterernst blieb, und Marita hatte den Eindruck, als könne das Mädchen gar nicht mehr lachen. Die Großmutter winkte ihr unmissverständlich, gab ihr einen Korb und wies sie an, im Keller Kartoffeln zu holen, obwohl der kleine Vorrat zusehends schwand und noch bis zur nächsten Ernte reichen musste. Auch ein paar der letzten verschrumpelten Äpfel sollte Marita mitbringen. Dabei murmelte die Großmutter einen ihrer Sprüche: „Geben ist besser als nehmen."

Die Kleine schlüpfte durch ein Regal, welches vor der Kellertüre stand und mit Arbeitskleidung behängt war, damit niemand ohne Weiteres erkennen konnte, dass sich hier der Eingang eines zweiten Kellers befand. In diesem waren Lebensmittel versteckt, auf die die Nazis keinen Zugriff haben sollten.

Plötzlich stutzte Marita und blieb verwundert stehen. Hier war auf einmal alles ganz anders als bei ihrem letzten Kellerauftrag vor ein paar Wochen. Im Allgemeinen ging immer nur Großmutter in diesen Keller. Verwundert registrierte Marita die Veränderungen.

Da lagen Strohballen, ordentlich nebeneinander. In der Ecke stapelten sich Decken, exakt übereinander geschichtet. Neugierig geworden blickte sie sich um. Sie entdeckte auf einem alten Tisch Geschirrtücher, die etwas verdeckten. Obwohl Marita daran gewöhnt war, Aufträge sofort ordentlich auszuführen, überwog der Trieb der Neugierde. Sie hob das Tuch hoch und sah fasziniert eine Reihe von Bechern aus Blech, fein ordentlich nebeneinander aufgereiht. Daneben stand ein Stapel Teller. Marita zählte: sieben. „Wie bei den sieben Zwergen", murmelte sie erfreut. „Wer hat aus meinem Becherchen getrunken? Wer hat mit meinem Löffelchen gegessen?"

Die Phantasie übermannte sie. Sie glaubte, dass sie Schneewittchen von den sieben Zwergen sei, und war so verwundert, dass sie beinahe vergaß, was sie zu tun hatte. Der energische Ruf der Großmutter brachte sie schnell in die Wirklichkeit zurück, und sie erfüllte schleunigst ihren Auftrag. Bevor sie die Großmutter über ihre Entdeckungen befragen konnte, fuhr ihr beim Blick auf sie der Schreck durch alle Glieder, und ihre Frage blieb im Hals stecken.

Großmutter, die doch immer wie ein Fels in der Brandung war, herrisch, alles bestimmend, alle Probleme kleinredend, weinte jetzt. Marita ging zu ihr, streichelte sie und half ihr, Grinde und Pusteln mit Kamillensud zu reinigen und eine desinfizierende Paste aus Arnika, selbst gebranntem Schnaps und geheimen Kräutern, die nur sie selbst kannte und deren Anwendung in mündlicher Form durch viele Generationen von Frauen weitergegeben wurde, aufzutragen. Sie war froh, noch Schafstalg zu haben, der zwar schon ranzig war, aber die Salbe geschmeidiger machte.

Die Kinder schrien, weil es schmerzte. Schnell steckte Alma ihnen Zuckerbonbons in den Mund, die sie selbst hergestellt hatte und sorgsam hütete.

Mit großer Anteilnahme beobachtete Marita das Geschehen und reichte der Großmutter zu, was diese verlangte. Sie lächelte wieder das gleichaltrige Mädchen an, hoffend, dass sich wenigstens ein winziges Lächeln zeigte. Vergebens!

Dann kam Großmutters nächster Auftrag: „Gehe in die Kammer und hole deine Anziehsachen! Wir wollen sehen, ob den Kindern etwas passt. Dir ist sowieso alles zu klein und wir müssen wieder Neues nähen. Bringe auch Schuhe und Stiefel mit", fügte sie nach einem Blick auf die abgelatschten Treter der Kinder, die bereits stümperhaft zur Festigung mit Draht umwickelt waren, hinzu. „So wie du wächst, kannst du sowieso bald Mamas Schuhe anziehen. Mit den dicken Schafwollsocken passen dir sogar Mamas Stiefel."

Die Reinigung, das Verarzten und die Entlausung der Kinder waren zu Ende. Wellen des Glücks durchzogen Großmutter Alma, als die abgestumpften leeren Blicke der Kinder plötzlich aufleuchteten, nachdem sie das Essen vor sich sahen. Sie gab den Kleineren die Nahrung in winzigen Portionen und ermahnte die Größeren, ganz langsam zu kauen, um zu verhindern, dass sie es in ihrer Gier zu schnell hineinschlangen und die schwachen, ausgemergelten Körper es wieder von sich gaben. Nachdem sie ihnen behutsam das einfache Essen eingeflößt hatte, bereitete sie mithilfe der Tochter und der Enkelin in ihrer Kammer ein Lager aus Stroh, überdeckt mit Laken. Hier sollten die Kinder schlafen. Die Erwachsenen konnten in der Scheune im Heu unterkommen. Decken waren genügend vorhanden, worüber die kleine Marita sehr erstaunt war. Eine Nacht wollten die Flüchtlinge bleiben, um dann weiterzuziehen, an einen von den Ämtern zugewiesenen Ort.

Bevor die Ärmsten wieder aufbrachen, wühlten die Mutter und Marita in den Schränken, um nach einfachen Kleidungsstücken zu suchen, die den Flüchtlingen passen konnten. Marita besaß selbst nur zwei Kleider, die sie im Wechsel trug. Doch ein Samtmäntelchen, welches ihr längst zu klein war, und ein paar Pullover und Strümpfe konnten noch Verwendung finden. Großmutter steuerte zwei Paar lange Socken dazu, die sie im Winter aus Schafwolle gestrickt hatte. Dadurch passten einer größeren Flüchtlingsfrau wenigstens ein Paar Stiefel von Jennys Mann, der vielleicht nie wieder von der Front heimkam. So ausgestattet zogen die armen, heimatlosen Menschen am nächsten Morgen weiter. Zum Abschied hatten sie noch ein paar Becher Milch und einen Kanten Brot bekommen sowie ein Ei gegessen. Sie sahen durch die zusammengewürfelten Kleidungsstücke verwegen aus. Aber alles war sauber und warm. Es war erst Februar, und der Winter war noch lange nicht zu Ende. Immer wieder gab es kurze, heftige Schneestürme.

Die kleine Marita hatte verstohlen die fremden Menschen beobachtet, die so traurig und niedergeschlagen aussahen. Sie hatte
ihre Großmutter bewundert, die sich gar nicht fürchtete und ganz
freundlich zu allen war. Es hatte sich in die Seele der Kleinen ein-
geprägt und beeinflusste auch später noch ihr Tun und Handeln.

Deserteure

Die Gedanken an den schrecklichen Weltkrieg, der sich mit Sicherheit dem Ende näherte, das Morden, das unsagbare Leid für so viele Völker tauchten immer wieder in Alma auf. Energisch rief sie sich zur Ruhe. Einen klaren Kopf brauchte sie jetzt, um gemeinsam mit ihrer Tochter den kleinen Bauernhof zu erhalten. Vom Schwiegersohn hatten sie seit einem Jahr keine Nachricht von der Ostfront. Ihre Hoffnung, dass er noch am Leben sei, schwand von Woche zu Woche. Nur einzelne Männer waren in ihr Dorf zurückgekehrt, dienstuntauglich, durch den Krieg zu Krüppeln geworden. Und wie so oft schwollen die Adern von Alma vor Zorn an, als sie daran dachte, dass noch vor einer Woche der Obernazi Gauleiter Sauckel Durchhalteparolen für die Gaubevölkerung ausgerufen hatte.

Jetzt hieß es für die zwei Frauen arbeiten, arbeiten, bis zur Erschöpfung. Damit war sie mit den Gedanken wieder bei der kleinen Marita. Ihre Tochter hatte schon recht. Je eher sich das Kind daran gewöhnte, alles zu tun, was ihr kleiner Körper verkraftete, umso schneller lernte sie, Verantwortung zu übernehmen. Spielen, Herumtollen, eine glückliche Kindheit konnten sie sich in der derzeitigen Lage nicht leisten.

Als die Flüchtlinge weitergezogen waren, erhielt Marita wieder eine ganze Reihe von Aufträgen. Doch bevor sie ihrer Arbeit nachkam, zögerte sie, weil eine ganz wichtige Frage ihr Herz bedrängte: „Oma, woher wusstest du im Voraus, dass so viele Bettler kommen würden?"

„Das wusste ich doch nicht im Voraus."

„Aber warum lagen dann sieben Strohballen im Notkeller ausgebreitet, dazu Decken, und warum standen in der Ecke sieben Becher, sieben Teller und Besteck?"

„Zum Kuckuck mit diesem neugierigen Kind!", zeterte die Großmutter und fuchtelte erregt herum. „Jetzt hilft nur die Wahrheit. – Hör zu. Ich will dir ein großes Geheimnis anvertrauen. Du darfst mit niemandem darüber sprechen –, hast du gehört, mit niemandem. Sonst kommen wir alle ins Gefängnis oder werden sogar umgebracht.“

Marita riss Mund und Augen weit auf und schüttelte fasziniert mit dem Kopf.

Großmutter wollte ihr ein großes Geheimnis anvertrauen – ihr ganz allein. Das war so aufregend!

„Weißt du, da kommen jetzt manchmal Soldaten von der Ostfront. Sie haben große Angst und wollen nicht mehr Krieg machen. Sie wollen nach Hause, weil sie halb verhungert und krank sind. Das dürfen sie aber nicht. Sie sollen für Hitler kämpfen, bis sie sterben, weil dieser Satan immer noch denkt, dass wir Deutschen gewinnen. Erwischt man diese Soldaten, man nennt sie Deserteure, werden sie als Vaterlandsverräter beschimpft und sofort erschossen. Und wer ihnen hilft, dem passiert das Gleiche. Es gehört viel Mut dazu, solche Leute zu verstecken und ihnen etwas zu essen zu geben.“

„Und du hast diese armen Männer bei uns versteckt? Du bist mutiger als ein Kriegsmann!“, flüsterte Marita bewundernd. „Großmutter, ich werde niemals etwas verraten.“

„Dann bist du genauso mutig wie ein Kriegsmann. Lasse dich auch von ganz freundlich tuenden Menschen nicht täuschen, von keinem Nachbarn und besonders nicht vom Ortsgruppenleiter. Das ist der Brinner mit dem dicken Bauch. Weißt du, das ist der, der neulich mit den Soldaten hier ankam und bei uns alles durchsucht hat, um Männer und Jungen und auch noch verstecktes Essen aufzustöbern. Er darf auf keinen Fall den geheimen Notkeller finden. Um den Nazi-Brinner machst du einen großen Bogen. Erwischt er dich trotzdem einmal, dann tust du so, als wenn du stumm und ein wenig dusselig wärst. Kannst du das?“

Ei, das gefiel der kleinen Marita. Sie probierte gleich einmal aus, dumm und dusselig zu gucken, schielte, verzog den Mund und machte: „Hoa, hoa.“

„Bestens“, grinste Alma, „dich können wir als kleinen Idioten ausgeben. Übertreibe es aber nicht, sonst bringen sie dich nach

Buchenwald. Ich habe gehört, dass sie dort auch Missgeburten hinbringen. Diese Schweine schrecken vor nichts zurück. Und wir haben auch noch **hurra** geschrien für Hitler. Tag und Nacht ohrfeigen könnte ich mich, wenn ich nur daran denke. – Und nun höre genau zu: Du bist jetzt ein Geheimnisträger, wie Mama und ich. Ich gebe dir einen Korb. Darin ist Essen versteckt. Brot, Milch und ein paar gekochte Eier. Damit die Deserteure nicht immer nachts auf unseren Hof kommen – weil das einfach für alle zu gefährlich ist – mache ich mit denen, die abends um unseren Hof schleichen, aus, dass wir ihnen Lebensmittel unter die Bachbrücke bringen. Nur wenn es mal ganz eisig ist oder es extrem Verletzte gibt, dann kommen sie zum Schlafen zu uns in den Notkeller. Du wirst jetzt jeden Tag den gefüllten Korb unter die Brücke stellen. Da sind ein paar Büsche, wo du ihn verstecken kannst. Du bist ja schon groß und sehr vernünftig. Sollte dich irgendwann jemand aufhalten und in deinen Korb gucken, sagst du, dass du das der armen Erna, unserer Base, bringst, damit sie nicht verhungert. Die wohnt am anderen Ende des Dorfes. Das wird man glauben. Hüte dich auch vor jenen, die ganz freundlich sind. Denke daran, wie im Märchen die böse Stiefmutter das Schneewittchen getäuscht hat. Und vor allem mache immer einen weiten Bogen um den dicken Brinner!

Und so sehr ich das auch verabscheue: Eines musst du noch lernen, bevor ich dich alleine losschicke. Du übst jetzt den Hitlergruß.“

„Den kann ich doch schon längst.“

Und die Kleine streckte zackig den Arm nach vorn: „Heil Hitler!“

Um ihren Gruß zu bekräftigen, sang sie mit ihrer hellen Kinderstimme noch das Lied: „Es zittern die morschen Knochen der Welt – vor dem großen Krieg … Wir werden so lange marschieren, bis alles in Scherben zerfällt!“

Der Großmutter grauste es. „Woher kennst du solch ein verdammtes Lied?“

„Neulich, als die Pimpfe von der Schule weg zum Sportplatz marschierten, bin ich hinterher gegangen, weil sie da immer so lustige Geländespiele machen und Fliegeralarm üben. Und dann singen sie ganz oft Lieder. Sie haben mich erwischt. Weil ich schreckliche Angst hatte, dass sie mich verhauen, habe ich alles gemacht, was die Schulkinder immer tun müssen. Ich habe den Arm ausgestreckt und ‚Heil Hitler‘ gerufen. Das hat den Lehrer sehr gefreut und er hat mir übers Haar gestrichen und gesagt: ‚Das ist doch mal ein echtes deutsches Mädchen mit dem Herz auf dem rechten Fleck! Du kannst ruhig einmal dabei sein und hören, was für schöne Lieder wir dem Führer zu Ehren singen.‘ Er zeigte mir ein Schulliederbuch und sagte: ‚Das Buch heißt – Singkamerad. Da stehen alle Lieder drinnen, die ein echter Pimpf können muss.‘ – Und von den Pimpfen habe ich dieses Lied mit den morschen Knochen und noch ein paar andere gelernt, auch das Fahnenlied.“ Marita stimmte aus vollem Halse an: „Vorwärts, vorwärts, schmettern die hellen Fanfaren! Vorwärts, vorwärts! Jugend kennt keine Gefahren! Deutschland, du wirst leuchtend stehn, mögen wir auch untergehn. Vorwärts, vorwärts, schmettern die hellen Fanfaren! Vorwärts, vorwärts! Jugend kennt keine Gefahren. Ist das Ziel auch noch so hoch, Jugend zwingt es doch!“

Die Großmutter war entsetzt: „Zu Hause will ich das nie wieder hören und den Hitlergruß nie wieder sehen! Hast du mich verstanden!? Du machst es nur, wenn …“

„Jaja, Oma! Nur wenn der dicke Brinner oder einer seiner Männer kommt. Ich weiß schon. Ich bin doch nicht dusselig. Ich tu nur so.“

Alma war halb belustigt, halb empört. Diese unselige Zeit machte schon aus kleinen Kindern Heuchler und Betrüger. Und sie selbst unterstützte dies auch noch. Aber dieses Mädchen sah so unschuldig aus. Und trotzdem hatte sie es bereits faustdick hinter den Ohren. Es war geradezu bedrohlich, wie die schlimme Zeit die Menschen veränderte, wie sie versuchten, auch noch so furchtbaren Situationen das Beste abzugewinnen, wie der Selbsterhaltungstrieb sie erfinderisch werden ließ.

Die kleine Marita barst fast vor Begeisterung; und ab sofort übernahm sie diese Aufgabe zur größten Zufriedenheit der Großmutter, die hoffte, dass ein Kind mit einem Futterkorb harmloser wirkte als ein Erwachsener.

Wenn die Großmutter ihr den Korb mit dem Essen gab, vergaß sie auch nicht, Marita zur Eile anzumahnen. „Und dass du mir nicht herumtrödelst oder anderen Unfug machst! Du weißt: Der liebe Gott sieht alles."

Der Unschuldsblick der Kleinen und ihre Worte belehrten sie eines Besseren.

„Der sieht nicht alles. Und außerdem passt er oft nicht auf."

„Was fällt dir ein, so über den Herrn zu reden! Und wie meinst du das überhaupt?"

„Der liebe Gott hat gar nicht aufgepasst, als er dem bösen Mann von Nazi-Hitler, von dem ihr manchmal sprecht, den Namen Himmler gegeben hat. Der darf doch nicht in den Himmel kommen. Der sollte doch Höller heißen."

Die Großmutter schwankte wieder zwischen Empörung und Belustigung über die Gedanken eines kleinen Mädchens.

Marita stellte morgens das Essen unter der Brücke ab. Abends holte sie den leeren Korb zurück.

Öfters kam sie von ihrer Mission zurück und brachte Aufrufe oder illegale Flugblätter mit. Große Zettel klebten einmal an jedem Gartenzaun, mit dem Aufruf: „Ablieferung von Metall ist Pflicht für alle! Wer sich an dem Gesammelten bereichert, schädigt dem großdeutschen Befreiungskampf und wird deshalb mit dem Tod bestraft!"

Einmal brachte Marita freudestrahlend ein Blatt mit einer Karikatur, von der sie sehr beeindruckt war. Es war die negative Figur vom ‚Kohlenklau‘, des Energieverschwenders. Darunter stand:

‚Sein Magen knurrt, sein Sack ist leer;
und gierig schnüffelt er umher.
An Ofen, Herd, an Hahn und Topf,
an Fenster, Tür und Schalterknopf
holt er mit List, was ihr versaut.
Die Rüstung ist damit beklaut,
die auch dein bisschen nötig hat,
da er jetzt sucht in Land und Stadt.
Fasst ihn!!‘

Es gab aber auch Flugblätter, die die Frauen zwar lasen, aber ganz schnell verschwinden ließen.

Einmal wurde Marita beim Aufsammeln der Flugblätter vom Ortsgruppenleiter Brinner erwischt. Als sie abhauen wollte, schnappte er sie an den roten Zöpfen.

„Für wen sollst du denn diese Blätter mitbringen?", tat er freundlich. „Und warum wolltest du vor mir wegrennen?"

„Meine Mama und meine Oma haben mir verboten mit Fremden mitzugehen. Und das Papier soll ich fürs Klo mitbringen. Dann braucht die Oma nicht so viel Zeitung zerschneiden. Die hat nämlich schon ganz alte Hände, weißt du. Und ich kann noch nicht so viel schneiden."

Marita fiel ein, dass jetzt vielleicht eine günstige Zeit sei, ,Heil Hitler' zu rufen. Sie stellte sich in Positur, entrichtete ihren Gruß und sang danach noch das Lied mit den morschen Knochen.

Höchst verdattert und entwaffnet starrte ihr der Brinner nach. Die Kleine hatte ja den Nationalsozialismus mit der Muttermilch eingesogen.

Bombenalarm und Häftlingsmarsch

„Hole Brennnesseln und Disteln. Zerhacke sie mit dem Messer. Dann mischst du sie mit der Kleie im Eimer. Schäle die gekochten Eier, zerstampfe sie und gib es dazu. Das gibst du den Junghennen zu fressen."

So ging es den ganzen Tag. Als dann Großmutter im Stall verschwunden war, lief Marita schnell zur Puppe Paula und schlich mit ihr in die Scheune. Das geheime Versteck beim umgefallenen Baum war zu weit entfernt. Das gäbe sonst tüchtigen Ärger. Ihre Arbeiten mussten alle noch erledigt werden. Sie sang ganz leise Paula das Lied vor, welches die Großmutter sie gelehrt hatte: „Flieg, Maikäfer, flieg. Dein Vater ist im Krieg. Deine Mutter ist im Pommernland. Pommernland ist abgebrannt. Flieg, Käfer, flieg." Die Nazi-Lieder waren zwar viel lustiger – aber wenn es Oma doch verboten hatte!

„Komm hervor, du kleiner Strolch!", hörte sie die Großmutter rufen. „Deine Mieze jammert schon vor Hunger. Keine einzige Maus ist mehr in der Nähe. Sie möchte ein Schälchen Milch und weint, weil sie dich nicht findet. Hörst du sie? Miauuuu!"

Als Großmutter im Haus verschwunden war, kroch Marita aus dem Versteck. Sie wusste, dass die Oma miaut hatte; aber so ein Spiel reizte sie, die keine Zeit zum Spielen hatte, immer wieder aufs Neue.

„Miez, Miez, kleine Minka, ich bin ja schon da", lockte sie, als plötzlich hinter der Tür der Arm der Großmutter hervorkam und sie sachte am Ohr zog.

„Du kleine Herumtreiberin! Mach dich an die Arbeit! Deine Mutter hat schon den Teppichklopfer in der Ecke stehen, wenn du dich immer drückst."

Den Teppichklopfer?! Das klang sehr bedrohlich. Ohrfeigen kannte das Mädchen. Sie taten weh, waren aber schnell vergessen.

Die einzige Tracht Prügel mit dem Teppichklopfer, die Mutter ihr verpasst hatte – das würde sie nie vergessen. Sie hatte es einmal gewagt, Mutters einzige Paar Stöckelschuhe zu entwenden, die sie ja nie anhatte, um damit auf dem unebenen Hof herumzustolzieren. Dabei war sie auf eine herumliegende Harke getreten, die durch ihre eigene Unachtsamkeit da lag, was zur Folge hatte, dass unglücklicherweise ein Absatz der Pumps abbrach und Marita sich vom hoch schnippenden Harkenstiel an Auge und Stirn so sehr verletzte, dass sie tagelang verschwollen herumlief und kaum etwas sehen konnte. Mutter war außer sich gewesen. Sie hatte sie ohnmächtig vor Zorn geschlagen, bis Großmutter Alma dazwischen gegangen war. „Jenny, sie ist schon gestraft genug. Beherrsche dich doch und lade nicht all deinen Kummer auf der Kleinen ab!“

Als Jenny dann ihre Tochter gesehen hatte, wie deren zartes kleines Gesicht sich verfärbt hatte und bösartig angeschwollen war, hatte sie zu weinen begonnen und versucht, sie in den Arm zu nehmen. Doch das Kind hatte sich in Abwehrhaltung ganz steif gemacht. Tagelang waren Mutter und Tochter wie Fremde herumgeschlichen, denn die kleine Marita fühlte sich schuldig und wusste nicht, wie sie das Ganze wieder gut machen konnte; und ihrer Mutter ging es ebenso. Großmutter Alma hatte dies nicht mehr länger ansehen können und Marita geheimnisvoll etwas ins Ohr geflüstert, bis deren Augen leuchteten. Im letzten Sommer hatten sie Blumen gepresst, es aber aufgrund der vielen Arbeit vergessen. Nach Großmutters Anregung hatte die Kleine ein wunderschönes Bild mit den Blumen gestaltet und es Mutter verschämt überreicht. Mutter war gerührt; und dieses Mal war Marita der Umarmung nicht ausgewichen.

Doch den Gedanken an den Teppichklopfer und die schrecklichen körperlichen und seelischen Empfindungen dabei, konnte sie nie wieder abschütteln.

Schnell brachte Marita ihre Puppe ins Bett. „Du wartest schön, bis ich wiederkomme! Aber mache keine Dummheiten! Du weißt, sonst gibt es … nein, du brauchst keine Angst zu haben!“

Paula bekam ein Küsschen; und das Kind fegte die Küche, trocknete das Geschirr ab und holte Holz zum Heizen für den Herd.

Nur sehr langsam kündigte sich das Frühjahr an – das schlimmste Frühjahr, welches sie je erlebt hatten. Die Ereignisse überschlugen sich. Fast jede Nacht ertönte der Bombenalarm, und sie mussten wie alle anderen Schutz im Keller suchen. Mitteldeutschland wurde zur Hauptzone der Luftangriffe. Nur über verbotene Sender konnten die Frauen erfahren, was bereits zerbombt worden war. Und was sie da hörten, erfüllte sie mit Grauen: Bereits im Dezember waren innerhalb von 35 Minuten 300 000 Brandbomben und 665 Tonnen Sprengbomben und Luftminen mit verheerender Wirkung über Leipzig niedergegangen.

Goebbels, der Reichsminister für Volksaufklärung und Propaganda, schickte feurige Reden an das Volk und stellte Friedrich den Großen als Vorbild aller Deutschen hin. Schon lange beobachtete er höchst misstrauisch, mit Argusaugen, die zögerlichen Verhaltensweisen und das Abwarten bestimmter deutscher Individuen, sogar in hohen Ämtern der Armee. Er äußerte seine Verachtung über die Verweichlichung und untüchtige Haltung deutscher Generäle: „Vor so viel Bequemlichkeit kommt mir der Ekel hoch. ‚Ich‘ sollte der Führer sein! Ich würde mit dem Pack aufräumen! Geringste Verfehlungen bei Friedrich dem Großen hatten zur Folge, dass er den Generälen ihre Schulterstücke persönlich von den Uniformen abriss, ihre Degen zerbrach und ihre Fahnen abnahm.“

Die Dorfbewohner trauten sich nicht mehr, das politische Drama zu diskutieren, nur noch in aller Heimlichkeit mit vertrauten Personen. Um sich selbst zu retten, scheuten sich viele nicht, Nachbarn und ehemalige gute Freunde zu denunzieren. Angst und Misstrauen kennzeichnete die soziale Lage.

Dennoch erschien eine Nachbarin völlig verstört auf dem Hof von Alma und Jenny. Sie dirigierte Alma, sich erregt nach allen Seiten umschauend, in die Küche und nötigte sie, abzuschließen, nachdem die kleine Marita hinausgejagt wurde.

„Stelle dir vor, was von den Engländern heute im Rundfunk gesendet wurde: Ein namentlich nicht genanntes Mitglied der Naziführungsriege hat Geheimes aus dem Reichskanzleibunker verraten, was nicht für die Ohren der Bevölkerung gedacht war.

Er zitierte die Worte des Führers: ‚Wenn der Krieg verloren geht,
wird auch das Volk verloren sein. Es ist nicht notwendig, auf die
Grundlage, die das deutsche Volk braucht, Rücksicht zu nehmen.
Im Gegenteil ist es besser, selbst diese Dinge zu zerstören. Was
nach diesem Kampf übrig bleibt, sind ohnehin nur die Minder-
wertigen, denn die Guten sind gefallen.‘ Hitler hat an seine engsten
Mitarbeiter eine Zerstörungsorder gegeben. Sie heißt ‚Nero-Be-
fehl‘. Stelle Dir nur einmal vor: Wir Frauen und Kinder und das,
was an Werten noch vorhanden ist, bezeichnet dieser Verbrecher
als Minderwertiges, auf das man keine Rücksicht nehmen braucht
und zerstört, bevor es dem Feind in die Hände fällt.“

Alma glaubte, die Welt müsse jeden Augenblick einstürzen.
Kreidebleich taumelte sie auf den Stuhl. „Sie wollen uns und alles
noch vernichten, bevor die Welt untergeht?“

„Vielleicht haben wir Glück im Unglück. Der Spion, der das
verraten hat, hat auch verlauten lassen, dass dieser Befehl von
Hitlers eigener Führungsclique sabotiert wird. Seit dem Selbst-
mord von Generalfeldmarschall Rommel im Oktober gehen
einige hohe Mitarbeiter Hitlers große Risiken ein, indem sie
Befehle abmindern oder gar umgehen. Sie können ihre eigenen
Verbrechen nicht ungeschehen machen, wollen aber verhindern,
dass dieser größenwahnsinnige Mörder sein Volk und alle noch
vorhandenen Werte endgültig opfert.“

Die Nachbarin schloss die Küche wieder auf. Marita, die
davor wieder einmal gelauscht hatte, konnte gar nicht so schnell
fliehen, wie die Großmutter sie am Ohr geschnappt und ihr eine
Ohrfeige verpasst hatte. Und ehe das Kind Fragen stellen konnte,
über die unverständlichen Worte, die es erlauscht hatte, zischte
Alma, immer noch in höchster Erregung: „Du hast nichts, aber
auch gar nichts gehört! Ist das klar!?“

Dann kam ein Tag, der für alle Dorfbewohner niederschmetternd
war.

Schon von Weitem kündigte sich durch Schreie, Hundegebell
und vereinzelte Schüsse etwas Furchtbares an. Die Frauen, Kinder
und die Alten und Kriegsgeschädigten des Dorfes, die noch übrig

waren, mussten mit ansehen, wie ein langer Zug von vollkommen heruntergerissenen Gestalten die Dorfstraße entlang kam. Es war eine unheimliche, schleichende, schwankende Masse, flankiert von der SS. Zu Tode erschrocken fragten sich die Menschen gegenseitig, was das bedeuten sollte, wer die Ärmsten waren.

Großmutter Alma und einige andere Frauen rannten in ihre Häuser und holten ein Stück Brot, um es den Bedauernswerten zuzustecken. Sie wurden von den Bewachern rüde beiseitegeschoben.

Obernazi Brinner wusste natürlich Bescheid. „Das sind die Gefangenen von den Außenlagern, die zerbombt sind. Die kommen jetzt alle nach Buchenwald.“

Entsetzt sahen die Frauen, wie einige Häftlinge vor Entkräftung zusammenbrachen. Alle, die das Martyrium dieses Weges nicht durchstanden, wurden von ihren Bewachern erschossen oder mit dem Flintenkolben erschlagen. Sie waren, so die Mörder, sowieso nur unwertes Leben und nicht einmal mehr arbeitstauglich. Für sie brauchte man in den Buchenwaldbaracken wenigstens keinen Platz mehr.

Fünf dieser Ärmsten blieben liegen. Die Dorfbewohner luden sie auf eine Karre und schoben sie zum Friedhof. Eine Grube wurde ausgehoben, und die Namenlosen fanden hier ihre letzte Ruhestätte. Nur ihre eintätowierten Nummern auf den Armen wurden notiert und auf eine Tafel aus Holz gemalt, die eilig aufgestellt wurde. Der Pfarrer, der zu alt für den Armeedienst gewesen war, sprach mit den Frauen ein Gebet. Die Kinder pflanzten die ersten Schneeglöckchen und Winterlinge darauf. Die Menschen des Dorfes waren alle so ernst geworden. Nicht einmal die Kinder konnten mehr lachen.

Die Erwachsenen erfuhren aus den geheimen Sendern, dass bei den Todesmärschen der Häftlinge 7000 die Strapazen nicht überlebt hatten.

Die Feinde sind da

Einige Tage später fand die kleine Marita wieder eine Lücke zwischen den angewiesenen Pflichten. Schnell holte sie ihre Puppe.

„Paula, du musst aber ganz leise sein, damit uns niemand hört!"

Sie kroch in ihr Versteck und erzählte flüsternd der Puppe eine Geschichte:

„Weißt du, Paula, neulich, als du geschlafen hast, da kamen die Amis. Die heißen manchmal auch Amerikaner. Es war ganz früh. Wir waren noch in den Betten, da haben sie an die Haustür gewummert und gebrüllt, dass wir herauskommen sollen. Wir sprangen alle aus den Betten, weil wir dachten, dass wir jetzt erschossen werden, weil wir Krieg gemacht haben. Die Amis sind nämlich unsere Feinde. Großmutter wollte nicht im Nachthemd erschossen werden und wollte sich unbedingt noch etwas anziehen. Aber da hat einer unten geschossen und noch mal gebrüllt, wir sollen sofort aus dem Haus kommen. Wir rannten schnell die Treppe hinunter, um den Ami-Feinden aufzumachen. Großmutter fluchte und schob ihre grauen Strubbelhaare unter das Netz, dass sie immer trägt. Ein bisschen schön wollte sie trotzdem im Nachthemd sein, wenn es auch nur die Feinde waren. Außerdem wollte sie nicht so liederlich aussehen, wenn sie beim Erschießen vielleicht in den Himmel kommt und der liebe Gott sie ansieht. Kaum war die Haustür auf, schubsten uns ein paar Soldaten beiseite und rannten ins Haus hinein. Sie stürmten durch alle Zimmer und sogar durch den Stall und die Scheune, rissen alle Schränke auf, warfen alles heraus und guckten unter Betten und Sofas. Ein paar andere stürmten in die Scheune, gabelten das Heu durcheinander und brüllten immer wieder: ‚Wo ist **Mein Kampf**?' Großmutter sagte: ‚Wir Deutschen machen keinen Kampf mehr.' Ein Ami-Feind schüttelte sie und schrie: ‚Buch **Mein Kampf**! Wo?' – Und weißt du, Paula, wo sie noch ge-

sucht haben: In meinen Wellechen – du weißt schon, die Wellechen, die ich aus Reisigzweigen binden musste, damit der Ofen
schneller angeheizt werden kann. Die brennen so schön. Ich hatte
sie so ordentlich aufgestapelt. Alle Wellechen haben sie einfach
umgerissen, als ob ich darunter das Buch versteckt hätte. – Und
sei froh, Paula, dass du nicht dabei warst. Du hättest vor lauter
Angst ins Höschen gemacht. Da war einer, der war schwarz wie
Kohle, auch an den Händen. Weißt du, wir spielen doch immer:
Wer fürchtet sich vorm schwarzen Mann? Und jetzt stand der
schwarze Mann einfach da; und ich fürchtete mich schrecklich.
Ich konnte nur stehen und ihn voller Angst anschauen. Und als
er das sah, zeigte er seine ganz weißen Zähne und rollte mit den
Augen. Da habe ich mir eingepullert. Ein Glück, dass ich nur
das Nachthemd anhatte. Da wurden nur die Beine nass, und eine
Pfütze war da unten. Ich schrie ganz laut und wollte mich unter
Großmutters Rock verstecken; aber sie hatte ja nur das Nacht-
hemd an, und da ließ sie mich nicht drunter, weil sie da ganz nackt
war. Als die Soldaten merkten, dass dieses Buch nicht in unserem
Haus war, gingen sie wieder. Großmutter schimpfte und sagte:
‚Brauchen die das jetzt als Anleitung zum Kriegmachen oder als
Trophäe?!‘ Ich habe Großmutter gefragt, was das sei. Sie sagte:
‚Das brauchen die, damit alle in Amerika wissen, dass sie hier
waren und den deutschen Feinden das Fürchten beibrachten und
zum Beweis das schlimme Buch abgejagt haben.‘ – Na, meine
kleine Paula, das war doch eine spannende Geschichte. Und alles
ist wirklich passiert, nicht erfunden wie im Märchen. Das kannst
du mir glauben. Großmutter hat auch nicht geschimpft, als sie
die Pfütze unter mir sah.“

Sowjets,
eine weiße Wiese und Belamie

Kaum hatten die Menschen des Dorfes das Entsetzen, welches der Häftlingsmarsch mit sich brachte, und das Erscheinen der Amerikaner verkraftet, kam der nächste Schlag.

Auch Großmutter Alma, Jenny und die kleine Marita wurden in noch größere Aufregung versetzt. Ihr Hof war der erste im Ort, und alle ungebetenen Besucher erschienen immer zuerst bei ihnen.

Plötzlich – sie wussten nicht, wie es geschah – war der ganze Hof und die Wiese voller Soldaten. Mit großem Erschrecken erkannten sie, dass es diesmal keine Amerikaner, sondern Russen waren. Verständnislos, mit aufgerissenen Augen sah Marita ihre Mutter durch die hintere Stalltüre flüchten. Die Großmutter und das Kind blieben erstarrt vor der Haustüre stehen. Alma bekreuzigte sich und murmelte noch ein Gebet, weil sie jetzt sicher war, dass ihr letztes Stündlein geschlagen hatte. Während die Soldaten auf der wieder gefrorenen Wiese lagerten, kamen einige Offiziere auf das Haus zu. Sie stießen sie beiseite, stürmten durch das Haus, den Stall und die Scheune, genau wie die Amis.

„Suchen die auch das Buch **Mein Kampf**?", flüsterte Marita. Da baute sich eine Uniform vor ihnen auf und der darin steckende Offizier fragte: „Wo Hitler **Mein Kampf?**"

„Das haben die Amerikaner mitgenommen", log Alma, am ganzen Körper bebend und hoffend, dass die Russen jetzt ebenso schnell verschwinden würden, wie zwei Wochen vorher die Amis. Doch die Russen wollten viel mehr. Sie riefen: „Waffen, Nazi-Uniform, Nazi-Zeitung, Nazi-Bücher." Dann stürzten sie sich auf das Radio und riefen: „Radio London! Radio London!" Sie drehten daran herum wie die Verrückten und horchten auf das Gequatsche im Rundfunk.

Großmutter Alma und das Kind rührten sich nicht von der Stelle.

Zwei Offiziere durchsuchten weiter das Haus nach Essen. Sie beschlagnahmten alles, was ihnen wichtig erschien: Brot, Eier, Blutwurst, Bücher, Küchenmesser und einige Geräte aus der Küche. Das Kind starrte fassungslos auf die fremden bösen Männer. Alma schlich in die Küche, um zu sehen, was die Feinde alles demolierten. Marita stand noch wie angenagelt vor der Tür. Plötzlich schien sie zu erwachen. Sie zuckte zusammen und rannte, so schnell sie es vermochte, die Treppen hoch in die Schlafkammer, in welcher Mutter und sie schliefen. „Paula!", schrie sie und ihre Stimme überschlug sich. „Ich hole dich!" Sie eilte zum Bett. Die Federbetten und Matratzen waren herausgerissen worden und lagen kreuz und quer im Raum.

„Paula!", schluchzte das Kind, „wo bist du?"

Der Offizier, der das Federbett aufgeschlitzt hatte und darin herumwühlte, hielt inne und sah auf das verzweifelte Kind. Da entdeckte Marita unter einem Kissen ein Bein ihrer Puppe, riss sie hoch und presste sie fest an sich. Der Russe wandte seinen Blick nicht mehr von dem Kind, dessen kräftige rote Haare, samtbraune Augen und die milchig weiße Haut ihn faszinierten. Marita fühlte sich wieder stärker, seit sie ihre Paula im Arm hielt, und blickte ihn trotzig an. Er ging auf sie zu, sah mit sichtlichem Wohlgefallen auf ihre Haare und dann auf die winzigen Sommersprossen und fragte: „Wo Mama?" Sie erschrak und wich zurück. Doch er hielt sie fest. „Wo Mama?" Obwohl Marita starr vor Angst war oder vielleicht gerade deshalb, kam aus ihrem Unterbewusstsein unwillkürlich die Überlebensstrategie. Sie öffnete den Mund, schielte ein wenig und verdrehte die Augen. Dann stammelte sie: „Oa! Oa" Er griff nach der Puppe. Da stieß sie einen gellenden Schrei aus, was Großmutter Alma so viel Kraft verlieh, dass sie in Sekundenschnelle die Treppe heraufstürzte, ihre Enkelin packte und den Russen in übelster Weise beschimpfte. Der Russe brüllte so heftig „Stoi!!", dass Alma augenblicklich verstummte. „Wo Mama?", sagte er drohend und zeigte auf das Kind.

„Tot", log Alma mit bebender Stimme und zitternden, aber beredten Gesten, „von Nazis erschossen, als sie einen Flüchtigen versteckte."

Der Offizier sah sie nicht so an, als würde er ihr glauben.

Sie wusste nicht, ob die kleine Marita ihren Worten glaubte oder ob sie durch die furchtbaren Umstände der letzten Wochen schon so abgebrüht war. Jedenfalls sah sie mit höchstem Erstaunen, dass die Kleine ihr schielendes „Oa, Oa" machte und große Tränen über ihre Wangen kullerten.

Der Russe musste sich wohl oder übel damit zufriedengeben; denn das Kind wirkte so verstört, dass es wohl stimmte mit dem Tod der Mutter.

„Dawei! Dawei!", rief er und jagte die beiden die Treppe hinunter.

Trotzdem besaß Alma die Unverfrorenheit, auf die Stiefel des Offiziers zu deuten und ihn zu fragen, warum er gefütterte Filzstiefel trug und seine Soldaten draußen auf der Wiese teilweise Lappen um die Füße gebunden hatten.

„Russen auch ohne Schuh Krieg gewinnen! Wenn kalt, laufen viel schneller!", knurrte er und stieß sie zur Treppe.

Nachdem die Russen im Haus, der Scheune und im Stall alles auf den Kopf gestellt hatten und sich anschickten, zu ihren Soldaten auf die Wiese zu gehen, bemerkte der Offizier, der nach Mama gefragt hatte, die kleine goldene Kette, die Alma um den Hals trug.

Er deutete darauf und forderte sie auf, ihm die Kette zu geben. Energisch weigerte sie sich. Es war das einzige Andenken an ihren verstorbenen Helmut. Das wollte sie nicht um alles in der Welt dem Russen als Trophäe geben.

Der Russe brüllte etwas in seiner furchtbaren Sprache, hob seine Kalaschnikow und zielte auf die Großmutter. In Todesangst stieß Marita einen durchdringenden hohen Schrei aus, klammerte sich an sie und begann verzweifelt zu schluchzen. Der Russe starrte auf die roten Haare, auf die weiße Haut mit den kleinen Pünktchen und zögerte. Als jedoch das Kind ihm statt der Kette ihre über alles geliebte Paula anbot, war er so gerührt, dass seine russische Seele dahinschmolz. Er winkte ab und ließ die beiden unbehelligt.

Marita beobachtete nun aus dem Küchenfenster, was die Sowjets auf der Wiese trieben. Sie hatten mehrere Feuer entfacht, Kessel zwischen Pflöcke gehängt und lagerten um die Feuerstellen.

„Oma", rief sie, „es hat nur auf unserer Wiese geschneit! Und die Feinde sitzen mitten im Schnee."

Alma warf einen Blick hinaus und verlor vor Schreck fast das Gleichgewicht. Sie erkannte, dass der vermeintliche Schnee die Federn ihrer Hühner war, die in dieser Hungerszeit aufgepäppelten Hühner von der Rasse ‚Weißes Leghorn'. „Jetzt haben wir keine Hühner mehr. Und unser ganzes schönes Feuerholz verbrennen sie. Sogar den alten Schrank in der Scheune haben sie zerlegt."

In all der Aufregung, die sie vorher hatten, war ihnen entgangen, dass die ausgehungerten Soldaten sich auf ihr liebes Federvieh gestürzt und ihnen kurzerhand die Hälse umgedreht und sie gerupft hatten. Ein paar Eier, die sie beim Wühlen im Heu gefunden hatten, fanden auch ihren Weg in die Kessel.

Marita, die voller Angst zu den Sowjets auf die Wiese blickte, bemerkte, dass ein paar Soldaten immer Holzscheite auf den großen Kastanienbaum warfen und einer von ihnen Anstalten machte, hinaufzuklettern. Sie rief die Großmutter, damit diese den Zweck ergründen sollte.

„Komisch", meinte Alma, „die Vögel brüten doch noch nicht und haben kein Gelege, welches die ausgehungerten Banditen ausrauben könnten."

„Da!", rief das Kind in großer Aufregung. „Im Baum sitzt Belamie! Den wollen sie einfangen!"

Tatsächlich erkannte die Großmutter den Gockel Belamie, der sich bei der Hühnerjagd der Sowjets auf den Baum flüchten konnte und nun ängstlich im Geäst verharrte und zusehen musste, wie seine vielen Geliebten abgeschlachtet wurden. Die Soldaten warfen inzwischen Stuhlbeine nach Belamie. Einer hatte es schließlich mithilfe der anderen geschafft, auf den Baum zu klettern. Behände näherte er sich dem Hahn. Dieser war jedoch in seiner Panik ganz nach außen auf einen Zweig geflüchtet und starrte nun in Todesangst auf den Unhold. Der Ast bog sich bereits unter der Last des Angreifers, und er konnte es nicht wagen, sich weiter auf den Hahn zuzubewegen. Er suchte sich einen sicheren Platz und begann heftig den Ast zu schütteln. Belamie streckte den Hals nach vorn und fixierte aufgeregt den Gegner, während die Soldaten unter dem Baum ihren Kumpel lautstark anfeuerten und weiterhin mit allen Wurfgeschossen, derer sie habhaft werden konnten, nach Belamie warfen. Es nützte alles nichts. Belamie blieb Sieger. Als der Armeekoch lautstark einen Gong schlug, ließen die hungrigen Soldaten von ihrem Vorhaben ab und stürzten zum großen Hühnerfleischessen zu ihrem Lagerplatz.

„Oma", sagte die Kleine, die endlich wieder ihre Worte gefunden hatte, „sie haben wohl auch meine schönen Wellechen verbrannt? Ich hatte sie doch wieder so schön aufgestapelt."

Alma setzte sich erschöpft auf den Stuhl. Sie spürte immer noch Schmerzen in der Brust, obwohl das Herz nach diesen Strapazen endlich wieder etwas ruhiger schlug. Sie zog das Kind auf ihren Schoß. „Weißt du, dass es niemanden gibt, der tapferer ist als du? Wir wollen froh sein, dass wir noch am Leben sind. Wenn die Russen weg sind – hoffentlich bald – gehen wir in den Wald und sammeln ganz viel Reisig. Dann wirst du neue Wellechen binden."

Ein solches Lob von der Großmutter und das seltene Privileg, auf ihrem Schoß sitzen zu dürfen, war etwas Einmaliges. Nur Mama fehlte. Dann wäre trotz der bösen Menschen alles in Ordnung. Endlich wagte sie es, die Frage zu stellen, die wie ein Kloß im Hals steckte: „Oma? Und wo ist Mama?"

„Sag bitte, solange die Russen da sind, kein Wort über Mama. Man weiß nie, ob außer dem Offizier nicht vielleicht doch noch einer deutsch versteht. Und das Wort Mama versteht wahrscheinlich die ganze Welt. Sie ist eine junge Frau, und so viele fremde Männer, die lange nicht bei ihren Frauen waren, können ihr sehr wehtun, sie vielleicht sogar verschleppen. Sie hat sich versteckt. – Du darfst nicht wissen, wo. Komm, wir wollen aufräumen. Zuerst gehen wir hoch in die Schlafkammern. Vielleicht können wir nachts ein wenig schlafen und uns von diesem Irrsinn erholen."

Doch dieser Wunsch ging die nächsten Nächte nicht in Erfüllung. Die Russen waren zwar am nächsten Tag wieder abgezogen, nachdem sie pausenlos die Sender im Rundfunk abgehört hatten; aber sie hatten kaum noch etwas Essbares zurückgelassen: Rüben und Kartoffeln – und, was ein unbeschreibliches Glück war, die acht Kühe und den alten August, das seit seiner Jugend lahmende Pferd.

„Hoffentlich bleiben die Bolschewisten nicht in der Gegend. Das wäre unser vollkommener Untergang!", knurrte Alma. Und zunächst sah es so aus, als seien die Sowjets tatsächlich wieder zurückgedrängt worden. Es war nur eine Vorhut gewesen. Tagelang sah und hörte man zur Erleichterung der Dorfbewohner nichts mehr von ihnen.

Mutter Jenny sagte nichts, als sie aus ihrem Versteck wieder heimkehrte, atmete nur auf, als sie ihre Lieben unversehrt vorfand. Auf die bohrenden Fragen des Kindes antwortete sie nicht, sondern schloss es nur in ihre Arme. Sie zerhackte noch ein paar alte Stöcke, die in einem Abstellraum lagen und zum Anbinden der Tomaten dienten. Ein Glück, dass die Sowjets sie übersehen hatten, als sie alles Brennbare für ihre Lagerfeuer suchten. Zu ihrer Erleichterung hatte ihre findige Mutter auch noch schnell etwas Torf im Geheimkeller versteckt, als sie sah, wie die Sowjets Jagd auf alle brennbaren Materialien machten. So konnten sie wenigstens Feuer zum Kochen schüren. Es gab nur wenig, was man kochen konnte. Im geheimen Keller lagen aber noch ein paar Kohlköpfe und einige Streifen Speck. Sie spielten mit dem Gedanken, ein paar Saatkartoffeln für Essen zu opfern, verwarfen ihn aber gleich wieder. Was sollten sie in diesem Jahr anbauen, wenn es nirgends mehr Saatgut gab? Jetzt merkten sie am eigenen Leib, wie weh Hunger tat. Eier gab es keine mehr. Die Russen hatten beim Köpfen der Hühner ganze Arbeit geleistet. Alma brach es fast das Herz, als sie auf die Wiese schaute, die weiß und rot leuchtete, von den abgeschlagenen Köpfen und den Hühnerfedern. Makaber! Sie sammelten die Köpfe ein und kochten noch einen Kessel Brühe davon.

Sie suchten weiter auf der Wiese, ob Belamie irgendwo steckte. Das verängstigte Tier saß immer noch auf dem Baum. Alle drei lockten ihn, boten ihm sogar wertvolle Haferflocken an. Doch Belamie verharrte steif auf seinem Ast und rührte sich nicht.

„Vielleicht kommt er später allein herunter, wenn er seinen Schock überwunden hat", meinte Jenny hoffnungsvoll.

„Der kommt nicht freiwillig. Der hat Angst, dass er jetzt Eier legen muss, wo er doch bis jetzt nur seine Damen beglücken durfte", unkte die Großmutter, ungerührt von den Tränen, die jetzt in den Augen ihrer Tochter standen und deren verzweifeltem Ausruf: „Was machen wir denn jetzt? Wir haben kaum noch etwas zu essen."

Sie gingen ins Haus. „Wenn du denkst, es geht nicht mehr, kommt von irgendwo ein Lichtlein her", sagte die Großmutter, die in jeder Situation ein Sprüchlein wusste. Voller Stolz präsentierte sie den beiden den Korb, der, von ihrem Nähzeug zugedeckt, abseits vom Herd gestanden hatte und auf wundersame Weise unentdeckt geblieben war. In diesem Moment schlüpften die Küken, und die Frauen betrachteten es wie eine Offenbarung. „Es wird ein neues Leben geben, wenn dieses Drama vorbei ist."

Auch die Natur ließ spüren, dass sie mit dem Krieg nichts zu tun hatte – dass der Krieg allein das schreckliche Werk der Menschen war. Schneeglöckchen, Märzenbecher und Primel entfalteten sich und drängten ans Licht. Die Knospen der Sträucher und Bäume wurden täglich praller und würden sich bald öffnen.

Als Belamie am dritten Tag immer noch nicht von seinem Baum heruntergekommen war, holten sie die große Leiter, die gut getarnt an der Scheunenrückwand hing und der Suche durch die Sowjets nach Feuerholz und nach dem Buch ‚Mein Kampf' entgangen war. Jenny kletterte mit einem Korb hinauf und barg den armen Belamie. Mit der Zeit erkannten die Frauen, dass der Hahn einen psychischen Schaden erlitten hatte. Er lief nur noch mit schief gelegtem Kopf umher und versteckte sich ständig. Nur Marita machte es Spaß, ihn immer wieder zu suchen. Hatte sie ihn entdeckt, legte sie ihren Kopf ebenfalls schief, und sie starrten sich gegenseitig eine Weile an, bis Marita der Hals wehtat.

Marita erhielt den Auftrag, Heu aus der Scheune zum Füttern der Kühe zu holen. Plötzlich hörte sie ein unheimliches Geräusch. Sie erstarrte und glaubte nach einer Weile, sich geirrt zu haben. Doch da – schon wieder dieser klagende Laut. War es eine Katze, die jungte? Hin und hergerissen zwischen Neugier und der Angst, dass es eventuell auch ein Marder oder ein versteckter Russe sein könnte, schlich sie erst näher und hielt dann inne. Sie holte die Heugabel und zog vorsichtig das Heu auseinander. Erstaunt sah sie eine Henne, die in ihrem Asyl kauerte und nur ab und zu einen Flügel hob. Marita nahm vorsichtig das Huhn auf, ebenfalls das Ei, das daneben lag, und brachte es in die Küche.

„Nanu!", rief Alma. „Da hat doch tatsächlich eine Henne die Russeninvasion überlebt und ist auf der Flucht zum Invaliden geworden. Und ein Drittel Ei heute für jeden zu Mittag, was für ein Luxus!" Sie untersuchte das Tier und sah, dass ein Flügel gebrochen war. Jenny tropfte der Zahn, als sie an eine kräftige Hühnersuppe dachte, und legte das Messer bereit. Doch Alma holte noch ein altes Hemd von Jennys verschollenem Mann, schiente den Flügel und verband ihn. Sie fütterten das ausgehungerte Tier, welches sich nur langsam erholte. Nach ein paar Tagen entließen sie das Huhn auf den Hof. Lachend sahen sie, dass Belamie eine ganze Weile mit immer noch schiefem Kopf das weibliche Wesen begutachtete. Dann streckte er sich, richtete erstmals wieder den Kopf gerade und machte ein paar graziöse Hüpfer. Daraufhin schlug er in beeindruckender Schnelligkeit die Flügel und rief sein erstes Kikeriki seit seiner Flucht auf den Baum. Stolz wie eh und je umkreiste er seine gefiederte Madam, und es störte ihn nicht im Geringsten, dass sie etwas verwachsen war und vermutlich nicht seinem bisherigen Schönheitsideal entsprach. Großmutter bemerkte grinsend zu ihm: „Siehst du, Belamie! In der Not frisst der Teufel auch Fliegen."

Thüringen, der Trutzgau des Führers

Welch ein Glück, dass Großmutter Alma immer selbst Samen von Gemüse gewonnen hatte, die sie jetzt mit Jenny sparsam und fürsorglich aussäte. Jedes Körnchen legten sie einzeln in die Furchen, die sie zunächst im Garten gezogen hatten. Jenny hörte, dass die Großmutter dabei unentwegt etwas murmelte, als ob sie jedem Korn einen Glückwunsch oder ein Gebet mit auf den Weg gab.

Sie lauschten, wann immer es möglich war, den Mitteilungen im Rundfunk.

Ein Glück, dass sie wenigstens dieses Gerät, welches im Volksmund Göbbelschnauze hieß, besaßen. Alma stieß wüste Beschimpfungen aus: „Höre dir das an, Jenny! Obwohl in ganz Mitteldeutschland die Städte brennen, ruft dieser Satan von Gauleiter, dieser Fritz Sauckel, Thüringen zum **Trutzgau** aus. Es sei eine Taktik der SS, Gebiete aufzugeben und wieder zurückzuerobern. Thüringen sei ein wichtiges Schlachtfeld für die Genialität des Führers.“

Dann kam Hitlers Tagesbefehl, der das ganze Dorf in Aufruhr versetzte. Von Hof zu Hof fauchten die Frauen empört diese Meldung: **Zum letzten Mal ist der jüdisch-bolschewistische Todfeind mit seinen Massen zum Angriff angetreten. Er versucht, Deutschland zu zertrümmern und auszurotten. Ihr Soldaten wisst, welches Schicksal euren Müttern, Frauen und Kindern droht: Die Alten und Kinder werden ermordet, und die Frauen werden als Kasernenhuren erniedrigt. Der Rest marschiert nach Sibirien.**

Dazu schmetterte aus dem Lautsprecher das Lied: „In der Heimat, in der Heimat, da gibt's ein Wiederseh'n!“

Der April des Jahres 1945 war an Grauen nicht mehr zu überbieten.

Am 5. des Monats kam die Nachricht von der Erschießung des Oberleutnants Godalla. Dieser wollte die überlebenden Bürger schützen und hatte die Kapitulation der Thüringer Stadt Gotha ausgerufen. Daraufhin wurde er als schlimmster Verräter und Staatsfeind von den fanatischen Nazis erschossen.

Die Menschen des Dorfes wagten es nicht mehr, Meinungen zu äußern. Die Angst lähmte den gegenseitigen Austausch.

Es kam noch schlimmer. Nacht für Nacht ertönte pausenlos Bombenalarm, und Alma, Jenny und Marita verbrachten viele Stunden im Keller. Sie hörten Detonationen, die so nahe waren, dass auch ihr Haus zu wackeln schien. Die Angst war jetzt ihr ständiger Begleiter. Der Hofhund Wotan, der von den Dorfbewohnern seit jeher ‚Glockenjodler‘ gerufen wurde, weil er das Leuten der Glocken immer mit lautem Gejaule begleitete, weigerte sich, beim Bombenalarm mit in den Keller zu kommen. Nun heulte er mit den Sirenen beim Alarm um die Wette und jaulte bei jedem Bombeneinschlag herzzerreißend.

Die Frauen brannten sparsam die letzten Kerzen im Keller, versuchten bei diesem kläglichen Licht Kleidung für das Kind zu nähen. Alma forderte Jenny auf, die Kleidung für Marita gleich auf Zuwachs zu nähen, da man nie wusste, wie lange sie das tragen müsste. Es gab keinen Stoff mehr. Es gab nichts mehr zu kaufen. Marita erzählte wie immer ihrer Puppe Paula die schrecklichen Erlebnisse: „Du erinnerst dich doch an den schwarzen Mann bei den Amis, der so schrecklich mit den Augen rollte und die weißen großen Zähne zeigte? Aber was denkst du, bei den Russen war einer, so einen hast du noch nie gesehen. Der hat immer geschlafen, beim Gehen, beim Stehen, beim Sprechen und vielleicht sogar beim Essen. Außerdem sah er wie ein Gespenst aus, als sei ihm speiübel – richtig gelb im Gesicht. Aber mich konnte er nicht täuschen. Ich erkannte ganz genau, dass er ein Betrüger war und gar nicht richtig schlief. Der tat nämlich nur so. Durch einen winzigen Schlitz in seinen Augen hat er durchgelinst.“

Jenny lächelte. Wie schön war es, die Kleine zu haben. Wenigstens für Augenblicke konnte sie in ihrer Naivität die Erwachsenen von den düsteren Gedanken ablenken. „Das war ein Mongole. Irgendwelche von denen gehören doch auch zu den Sowjets. Und der hat nicht getan, als ob er schläft, sondern die Mongolen haben solche Schlitzaugen und auch so eine Hautfarbe.“

Die Kleine kniff die Augen zusammen und versuchte angestrengt, wie ein Mongole zu gucken, um es ihrer Paula zu verdeutlichen.

„Mama“, flehte Marita in einer Nacht im Keller, in der pausenlos die Detonationen zu hören waren. „Ich muss mal!“

„Du weißt doch, dass in der Ecke der Nachttopf steht.“

„Nein! Der steht nicht da. Und ich kann es kaum noch aushalten.“

„Dann habe ich ihn beim Reinigen im Hof vergessen. Wir können jetzt nicht aus dem Keller gehen. Wenn es so dringend ist, dann musst du einfach in die Ecke pullern. Wir reinigen es früh wieder.“

„Aber ich muss doch groß“, jammerte das Kind.

„Warte“, beruhigte sie die Großmutter. „Ich muss doch hier irgendwo Papier liegen haben, in welchem ich das Gemüse eingewickelt hatte. Es ist zwar nicht das sauberste. Doch dafür wird es schon gehen. Wir legen es in die Ecke, und du machst einfach darauf. Dann wickeln wir das Ganze ein. – Ha!! Wie schön! Da habe ich die passende Zeitung. Das erfüllt gleich noch einen guten Zweck. Siehst du hier das Konterfei von Propagandaminister Goebbels? Auf den darfst du scheißen! Sieh zu, dass du ihn gut triffst!“

„Mutter“, mahnte Jenny, „musst du vor dem Kind solche Äußerungen loslassen?“

„Die Kleine hat inzwischen so viel gesehen und gehört. Die ist mit allen Wassern gewaschen.“

Sie wandte sich nach dem Kind um. „Lass mal sehen, ob du getroffen hast. Prima! Hundert Prozent aufs Gehirn geschissen!“

„Mutter!“ Jenny schüttelte nur mit dem Kopf.

Alma und Marita aber kicherten.

Deutschland und der Albtraum

Wenn es Tag wurde, machten sich Alma und Marita auf den Weg in das Wäldchen. Alma hatte in der Scheune eine Falle gefunden. Zwei Stunden lang waren sie damit beschäftigt, das Ungetüm in Funktion zu setzen. Die Klemmbacken waren so zusammengerostet, dass die Frauen sie nicht auseinanderbrachten. Sie bearbeiteten abwechselnd mit der Drahtbürste die Fangeisen. Alma war froh, noch eine kleine Flasche Öl zu finden, um die Scharniere zu ölen. Sie opferten eine Mohrrübe und stellten die Falle im Wald auf, um vielleicht einen Hasen zu erbeuten. Dann sammelten sie Reisig. Das war schwieriger als gewöhnlich. Der Wald wimmelte von Menschen, die alle dasselbe Ziel hatten: Holz. In der Not fällten sie kleine Bäume, was streng verboten war, entholzten alle Äste, die sie erreichen konnten. Alma ging vor Schreck über die vielen Menschen, die durchs Dickicht krochen, noch einmal zurück, um ihre Falle zu sichern, damit aus Versehen keiner hineintrat. Sie schleifte sie in ein Dornendickicht und fluchte wie ein Bierkutscher, weil sie sich dabei die Schürze zerriss. Dann riss sie sich die Schürze gleich ganz ab und polsterte die Zähne der Falle damit ab, um die Folgen zu mindern, falls doch ein Mensch hineingeriet.

Jenny kümmerte sich um die paar Kühe, die die Nazis ihnen noch gelassen hatten. Sie sorgte dafür, dass zwei Kühe gedeckt werden konnten. Gottlob hatte ein Nachbar einen Bullen, der noch nicht geschlachtet werden musste.

Das arme Tier hatte jetzt Hochkonjunktur: Die Bräute nahmen kein Ende.

Ebenso ging es dem Eber vom Bauer Müller. Diesem bedauernswerten Geschöpf wurden so viele Säue zugeführt, dass er abends völlig erschöpft zu Boden sank und ‚alle Viere von sich streckte‘.

Nicht nur nachts, auch an den Tagen kam die Bevölkerung in Thüringen jetzt kaum noch zur Ruhe. In den ersten Aprilwochen besetzten die amerikanischen Truppen Thüringen. Oft in unmittelbarer Nähe vernahmen Alma und Jenny voller Angst Artilleriegefechte. Sie erfuhren, dass die SS vom 4. bis 7. April mit der Evakuierung des Lagers Buchenwald begann. Wieder packte die Bevölkerung das Grauen, als diese armseligen Kreaturen durch die Dörfer gejagt wurden. Es gab so viele Opfer, die vor Entkräftung starben und am Straßenrand zurückgelassen wurden. Namenlos, nur mit Nummern versehen, wurden sie von den Einwohnern unter die Erde gebracht. Die Gesamtevakuierung der Häftlinge wurde jedoch durch den Vormarsch der Amerikaner verhindert.

Mit Hohn, Spott und Wut reagierten die meisten Dörfler auf die Nachricht, dass die NS-Führungsclique des Gaues geflohen war. Die schlimmste aller Nächte war die Nacht vor dem 11. April. Niemand war in der Lage, in dieser Nacht ein Auge zuzutun, da pausenlos das Artilleriefeuer ertönte. Am Morgen war zunächst Totenstille. Dann ertönte wieder anhaltendes Sirenengeheul. Feindalarm!

Über den englischen Sender hörten die verzweifelten Menschen, dass die SS-Wachmannschaften auch aus Buchenwald geflüchtet waren. Da die verbliebenen Häftlinge energisch Widerstand geleistet hatten, sich auf den Todesmarsch schicken zu lassen, schoss die Lager-SS noch einmal bei ihrer Flucht auf die Gebäude.

Das bereits leere Konzentrationslager Mittelbau Dora und die unterirdischen Waffen-Produktionsstätten wurden am selben Tag von den amerikanischen Truppen besetzt. Spezialeinheiten beschlagnahmten komplette Raketen und umfangreiche Produktionsanlagen als Kriegsbeute und transportierten alles sofort ab. Ihnen blieben auch die Kalischächte bei Merkers nicht verborgen. Hier lagerten die Goldreserven des Dritten Reiches. Auch das wurde von den Amerikanern beschlagnahmt und umgehend abtransportiert.

Deutschland musste bezahlen, musste bluten.

Erregt diskutierten die Dorfbewohner, als sie am nächsten Tag erfuhren, dass die Stadt Weimar an die US-Truppen übergeben wurde.

„Wenn es schon sein muss – lieber die Amis als die Russen!",
flüsterten die Leute hinter vorgehaltener Hand. „Die haben mit
uns Deutschen nicht so viele Rechnungen zu begleichen wie
die Russen. Schließlich warfen ja die Deutschen ihre Bomben
nicht auf amerikanischen Boden und haben nicht die Amis in
Konzentrationslager gesteckt. Die Amis haben durch uns keine
zerbombten Häuser und müssen nicht so viele Soldatenopfer be-
klagen, an denen die Deutschen Schuld haben. Sie wollen zwar
siegen und Beute machen, aber es fehlen ihnen der Hass und die
Rachegedanken, die die Soldaten besonders der Ostländer beherrschen."

Die Angst ließ etwas nach.

„Mami! Oma! Da kommt ein Motorrad angefahren!"

Marita hatte aufgeregt das Fahrzeug entdeckt, als sie gerade
das Radieschenbeet im Garten gehackt hatte, obwohl wegen
der kalten Nächte noch kein einziges Pflänzchen zu sehen war.

Das alte verdreckte Gefährt bog tatsächlich in den Hof ein.
Zwei vermummte Gestalten stiegen ab und kamen auf das Haus
zu. Erst als der Beifahrer den zerbeulten Helm abnahm und sich
aus dem Tuch wickelte, welches zusätzlich um Kopf und Hals
geschlungen war, erkannte Alma ihre jüngere Schwester Ida.
Erschrocken starrte Alma sie an und musste sich nochmals ver-
gewissern: War das tatsächlich ihre Schwester, dieses abgehärmte
dürre Weib?

Sie riss sich zusammen, eilte auf Ida zu und umarmte sie herzlich. Es war über ein Jahr her, seit sie sich das letzte Mal gesehen
hatten. Damals waren sie alle noch wohlgenährt. Ida war vor drei
Jahren voller Stolz in die Stadt Weimar gegangen, um in einem
Lazarett für die Kriegsverletzten, die Helden Deutschlands, zu
arbeiten und diese zu pflegen, bis sie wieder diensttauglich waren
und dem Führer und dem deutschen Volk zum ewigen Ruhm
verhelfen konnten. Sie hatte sich als Schwester ausbilden lassen
und sich voller Leidenschaft und dem Gefühl, unentbehrlich zu
sein, ihrer Aufgabe gewidmet. Bis vor einem Jahr war sie noch
öfters in ihrem ehemaligen Elternhaus erschienen, hatte sich

von ihrer Schwester versorgen lassen; denn in der Stadt war das Essen bereits rationiert. Doch in den letzten Monaten waren so viele Soldaten gebracht worden, deren schwerste Verletzungen und Verstümmelungen sofort behandelt werden mussten. Die Ärzte und Schwestern schufteten Tag und Nacht. Sie glaubten, nie wieder ihre Hände von Blut und Eiter reinigen zu können, und die nächtlichen Albträume standen den Realitäten des Tages nicht nach und dienten nicht der Regeneration.

Jetzt rannen bei Alma und Ida die Tränen.

„Wir müssen gleich wieder los", schluchzte Ida; und diese windige männliche Gestalt an ihrer Seite nickte nur und hustete zum Gotterbarmen. Jenny besaß noch Lindenblütentee und brühte ihn in aller Eile auf. Sie legte jedem drei Haferplätzchen auf den Teller, die sie für solche Festlichkeiten aufgespart hatte.

„Aber ich musste zu euch kommen, damit ihr wisst, was in Weimar und Apolda passiert ist. Es ist so grauenvoll, dass man es kaum in Worte fassen kann. Weimar wurde Tag und Nacht bombardiert. Am Schlimmsten war es am neunten Februar um die Mittagszeit. Wir waren gerade dabei, die Kriegsverletzten zu füttern, da ertönte ein ohrenbetäubender Lärm. Dumpfe, immer näher kommende Detonationen vermischten sich mit grell klingenden Explosionen und einem infernalischen Pfeifen, das uns in Mark und Bein fuhr und die Köpfe fast zum Bersten brachte. Wir glaubten nicht mehr daran, das Lazarett noch einmal lebend verlassen zu können. Wir zählten vier Bomberwellen. Über den Londoner Radiosender war dies schon morgens angekündigt worden. Aber niemand ahnte, was die sogenannten ‚Flying Fortress' zerstören konnten. Die ‚Fliegenden Festungen' warfen Sprengbombenlasten von fast 500 Tonnen ab. Es dauerte nur dreizehn Minuten, bis die Stadt ein einziger Trümmerhaufen war. Kurz darauf kamen Gestalten herein, die aussahen wie aus einem Horrorfilm. Blutend, völlig mit Staub und Mörtel bedeckt, hinkten sie herein oder wurden getragen oder im Handwagen gezogen. Durch die vielen Kriegsinvaliden waren wir ja an einiges gewöhnt, aber was wir hier erlebten, ließ uns fast verzweifeln. Wir konnten das Lazarett wegen der vielen Arbeit tagelang nicht verlassen, da die zivilen Opfer immer mehr wurden. Das Verbandsmaterial wurde immer knapper. Es war vorauszusehen, dass wir die Menschen bald nicht mehr versorgen konnten. Wir erhielten keinen Nachschub mehr. Die Binden kochten wir aus, um sie mehrmals zu verwenden. Wir rissen den Patienten die Verbände wieder ab, sobald die Blutungen zum Stillstand gekommen waren, damit wir die nächsten damit versorgen konnten. Als wir wussten, dass wir ohne Hilfe niemanden mehr versorgen konnten, machten wir uns auf, um bei der Bevölkerung Leinentücher und Verbandsmaterial zu erbetteln, um es auszukochen und zu zerschneiden. Als wir daraufhin zwischen zwei Bombenalarmen in die Stadt rannten, um Nachschub zu organisieren, wussten wir nicht mehr, wo wir waren. Die Verletzten, die zu uns ins Lazarett gekommen waren, hatten uns zwar Entsetzliches berichtet, aber als wir das Ausmaß mit eigenen Augen sahen, waren wir einer Ohnmacht nahe. Eine weinte, eine schrie, und ich war so erstarrt, dass zunächst keine Bewegung mehr möglich war. Es war ein Albtraum ohne Ende. Eine Schneise der Verwüstung zog sich durch die Stadt, die keine mehr war. Vom Markt bis zum Weimarer Schloss gab es nur noch Schutthügel. Unser schönes Weimar! In Schutt und Asche! Eine dicke Staub- und Mörtelschicht bedeckte die Horrorszene.“

Ida schluchzte herzzerreißend. „Die Stadt der Dichter und Denker ist so schwer zerstört, dass alle verzweifelt sind. Die übrig gebliebenen Einwohner lagen auf den Knien und schrien sich ihr Unglück aus der Seele. Einige hatten nicht nur ihre Bleibe, sondern auch ihren Verstand verloren. Der Musenort ist ohne Muse. Wir sahen noch das schwer gezeichnete Wohnhaus von Friedrich Schiller, und zu meinem Entsetzen fiel mir dessen Lied von der Glocke ein: ‚Leergebrannt ist diese Stätte, wilder Stürme raues Bette. In den öden Fensterhöhlen wohnt das Grauen.‘ Wir machten uns eiligst auf den Weg zu unseren armen Krüppeln im Lazarett. Plötzlich war alles anders. Kein Bombenalarm – keine Artilleriegefechte mehr. Die 9. US-Panzerdivision rückte an. Sie trugen als Truppenzeichen einen Indianerkopf auf den Ärmeln. Die Kinder starrten mit offenen Mäulern auf das

Zeichen und informierten sich gegenseitig voller Aufregung:
‚Das sind verkleidete Indianer‘. Nur die Kleinsten ließen sich
von ihren Müttern in die übrig gebliebenen Ruinen zerren, die
notgedrungen vielen als Unterkunft dienen mussten. Die Stadt,
oder das, was übrig war, wurde am 12. April übergeben. Es war
irgendwie makaber, dem Sieger einen Haufen Schutt und Ruinen
zu übergeben. Mit der Übergabe hatten wir ja gerechnet – ich
möchte sagen, fast darauf gehofft. – Doch dann geschah etwas,
was dem Grauen noch einmal Nahrung gab: Der Befehlshaber
der Amis, General Patton, requirierte etwa 1000 erwachsene Einwohner. Alle hielten den Atem an und glaubten nichts Anderes,
als dass sie stellvertretend, aus Rache für die Millionen Opfer
der Deutschen, hingerichtet würden. Andere hofften, dass sie
vielleicht nur in ein Arbeitslager kamen. Doch nichts dergleichen!
Die US-Führer jagten die Leute, streng von Soldaten eskortiert,
auf den Ettersberg nach Buchenwald, in dieses Konzentrationslager. Als die Menschen wieder nach Weimar zurückkehrten,
waren sie aschfahl und starr vor Entsetzen. Zuerst brachten sie
keinen Ton heraus. Nach und nach konnten die Ersten wieder
sprechen und berichteten das schreckliche Geschehen: **Die US-
Offiziere zerrten uns in das Lager und befahlen uns,
anzusehen, was die Nazis hier für Verbrechen ausgeübt
hatten, ganz nahe bei Weimar, der Musenstadt, geschah
so viel Ungeheuerliches und Abartiges, dass es unfassbar war. Hunderte von Gestalten, die nur noch Schatten
ihrer selbst waren, kauerten oder lagerten in engsten
Zellen. Die, die noch fähig waren zu gehen, versorgten
die anderen notdürftig, soweit dies eben möglich war.
In diesem Lager gibt es so viel Elend – sogar Kinder
existieren dort, die nur noch Haut und Knochen waren
und den Verbrechern für Experimente gedient hatten,
weil sie als unwertes Leben eingestuft waren. Außer ihren
mit Haut bezogenem Skelett sah man nur ihre riesigen,
entzündeten Augen. Die Amis schoben uns rüde in als
Duschräume getarnte Gaskammern. Sie brüllten: Seht
euch alles an, was die sogenannten Herrenmenschen für**

Verbrechen begangen haben. Und ihr Weimarer brüstet euch als ‚Wiege der Kultur‘ und habt tatenlos zugesehen, wie Millionen ausgerottet wurden. Bestialische Kultur!

Diesen Weimarer Zeugen stand das Grauen im Gesicht, und die Frauen weinten fassungslos ihre letzten Tränen, als sie von den Opfern der Verbrechen berichteten. Sie hatten sich vor den Amerikanern nicht gegen die Beschuldigungen wehren können. Denn es war die Wahrheit. Sie hatten weggesehen, wollten gar nicht wissen, was dort geschah. Wie die Millionen anderen Deutschen waren sie in den ersten Jahren der Hitler-Herrschaft dem permanenten Einfluss der Nazi-Führung erlegen. Es war ja so schön, daran zu glauben, dass die germanische Rasse allen andern überlegen sei. Und sie konnten stolz sein, zur auserwählten Rasse zu gehören, und hatten eifrig geforscht, um makellose germanische Stammbäume vorzeigen zu können. Der schreckliche Krieg hatte sie eines anderen belehrt, als er auf deutschen Boden zurückkam. Da musste plötzlich auch die Herrenrasse Opfer bringen, und das ‚edle germanische Blut‘ tränkte die Erde. Damit war aber der Albtraum noch nicht zu Ende. Ab sofort mussten unter der Aufsicht der US-Truppen täglich Hunderte von Weimarern in das Konzentrationslager, um Aufräumarbeiten durchzuführen und die unzähligen Leichen zu bergen, die noch herumlagen und von den anderen Insassen wegen Entkräftung nicht bestattet werden konnten."

Alma reichte ihrer Schwester ein riesiges Taschentuch aus dem Besitz ihres Mannes. Ida schlürfte den Tee und steckte die Haferplätzchen ein. Dann sprang sie auf. „Wir müssen schnellstens wieder zurück. Weil Heinrich", sie deutete auf den Fahrer, „gerade auf Tour war, um Nägel und Schrauben aufzutreiben, habe ich gleich die Gelegenheit genutzt und bin mitgekommen. Aber jetzt Beeilung! Wir haben nämlich noch eine Station für die Verletzten der Amis eingerichtet. Die möchten wir lieber nicht verärgern. Aber wenigstens haben sie für frisches Verbandsmaterial, Penizillin und Jod gesorgt. Unsere Vorräte waren erschöpft. Und wenn keiner aufpasst, mogle ich auch etwas davon für die Deutschen beiseite."

Ida und ihr Begleiter, bei dessen Anblick Alma fürchtete, dass ihn jeden Moment der Wind umblasen würde, schwangen sich auf das schlammige Motorrad und verschwanden wieder für lange Zeit. Es war Alma schleierhaft, wie dieses dürre Männlein das Motorrad halten konnte, und sie bangte um ihre Schwester. Sie war froh, dass sich Ida nicht nach Jennys Mann erkundigt hatte, von dem es immer noch keine Nachricht gab. Ihre Tochter war schon durch den schrecklichen Bericht ihrer Tante Ida völlig erschüttert und saß lange so reglos und stumm auf dem Küchenstuhl, dass man sie nicht noch weiterem Kummer aussetzen durfte.

Ab sofort drängten wahre Horden von Flüchtlingen durch die Orte. An die Bauern waren Nahrungsmittel verteilt worden. Da die Gauleiter und Ortsgruppenleiter, die alle Reserven verwaltet hatten, verschwunden waren, wurde im Dorf der alte Küster verpflichtet, das Lebensmittellager aufzubrechen. Er verteilte das Wenige, was noch vorhanden war, mit dem Befehl der Amis, es vorwiegend für die Flüchtlinge zu verwenden, um sie vor dem Hungertod zu bewahren. Dringender Saatgutbedarf musste extra beantragt und begründet werden.

Aus dem Rundfunk und den Berichten der Flüchtlinge erfuhren sie, dass in vielen deutschen Gegenden noch erbitterte Kämpfe stattfanden und weiterhin Städte zerbombt wurden, bis sie in Schutt und Asche lagen. Nun kamen auch noch die Obdachlosen dieser Städte aufs Land, um sich Nahrung zu verschaffen.

Die meisten Höfe wurden nur von den Frauen und Kindern bewirtschaftet, da bisher nur einige Kriegsverletzte von der Front zurückgekehrt waren. Die Frauen gruben, säten und pflanzten ohne Unterlass und trieben das wenige halb verhungerte Vieh auf die endlich grünenden Wiesen. Die Kinder kannten das Wort ‚spielen‘ nicht mehr, da sie selbst Schwerstarbeit bewältigen mussten. Die Frauen stellten Quark, Butter und Käse her. Zwischendurch versorgten sie die Flüchtlinge, die durchzogen oder um Arbeit bettelten, so gut es ging. Die meisten Bauersfrauen besahen sich die Flüchtlinge ganz genau, um festzustellen, in welcher Verfassung sie waren. Ließ deren Äußeres darauf schließen, dass sie fähig waren, einen Spaten zu halten, und nicht der Spaten sie halten müsse, boten sie ihnen Unterkunft und Essen an, für ihre Mitarbeit auf dem Hof. Es gab ja kaum noch arbeitsfähige Männer auf den Höfen. Und jede Hand wurde dringend gebraucht.

Die Menschen erfuhren, dass am 28. April in Weimar der Oberbürgermeister die sofortige Entlassung aller NSDAP-Beamten, Angestellten und staatstreuen Arbeiter angeordnet hatte.

Am 30. April wurde Weimar Hauptquartier des 8. US-Armeekorps. Es wurde zum Sitz des Militärgouverneurs für die besetzten thüringischen Gebiete.

Berichte über die Flucht der Nazis lösten inzwischen Wut, Häme und zum Teil auch tiefe Befriedigung bei der Bevölkerung aus. Ab und zu tauchte noch ein Befehl Hitlers aus dem Untergrund auf, den aber vom hungernden Volk niemand mehr ernst nahm. Spannend für alle war nur, dass Hitler und ein paar andere Oberbonzen noch nicht geschnappt worden waren. Gerüchte, wo sie sich versteckt haben könnten, eilten von Haus zu Haus, von Ort zu Ort. Sie hatten mit Sicherheit die besten Notquartiere unter der Erde, ausgestattet mit allem, was das Herz begehrt, und konnten über ihr dummes Volk lachen, das jetzt hungerte und sich mit den Besatzern herumschlagen musste.

„Es war schon immer so", brummelte Alma. „Links Lametta, rechts Lametta, und der Bauch wird immer fetter! Auch im Krieg!"

Marita lächelte, wenn die Großmutter diesen Spruch zum Besten gab, weil sie genau wusste, dass mit Lametta die militärischen Orden gemeint waren.

Dann kam die Nachricht, die Deutschland endgültig in die Knie zwang: Vom 7. bis 9. Mai erfolgte die bedingungslose Kapitulation der deutschen Wehrmachtsführung. Deutschland war besiegt, befreit, am Boden zerstört, wie immer man das sehen konnte. Hass, Genugtuung und Aufatmen bei vielen Völkern, die so viel Leid und Grauen ertragen mussten! Sogar noch in den letzten Apriltagen, als Deutschland zu keinem Widerstand mehr fähig war, wurden besonders die Städte, die der Rüstungsproduktion gedient hatten, zerbombt. Der Hass der Sieger tobte sich aus. Sie wollten ihre Bomben nicht wieder mit nach Hause nehmen.

Die Produktion war zum Erliegen gekommen. Es funktionierte so gut wie nichts mehr. Massen von Flüchtlingen aus Schlesien, Sudetenland, Ostpreußen und Pommern überschwemmten das jetzt schon ausgeblutete Land.

Der Schock, der die Menschen erfasst hatte, wich, nachdem die Tatsachen geklärt waren und man die Situation einigermaßen erkannt hatte, einem ungeheuren Lebenswillen. Es war ein Aufbäumen der Nation, und man kann kaum nachvollziehen, wie es möglich war, dass die entkräfteten, gedemütigten Menschen in relativ kurzer Zeit ihr Land im wahrsten Sinne des Wortes aufräumten. Mit der Aussicht auf mehr Lebensmittelmarken machten sich Tausende Frauen und Kinder an die Arbeit. Sie räumten bis zur Erschöpfung, meist ohne Gerätschaft, die Trümmer der Gebäude weg, brachten sie dorthin, wo es sich lohnte, wieder ein Haus aufzubauen. Es entwickelte sich eine Solidarität, die ihresgleichen sucht und wohl nur in extremen Notlagen und Ausnahmesituationen entstehen kann: Allgemeine bittere Armut entschärft viele soziale Konflikte. Man muss zusammenhalten, um zu überleben!

Die Kinder fanden sich sofort zurecht. Unbeaufsichtigt und unbekümmert den Gefahren gegenüber, krochen sie durch die Ruinen und zerrten Dinge hervor, die man noch gebrauchen oder gegen Nahrung tauschen konnte. Kam kein Kochtopf zutage, nahmen die Frauen alte Stahlhelme, um ein dünnes Süppchen zuzubereiten. Das gefundene Holz wurde aufgeteilt, damit jede Familie sich etwas kochen konnte, wenn sie ihre dürftige Lebensmittelration durch die Behörden erhalten hatte. Wenn es nicht so tragisch gewesen wäre, hätte man darüber lachen können, welche Dinge und welcher Müll als Ofen dienten.

Sofort begann auch der Schwarzmarkt zu blühen. Es wurde mit allem gehandelt und getauscht, was man sich vorstellen konnte.

In Scharen kamen auch die Städter auf die Dörfer, wenn sie etwas zu tauschen hatten, was die Bauern vielleicht gebrauchen konnten: Karren mit Steinen aus den Ruinen gegen Eier und Milch; Bretter abgerissener Dächer gegen ein Stück Speck.

Einmal befanden sich eine Gruppe abgemagerter Frauen und zwei alte Männer im Hof von Alma und Jenny und boten Tauschgeschäfte an. Die kleine Marita, die das Geschehen aufmerksam beobachtete, bemerkte plötzlich, wie einer der Männer, der abseits gestanden hatte, den Hofhund Wotan mit einem Streifen Speck anlockte und ihn dann an seinem Halsband schnappte. Sie schrie mit schriller Stimme, und der Alte ließ vor Schreck den Hund, den er eben auf den mitgebrachten Karren befördern wollte, wieder los. Alma kam höchst erbost mit einer Harke und jagte den Hundefänger mitsamt seinen intriganten Frauen vom Hof. Sie konnte ja das Bedürfnis der Männer nach einem Stück Fleisch verstehen – aber doch nicht ihr Wotan! Ihr wütendes Schimpfen lockte eine vorbeikommende Nachbarin auf den Hof, der sie empört von der verhinderten Entführung des Hundes berichtete. „Ach", winkte die Nachbarin ab, „eine Bekannte aus Apolda erzählte mir, dass es dort und auch in Weimar kaum noch Katzen und Hunde gibt. Nach der Bombardierung der Städte irrten so viele herrenlose, hungernde Tiere durch die Gassen, dass sie mühelos angelockt und eingefangen werden konnten. Ein paar Männer hatten sich auf diese Art der Fleischbeschaffung spezialisiert und besserten damit ihren Lebensunterhalt auf. Großmütter und Kinder überwanden verzweifelt die Hindernisse in den zerbombten Straßen, krochen in den Ruinen herum und riefen nach ihren Lieblingen, die vielleicht schon in einem Kochtopf gelandet waren. Halbwüchsige wurden sogar beim Fangen von Mäusen und Ratten erwischt. Sie rösten sie und spucken nur Schwanz und Kopf aus. Es ist alles so furchtbar!"

Unser Lepi, das „unwerte Leben"

Auf dem Hof von Alma und Jenny wurde gearbeitet von früh bis spät. Sie hatten einen Flüchtling aufgenommen, der für die Armee untauglich gewesen war. Im Allgemeinen war die Naziführung besonders in den letzten beiden Kriegsjahren nicht gerade zimperlich gewesen bei der Requirierung ihrer Rekruten. Da wurden gerne mal ein oder gar zwei Augen zugedrückt, wenn der Gemusterte vielleicht nur schlecht sah, fast taub war oder Klump- und Plattfüße hatte. Als Kanonenfutter war er allemal gut. Doch dieser Mann war sehr klein und litt unter einer seitlichen Rückgratverkrümmung, die in einen Buckel mündete. Somit war er als Krüppel bezeichnet und ausgesondert worden. Und es war überhaupt ein Wunder, dass er am Leben gelassen wurde.

Als er auf dem Hof um Nahrung bettelte, war bei Alma, die ihn zwar abstoßend fand, die Neugierde erwacht. Sie fragte ihn aus und erfuhr, dass seine gesamte Familie bei dem Bombenangriff auf Dresden ums Leben gekommen war. Ein Schwall von Tränen ergoss sich auf seine magere, schiefe Brust.

„Dresden, unser schönes Dresden", schluchzte er, „es ist der Untergang unserer Kultur. Und meine Mutter, die Einzige, die mich trotz meines Aussehens geliebt hat, wurde unter den Trümmern begraben."

Obwohl Alma zurzeit täglich solche herzzerreißenden Geschichten hörte, wurde sie beim Anblick dieser schluchzenden Missgeburt vom Mitleid überwältigt. Sie war hin- und hergerissen, ob sie ihn dabehalten sollte. Er war gewiss zum Arbeiten nicht zu gebrauchen und damit ein unnützer Esser. Als der Mann sich beruhigt hatte und merkte, dass er nicht gleich wieder weggeschickt wurde, bot er Alma an, Kleidung und alle Dinge, die sie gebrauchen würden, für die Familie zu nähen, Schuhe zu reparieren und sich überall nützlich zu machen. Er wollte dafür nur Essen und ein

Nachtlager haben. Jenny war hinzugekommen und musterte misstrauisch die bedauernswerte, halb verhungerte Gestalt. Sie hatten bis jetzt vergeblich nach einem Flüchtling ohne Kinder Ausschau gehalten, von dem sie annehmen konnten, dass er etwas vom Vieh verstand und mit einer Sense und anderen Geräten umgehen konnte. Einige hatten ausgesehen, als lauerten sie nur auf einen günstigen Moment, um Werkzeug oder Nahrungsmittel zu stehlen und sich dann schnellstens aus dem Staub zu machen. Bei anderen hatten sie den Verdacht, dass sie immer wieder nach dem Hund schielten und nur einen günstigen Moment abwarteten, um ihn einzufangen und zu flüchten. Die meisten jedoch waren so ausgemergelt, dass sie erst mehrere Wochen Pflege benötigt hätten, bevor man ihnen eine Hacke in die Hand hätte geben können.

Alma sah Jenny fragend an. Diese blickte auf ihre Tochter, die ängstlich in einer Ecke stand und den Blick nicht von diesem hässlichen Menschen wenden konnte. Jenny wurde bewusst, dass Marita für den kommenden Sommer noch kein einziges Kleidungsstück besaß. Dieses Kind schoss trotz des dürftigen Essens in die Höhe – spindeldürr, aber sehr groß. Es gab nichts zu kaufen und die zwei Winterkleider, die sie besaß, waren jetzt schon zu warm und zu klein. Sie und Alma hatten gerade im Frühjahr so viel zu tun, dass sie abends ins Bett fielen und nicht mehr nähen konnten. Also beschlossen sie, Lepinski, den Schneider, vorläufig dazubehalten. Man würde ja sehen.

Lepinski machte sich sofort an die Arbeit. Alma besaß ein paar Stoffe, die sie bei durchziehenden Städtern gegen Milch und Kohlköpfe eingetauscht hatte. Doch als der Mann an Marita Maß nehmen wollte, wich diese mit einem schrillen Aufschrei, zutiefst erschrocken, zurück und kam auch auf gutes Zureden nicht näher. Männer, so ganz in ihrer Nähe, waren in Maritas Vorstellung nicht vorgesehen. Von weitem, o ja, da hatte sie interessiert diese männlichen Wesen beobachtet und festgestellt, dass sie fast alle böse waren: Der Nazi-Ortsgruppenleiter, den sie mit den Grimassen einer Behinderten irreführen sollte, dann der Offizier in der Schlafkammer, der nach Mama fragte und ihre liebe Puppe Paula und Omas Kette rauben wollte, der schwarze Ami, der mit den Augen gerollt hatte, dann die russischen Soldaten, die alle Hühner gejagt und gegessen hatten, und nicht zuletzt der Hundefänger, der beinahe Wotan entführt hatte. Und Großmutter hatte immer wieder einen Sauckel, einen Himmler, einen Göbbels und besonders einen Hitler beschimpft. Nein! Die Männer waren alle böse – schreckliche Monster. Und dieser Mann da, der ihren Körper beim Messen berühren wollte, jagte ihr noch viel mehr Angst ein. Er erinnerte sie allzu sehr an Zwergnase aus dem Märchen, welches die Oma vorgelesen hatte.

Die Großmutter lockte, die Mutter drohte und packte sie, um sie zu Lepinski hinzuschieben. Sie jedoch machte sich starr und verweigerte jede Annäherung an den vermeintlichen Feind. Der Schneider sah ungerührt auf das Kind. Er war noch ganz anderen Kummer gewöhnt. Dann meinte er so nebenbei: „Deine Puppe sieht aber sehr liederlich aus. Ich sehe nur Löcher und heraushängende Fäden an ihrem Kleid. Damit kannst du ja nirgends hin, nicht einmal mit deiner Oma in die Kirche. Die Leute lachen dich ja glatt aus.“

Verdutzt sah Marita auf ihre Paula. Es stimmte; Paula sah so ärmlich aus, schlimmer als die Flüchtlingskinder, die vorbeizogen.

Lepinski lächelte. „Ich werde zuerst etwas für deine Puppe nähen. Hier ist ein Stück Stoff mit roten Pünktchen. Das würde ihr bestimmt gut stehen.“

Marita umklammerte krampfhaft ihre Puppe, aus Angst, er würde nun bei ihr messen. Doch er zog aus seinem Bündel eine Schere heraus, die sehr scharf war, warf noch einmal einen Blick auf die Puppe und schnitt ruckzuck in den Stoff. Er setzte sich an Almas Nähmaschine und nähte. In sicherer Entfernung stand Marita und verfolgte aufmerksam das Geschehen. Nach kurzer Zeit hatte der fremde Mann ein wunderschönes Kleidchen gezaubert.

„Willst du es deinem Puppenkind anprobieren? Ich lege es hier hin.“

Marita schob sich langsam näher. Sie sah das wunderschöne Kleidchen und konnte nicht widerstehen. Sie ergriff es, eilte zurück in ihre Ecke, zerrte den alten Kittel herunter und streifte das Pünktchenkleid Paula über. Sie strahlte. Ihre Paula war wunderschön und lachte sie an. Lächelnd sagte der Mann: „Ich könnte dir genauso ein Kleid nähen. Dann seht ihr wie Geschwister aus. Aber du bist größer, und da muss ich genau messen, dass es passt."

Marita wand sich verlegen. Sie blickte auf ihre Paula und sah dann den Schneider an. Manchmal wurde aus einem hässlichen Frosch oder aus einem Bär ja ein König. Das wusste sie auch aus Omas Märchen. Vielleicht war dieser missgestaltete Mann, der so schöne Kleidchen nähen konnte, gar ein verzauberter, lieber Prinz. Langsam schob sie sich näher.

„Du wirst wie eine Prinzessin aussehen", flüsterte er. „Beide werdet ihr wie Prinzessinnen aussehen."

Noch etwas steif und mit den Sinnen auf eine eventuelle Flucht gerichtet, stand sie dann vor ihm. In kurzer Zeit hatte er Maß genommen, ohne sie unnötig zu berühren. Marita sah zu, wie er den Stoff zuschnitt. Er zeigte ihr das Ärmelteil und faltete es zusammen.

„Es ginge viel schneller, wenn du mir helfen könntest. Sieh mal: Hier sind Stecknadeln. Damit steckt man die Teile aneinander. Dann kann ich sie besser heften. Das gelingt aber nur, wenn man ganz geschickte Hände hat."

Die Hemmungen fielen langsam von Marita ab. Sie griff nach dem Stoff und pikste die Nadeln in die Stoffteile.

Er nahm es, begutachtete es lange und ernst, drehte es hin und her. Erst dann lobte er die gute Arbeit. Sie barst fast vor Stolz. Lob und Anerkennung waren rar gesät in diesem Haus, wo man vor lauter Arbeit nicht zum Luftholen kam und auch den Beitrag eines kleinen Kindes als selbstverständlich hinnahm. Als er unter ihrer Beobachtung die Teile zusammengeheftet hatte, bat er sie zur Anprobe. Erst guckte sie noch unschlüssig; denn sie musste ja dazu ihr Kleid ausziehen. Dann sah sie Paula an, und es war ihr, als ob Paula nickte. Schließlich ließ sie sich den Stoff überstreifen. Lepinski korrigierte noch eine Naht mit ein paar Nadeln. Nun ging es ans Nähen. Marita wich nicht von seiner Seite, Paula fest im Arm.

Die Großmutter öffnete die Tür einen Spalt, da die Ruhe ihr unheimlich vorkam und bei einem Fremden, auch wenn er wie eine Missgeburt aussah, immer Vorsicht geboten war. Höchst erstaunt sah sie ihre Enkelin friedlich neben dem Schneider sitzen. Marita fuhr sogar unwillig auf, als die Großmutter sie zur Arbeit rief. „Du weißt, dass du noch das Unkraut auf den Beeten zupfen und die Junghennen füttern musst. Schließlich sollen sie bald Eier legen. Wir wollen zu Pfingsten endlich mal wieder einen Kuchen backen."

Erst beim Wort Kuchen sprang Marita auf und widmete sich ihren Pflichten.

Lepinski blieb am Hof. Er machte sich unentwegt nützlich. Er schärfte die Sense, die jetzt dringend zum Mähen gebraucht wurde. Desgleichen schärfte er alle Messer und Scheren. Er ging durch Haus und Scheune, reparierte Gerätschaften, besserte Türen aus, ölte sie und erneuerte den Zaun. Er hieß jetzt ‚Unser Lepi' und war unentbehrlich geworden. Zuerst hatten die Frauen ihn in der Scheune schlafen lassen. Dann holten sie ihn ins Haus. Im hinteren Teil war noch eine Kleiderkammer, in der sich allerlei kaputtes Zeug und Unrat angesammelt hatte. Sie stellten ein altes Feldbett auf, gaben ihm Bettwäsche, Kissen und eine Decke; und er richtete sich wohnlich ein. Er durchwühlte den Raum, fand eine alte Uhr, die er reparierte, und etliche andere Dinge, die sein Dasein verschönerten und erleichterten. Er nähte für die Frauen Kleider. Jenny sah seit Monaten wieder einmal in den Spiegel, als sie das neue Kleid anzog, welches er genäht hatte. Der Blick in den Spiegel war ansonsten überflüssig und ihr höchst zuwider, da sie darin ja nur stets eine alte Joppe und zerbeulte Hosen entdeckte und einen Kopf sehen musste, der mit einem Tuch bedeckt war und unter dem ungepflegte Haare herausschauten, die monatelang nur mit Kernseife gewaschen worden waren. Lepi ließ sie wissen, dass sie eine junge Frau war und kein alter Garderobenständer, und nähte ihr Arbeitshosen, die fesch ihren wieder etwas gerundeten Po betonten. Die Kittel und Blusen, die er kreierte, waren bunt und luftig, und mit der Zeit, in der sie wieder satt wurden, konnte man auch tatsächlich sehen, dass ihre Brüste praller wurden und sie wieder wie ein Weib aussah.

Die kleine Marita schlich immer öfter um Lepi herum, und er wusste, dass sie etwas auf dem Herzen hatte – fragte aber nicht danach.

Eines Tages überwand sie ihre Scheu.

„Lepi – warum hast du so einen Buckel? Hat dich der liebe Gott gestraft, weil du etwas Böses getan hast? Oder hast du gar vergessen, zu beten? Das ist mir nämlich auch schon manchmal passiert; und ich habe Angst, dass ich dann auch so einen hässlichen Buckel bekomme."

Ein wenig unheimlich wurde ihr unter dem ernsten Blick des Mannes, als er antwortete: „Nein! Ich wurde so geboren. Meine Mama war auch sehr erschrocken und traurig, als sie mich das erste Mal sah. Aber ich war ihr Kind, und sie zeigte mir ebenso viel Liebe wie meinen Geschwistern. Ich brauchte schließlich anfangs viel mehr Fürsorge. Aber dann merkten alle, dass mein Kopf keinen Schaden hatte und ich genauso klug war wie andere, vielleicht sogar geschickter mit meinen Händen. Es gab Menschen, die mich verspotteten. Es gab Menschen, die mich fürchteten und mir sofort aus dem Weg gingen. Als die Nazis kamen und die Häuser durchsuchten, nach sogenanntem ‚unwerten Leben‘, versteckte sie mich. Weil ich so klein und biegsam war, hatte sie mich in einen Waschkorb gerollt und schmutzige Wäsche darüber geworfen. Sie hätten mich sonst mitgenommen und in ein Konzentrationslager gesperrt. Wir kannten eine Familie, die auch ein behindertes Kind hatte. Sie wurde von Nachbarn an die Nazis verraten. Diese holten das bedauernswerte Kind trotz der Proteste der Eltern und ließen unter Zwang sogar die gesunden Geschwister operieren, damit sie keine Kinder bekommen konnten, um das ‚unwerte Leben‘ nicht zu vererben. Die Nazis entdeckten mich nicht, und gottlob hatte mich niemand verraten. Manche Menschen mochten mich trotzdem, und zwei Kinder haben auch mit mir gespielt, als ich klein war. Als die Leute dann merkten, wie gut ich nähen konnte, kamen so viele, dass ich die Arbeit kaum schaffte."

Todernst, mit aufgerissenen Augen, hatte Marita zugehört und verständnisvoll genickt. Dann fragte sie unvermittelt: „Lepi?

Kannst du an deinem Buckel fühlen, ob etwas wehtut, wenn man ihn sticht oder drauf klopft?"

„Selbstverständlich. Da sind auch Nerven in der Haut, wie überall. Und die zeigen Schmerzen, Kälte und Wärme an."

„Bist du da auch kitzlig?"

Überrascht sah Lepinski auf. „Das weiß ich gar nicht. Da hat mich noch niemand gekitzelt."

„Darf ich das jetzt mal machen? Dann wissen wir das genau."

Ehe der Mann seine Zustimmung geben konnte, begann Marita, ihn am Buckel zu kitzeln. Und wer hätte das gedacht? Er war dort kitzlig – und er begann zu lachen, besonders über die absurde Situation. Als nun auch Marita vor Freude lachte, bogen sie sich vor Vergnügen, bis die Tränen kamen.

Abends, als alle beim Essen saßen, konnte Lepinski den Teller nicht leer essen, weil Alma einen gar zu großen Berg Kartoffeln darauf gehäuft hatte.

Da rief Marita: „Iss sofort den Teller leer, sonst kitzel ich dich an deinem Buckel!"

Die Frauen waren zutiefst erschrocken, und die Mutter holte schon aus, um diesem ungezogenen Kind eine Ohrfeige zu verpassen.

Da begannen Lepinski und Marita so sehr zu lachen, dass der Arm von Jenny wieder heruntersank und sie höchst verwundert auf die beiden blickte.

Wieso konnte der arme Krüppel da lachen? Man sprach doch nicht so offen über eine Missbildung und sah dezent beiseite. Und gar kitzeln, wie dieses freche Kind!

Lepinski, der diese Gedankengänge ahnte, sagte: „Ein kleines Kind, noch unbeeinflusst von den Wertungen der Erwachsenen, sagt in seiner Unschuld, was es denkt. Das ist viel besser, als hinter dem Rücken zu tuscheln. Wir beide haben uns ausgesprochen. Und das hat uns gut getan. Und seitdem ich Marita kenne, kann ich über meine Verunstaltung lachen. Und ich hätte durch sie nie erfahren, dass ich an meinem Buckel kitzlig bin."

Das Dorfleben kam langsam wieder in Gang, und ab und zu erschienen Nachbarfrauen, die etwas tauschen oder borgen wollten oder unbedingt die neuesten Nachrichten austauschen mussten. Zuerst waren sie vor Lepinski zurückgeschreckt und hatten, wenn sie unter sich waren, den dämlichen Weibern Alma und Jenny einen Vogel gezeigt, weil ihre eigene Vorstellung von unwertem Leben noch gar zu fest im Gehirn verankert war. Jetzt sahen sie neidisch die neue Kleidung von Jenny und der kleinen Marita. Nach und nach kamen sie und bettelten, ob der Schneider nicht auch etwas für sie nähen könnte. Sie hatten inzwischen in der Landwirtschaft genügend Helfer und nach den schrecklichen Kriegsjahren wollte man sich doch endlich wieder einmal schön anziehen. Großmutter Alma fühlte sich als Chef und bestimmte, wer ein neues Kleidungsstück haben durfte. Und sie staunte nicht schlecht, als auf einmal als Bezahlung Schmuckstücke auftauchten, die die Bauersfrauen mit Sicherheit den Flüchtlingen für Nahrungsmittel abgenommen hatten. Alma nutzte diese plötzliche Macht ohne Gewissensbisse und wählte genau aus, für welche bevorzugten Personen Lepi nähen durfte und welche lange zurückgestellt wurden. Da konnte man doch gleich einige wegen ihres früheren Hochmutes oder der Klatschsucht ein wenig bestrafen.

Die Dörfer und Städte entwickelten sich zu unentbehrlichen Tauschzentralen.

Alle fühlten sich trotz der kärglichen Situation befreit und erleichtert und arbeiteten wie besessen, um ihre Lage zu verbessern.

Ami oder Sowjets?

Während die einfachen Menschen versuchten, ihr Leben wieder in den Griff zu bekommen, lag in der deutschen Politik noch alles im Argen. Im Mai 1945 war die Entnazifizierung in vollem Gange. Die ‚alten Kämpfer‘ der NSDAP wurden entlassen. Viele entzogen sich durch Flucht ins Ausland der Verhaftung. Andere verkrochen sich bei Verwandten. Anfang Juni übernahmen die alliierten Streitkräfte in Berlin die Regierungsgewalt für ganz Deutschland. Es begann die Aufteilung des Reiches in Besatzungszonen der Sowjets, Amerikaner, Engländer und Franzosen.

Im Dorf von Jenny und Alma kam man mit den Amerikanern zurecht. Sie setzten zwar energisch ihre Anordnungen durch, waren aber nicht bösartig oder grausam. Die Menschen hatten sich damit abgefunden, Ausländer als Herren zu haben.

„Es ist in der Politik sowieso immer derselbe Scheißhaufen“, sagte die Großmutter Alma in ihrer direkten Art, „es sitzen nur immer andere Fliegen drauf.“

Sie unternahmen alle Anstrengungen, ihr Leben wieder aufzubauen.

Doch dann, Anfang Juli, wurden die Thüringer in eine heftige Krise gestürzt, die alle ihre Träume von einer guten Zukunft vorerst zunichtemachte. Auch Jenny und Alma erlitten einen Schock. Und Marita suchte nach einem Versteck zum Schutz für die Junghennen. Sie hatte nur aufgeschnappt, dass die Russen kamen. Es fand ein Besatzungswechsel in Thüringen statt. Die meisten Menschen hatten sich mit den Amerikanern abgefunden. Man war sich sogar nähergekommen und war in legale oder illegale Beziehungen verwickelt. Der allgegenwärtige Hunger ließ die Phantasie für Geschäfte aller Art aufblühen. Viele Frauen hatten sich nicht gescheut, aus Lust wegen fehlender Männer oder weil der leere Magen gar zu sehr knurrte, den Amis schöne

Augen zu machen. Auch warfen sie alle anerzogene germanische Abneigung gegen andere Rassen flugs über Bord und gaben sich der Liebe und den damit verbundenen fleischlichen Genüssen bedenkenlos hin. Und fleischliche Genüsse waren nicht nur einseitig auf die Liebe bezogen. Die Liebhaber sorgten natürlich dafür, dass ihre Betthäschen etwas Ordentliches zu essen bekamen, waren sie doch etwas dünn, und auf Knochen betten sich die meisten Männer nicht so gerne. Sogar Kaffee, Kaugummi und Zigaretten tauschten ihre Besitzer. Die kurze Zeit der Besatzung hatte ausgereicht, um einige amerikanisch-deutsche Babys anzusetzen.

Und nun diese brutale Enttäuschung! Besatzungswechsel!

Eifriger Informationsaustausch erfolgte überall.

Ida kam wieder mit Neuigkeiten aus Weimar: „Die Sowjets werden Thüringen, Sachsen, die Anhaltiner, Brandenburg und Mecklenburg besetzen.“

„Na, da steht uns ja was bevor!“, prophezeite Alma.

Jenny seufzte tief. „Müssen die uns ausgerechnet die Russen schicken? Könnten nicht die Franzosen kommen, wenn es schon sein muss? Ah, so ein Franzose käme mir jetzt gerade recht! Die sollen ganz erfindungsreich in der Liebe sein und ihre Liebsten vergöttern. Oder vielleicht die Italiener. Die sind angeblich die feurigsten Liebhaber!“

Alma und Ida wechselten besorgte Blicke und Ida fühlte sich veranlasst, die Träume ihrer Nichte etwas zurechtzustutzen: „Also erstens: Die Italiener gehören nicht zu den Besatzungsmächten. Die werden froh sein, wenn sie nicht wieder selbst besetzt werden, weil sie auch allerhand auf dem Kerbholz haben. Außerdem – Italiener! Ha! Die haben doch so einen Mama-Komplex. Wenn es ihnen bei dir nicht schmeckt oder du ihnen nicht alles nach ihrem Willen machst, dann laufen sie ganz schnell zu Mama, weil die immer alles besser kann und besser weiß. Und die Franzosen? Das mit den qualifizierten Liebhabern ist bestimmt nur ein Gerücht. Es soll zwar stimmen, dass sie sich in der Werbezeit, wie die meisten Männer, sehr aufplustern und erfindungsreich sind, wundervolle Worte finden und dich ein-

wickeln. Aber kaum haben sie dich, weht ein anderer Wind. Da
sind sie wie die meisten Männer: Karnickel; und die Galanterie
kommt nur noch für andere Frauen zum Vorschein.“

„Aber die Russen“, jammerte Jenny, „die kann ich mir einfach nicht als Liebhaber vorstellen – nur als Vergewaltiger, mit
der Kalaschnikow in der Hand.“

„Ach was! Da wird es auch rücksichtsvolle und liebevolle
Typen geben – klar! Die mit der russischen Seele. Was sinnierst
du überhaupt über Liebhaber nach? Vielleicht kommt ja doch
dein Mann wieder.“

„Gebe Gott, dass dies wirklich passiert!“, murmelte Alma.
„Es sollen noch so viele in Gefangenschaft sein. Dann hätten wir
eine Sorge weniger.“

Die amerikanischen Truppen rückten nach Westen ab, während
die sowjetischen Truppen schrittweise Thüringen einnahmen.
Am 3. Juli begann die sowjetische Führung sich in Weimar eine
Kommandantur einzurichten.

Dann erfolgte zum Entsetzen der Bürger Schlag auf Schlag:
Das gesamte Vermögen ehemaliger NSDAP-Mitglieder und des
NS-Führungscorps wurde beschlagnahmt. Die Besitztümer des
ehemaligen Sächsisch-Gothaer Fürstenhauses wurden enteignet.
In regelmäßigen Abständen wurden Gebäude und Höfe durchsucht: „Du Nazi?“ hörte man es immer wieder brüllen. Natürlich
schüttelten alle vehement mit dem Kopf und wollten keine Nazis
gewesen sein. Auch wollte keiner mit den Nazis sympathisiert
haben. Doch die Sowjets kannten keine Gnade. Höhnisch hielten
sie den Bewohnern in ihren Häusern gefundene Nazi-Uniformen
vor die Nase. Sie zerrten einen nach dem anderen ans Tageslicht, ob mit oder ohne Beweis. Mancher guckte vielleicht nur
ein wenig aufsässig, und es genügte, um in Ungnade zu fallen.
Viele Männer, die froh waren, den schrecklichen Krieg überlebt zu haben und endlich wieder mit der Familie vereint waren,
wurden in Güterzüge gepfercht und in die endlosen russischen
Weiten abtransportiert. Die weinenden Frauen hörten noch,
wie die Sowjets beim Sortieren der Männer und beim Notieren

der Namen riefen: „Du Spezialist?" Aber auch Frauen wurden
in die Viehwaggons verladen, um das große sowjetische Reich
kennenzulernen. Viele Männer, die das Misstrauen der Sowjets
erregt hatten, wurden inhaftiert. Da die Gefängnisse nicht ausreichten, kamen Tausende in Internierungslager. Und wo war
das nächste dieser Lager? Im Konzentrationslager Buchenwald
auf dem Ettersberg bei Weimar.

Wieder dieses unerwünschte Geschwür am Rande der Klassikerstadt!

Am 23. Juli wurden die Konten gesperrt und die Banken geschlossen. Auch hier führte die neue Besatzungsmacht Beschlag-
nahmungen durch. Es kam zum Dilemma, da die Bevölkerungs-
interessen völlig ignoriert wurden. Die Landesverwaltung bemühte
sich fieberhaft um die Lösung der Konflikte und erreichte beim
Kampf um die Konten einige Zugeständnisse und teilweise sogar
Aufhebungen der Kontensperre. Viele Menschen, die sich in den
Aufbau des Landes einbringen wollten, knirschten vor Wut über
die Hürden, die sie bewältigen mussten, mit den Zähnen. Mit
den Sowjets war nicht zu spaßen. Bei Ungehorsam wurde man
gar zu schnell zum Nazi gestempelt.

Der fremde Stoppelrusse

Für die kleine Marita gab es, genau wie für die Erwachsenen, immer nur Arbeit. Lepi hatte ihr zwar ein neues Kleid genäht, doch die Schürze darüber wurde nur am Sonntag beim Kirchgang abgelegt. Sehnsüchtig sah sie ständig zu Puppe Paula, die immer in ihrer Nähe sitzen musste, weil sie einfach keine Zeit hatte, um mit ihr zu spielen. Dabei besaß sie jetzt für Paula noch viele schöne Dinge, die Lepi angefertigt hatte: eine Wiege, einen Liegestuhl, einen Roller und sogar Spitzenunterwäsche. So etwas Schönes hatte kein Kind im Dorf, und sie barst fast vor Stolz, wenn einmal ein Nachbarkind zu Besuch kam und mit ihr spielen durfte, was nur ab und zu sonntags nach dem Kirchbesuch erlaubt war.

Als Marita mit Gemüseschneiden fertig war und die Großmutter sich nicht in Sichtweite befand, holte sie schnell ihre Paula und verkroch sich im Garten, um der Puppe ihre neuesten Erlebnisse zu erzählen. Da hörte sie Wotan anschlagen. Marita spitzte die Ohren und spähte auf die Straße, um festzustellen, ob jemand zu Besuch kam. Plötzlich fuhr sie erschrocken in die Höhe. Da kam etwas – ein unheimliches Wesen! Mit aufgerissenen Augen starrte sie in Richtung der Dorfstraße. Dann stürzte sie schreiend aus dem Versteck: „Mama! Oma! Die Russen kommen!"

Die Frauen eilten voller Aufregung vor die Tür. Sie hatten immer noch Angst vor sowjetischen Übergriffen, obwohl diese selbst Gesetze erlassen hatten, welche Überfälle, Raubzüge oder Vergewaltigungen unter strenge Strafe stellten. Es war auch schon wochenlang friedlich im Dorf. Trotzdem überlegte Jenny blitzschnell, ob sie nicht doch vorsichtshalber ihr Versteck aufsuchen sollte. Sie starrten auf die Dorfstraße, und die Frauen atmeten auf. Es war ja nur einer – und der sah gewiss nicht wie ein Räuber oder Vergewaltiger aus.

Atemlos und zitternd vor Angst erschien die Bedrohung wieder vor Maritas Augen, und sie rief: „Oma! Ein Stoppelrusse kommt. Was will der bei uns? Wo sind die anderen? Wollen sie wieder unsere Hühner schlachten?"

Alma starrte weiter auf die Straße und beobachtete die verwahrloste, hinkende Gestalt. Er kam tatsächlich allein und stolperte in ihre Richtung. Wollte der etwa Arbeit? Der sah doch aus, als müssten sie ihn erst ein paar Wochen in die Kur nehmen.

Doch plötzlich sah sie ihre Tochter in seine Richtung rennen. Diese stolperte mit den schweren Gummistiefeln, stürzte auf den Ankömmling zu und warf sich so heftig in seine Arme, dass er schwankte und beinahe gestürzt wäre. Wotan umsprang die beiden so euphorisch, dass er fast über die eigenen Pfoten gestolpert wäre, und bellte fanatisch.

Gemeinsam gingen die Mutter und der merkwürdige Fremdling auf das Haus zu, immer noch angesprungen von Wotan, der sich kaum beruhigen konnte.

In höchster Erregung schluchzte das Kind: „Großmutter, warum hat der Stoppelrusse die Mama? Was tut er mit ihr? Sie weint! Wir müssen ihr helfen!"

Alma hatte inzwischen erfasst, wer der Besucher war.

„Beruhige dich doch. Mama weint vor Freude. Das ist kein Russe: Das ist Hannes, dein Papa!"

Fassungslos starrte das Kind auf den Mann. Der war ja noch dünner als Mama. Er hatte verfilzte Haare. Und am Kinn waren auch Haare und solche eitrigen schwärigen Schorfe wie bei den Flüchtlingskindern. Sie roch seinen Gestank trotz des erheblichen Abstandes zu ihm. Außerdem war er überall verdreckt. Sie selbst durfte Mama nie zu nahe kommen, wenn sie Flecken auf der Schürze hatte und die Hände verschmutzt waren. Und an diesem da hing Mama dran, als würde sie nicht mehr abgehen. Noch während sie erregt alles registrierte, löste sich der Mann von Mama und kam auf sie zu. Ein gellender Schrei – und sie flüchtete in panischer Angst auf die Wiese und lief und lief. Alle riefen nach ihr. Doch sie war wie erstarrt. Beim Bach warf sie sich atemlos auf die Erde.

Sie blieb dort, bis die Großmutter kam und sich zu ihr setzte.

„Sieh mal, meine Kleine: Dein Vater ist aus der Kriegsgefangenschaft gekommen. Er war ganz weit weg und musste für die Sowjets arbeiten. Du weißt, ich habe dir schon vom schrecklichen Krieg erzählt, und du hast ja selbst so vieles miterleben müssen. Dein Vater musste schwer schuften, hungerte oft und konnte sich kaum waschen. Deshalb sieht er jetzt so zum Fürchten aus. Er ist aber ein ganz lieber Mann. Du wirst doch nicht der Mama großen Kummer machen, indem du wieder fortläufst. Sieh mal, wenn jetzt dein Papa wieder da ist, brauchen wir nicht mehr gar so schlimm arbeiten. Du kannst sogar ab und zu mit deiner Puppe spielen.“

„Aber das ist nicht mein Papa Hannes! Mein Papa auf dem Bild im Wohnzimmer sieht ganz anders aus!“

„Dein Papa ist schwer krank. Deshalb kannst du ihn nicht erkennen.“

„Aber, Großmutter, der Stoppelrusse darf mich doch nicht anfassen?“

„Nur, wenn du es selbst willst.“

Marita folgte Alma nach Hause. Sie ging dem Fremden jedoch in weitem Bogen aus dem Weg und sah ihn nur hin und wieder verstohlen von der Seite an. Wozu brauchte man einen Vater? Es war doch ohne ihn auch alles gut gewesen. Gewaschen war er nun, und er trug saubere Kleidung. Die Haarstoppel auf Kinn und Kopf sahen nicht mehr so verfilzt aus. Doch dazwischen waren eklige Grinde. Mutter ging ganz vorsichtig zu Werke. Großmutter hatte einen Kamillensud gebrüht. Damit tupfte ihm Mama nun das Kinn und den Kopf behutsam ab.

Eifersucht bemächtigte sich des Kindes. Mama hatte nur kurz registriert, dass Marita wieder da war. Sonst sah sie nur diesen Mann an. Und wie vorsichtig sie seine Verletzungen betupfte! Als Marita damals durch den Tritt auf die Harke im Gesicht mit Wunden und Beulen übersät war, hatte Mama alles die Großmutter machen lassen. Nur einen kurzen Blick hatte sie ihr zugeworfen und gebrummelt, dass sie das nächste Mal besser aufpassen und gefälligst die Harke nicht auf dem Weg liegen lassen solle. Aber diesem Kerl kroch Mama bald auf den Schoß. Wann durfte sie mal auf Mamas Schoß sitzen?

Der fremde Vater sprach sie an. Sie senkte den Kopf und antwortete nicht, was ihr missbilligende Blicke von Mutter einbrachte. Alma murmelte: „Sie wird sich bald daran gewöhnen.“

Dann kam das Schlimmste – ein Schock, von dem sich Marita nicht so schnell erholte: Sie durfte nicht mehr im Bett neben Mama schlafen. Tränen der Wut und Verzweiflung stürzten aus den Augen. Mutter musste so viel arbeiten, dass die Zeit nie für Zärtlichkeiten gereicht hatte. Nur abends durfte die kleine Marita sie einmal umarmen und ein Küsschen auf ihren Hals drücken. Jetzt nahm ihr dieser Stoppelrusse – sie weigerte sich nach wie vor, ihn als Papa zu bezeichnen – auch noch ihr letztes bisschen Glück mit Mama. Marita verweigerte das Abendbrot. Sie flüchtete mit Puppe Paula in ihr Versteck, schluchzte und beschimpfte den Mann, der ihr die Mama nahm. Sie sah, dass Paula verständnisvoll nickte. Paula war die Einzige, die sie verstehen konnte.

Als es dunkelte, schlich Marita sich ins Haus und legte sich ungewaschen und ohne Zähneputzen in der kleinen Kammer, die zwischen Großmutters und Mutters Schlafzimmer lag und für sie vorbereitet war, ins Bett. Niemand hatte sie gerufen, niemand nach ihr gesehen. Man hatte sie wegen dieses Eindringlings einfach vergessen. Sie hörte lautes Lachen unten aus der Stube. Beide Frauen ließen sich von dem Fremden seine Erlebnisse erzählen. Sie tranken den Most, der alle immer so lustig machte und den **sie** nicht trinken durfte. An die traurige Marita verschwendeten sie keinen Gedanken. Weil es so ungewöhnlich laut war und Enttäuschung und Zorn ihr Herz belastete, konnte Marita nicht schlafen. Sie kroch wieder aus dem Bett, stieg leise die Treppe hinunter und lauschte – etwas, was sie nicht tun durfte. „Der Lauscher an der Wand hört seine eigne Schand!“, hatte Großmutter sie immer gewarnt. Außerdem war da dieser liebe Gott, der alles sah und hörte. Doch es war ihr egal. Sie linste durch das Schlüsselloch und presste dann ihr Ohr an die Tür. Sie hörte, wie der Stoppelrusse erzählte: „Drei Kameraden und ich arbeiteten auf einer künftigen Baugrube und mussten Schachtarbeiten ausführen. Wir standen unter Bewachung von zwei Russen. Wir arbeiteten so gut, wie es unsere ausgemergelten Körper aushielten, weil wir auf eine Erhöhung der Essensration hofften. Unsere Bewacher langweilten sich. Die Gewehre standen neben ihnen. Sie spielten Karten, würfelten, und tranken Wodka, was während der Dienstzeit streng verboten war. Da bemerkte mein Kamerad Rudolf, dass einer sich ohne sein Gewehr entfernte, vermutlich, um austreten zu gehen. Dem anderen, der nochmals einen kräftigen Schluck aus der Flasche genommen hatte, flatterten die Augenlider. Wir stießen uns an, als wir sahen, dass er eingeschlafen war. Alle vier bewegten wir uns vorsichtig auf den Russen zu, schnappten die Gewehre und flüchteten. Der draußen noch am Baum stehende Soldat sah uns. Er stürmte brüllend, seine Hose hoch zerrend, aus der noch alles heraushing, zu seinem Kameraden und hieb ihn in die Seite. Dieser fuhr wütend hoch. Als er die Situation erfasst hatte, rannte er seinem Kumpel hinterher. Wir hörten sie bei der Verfolgungsjagd keuchen, brüllen und abartig fluchen. Unser Vorsprung war zunächst gut; aber wir waren von der schweren Arbeit und dem dürftigen Essen sehr geschwächt. Ein Blick über die Schulter verriet uns, dass die beiden Russen aufholten. Unsere Lungen pfiffen, und wir wollten aufgeben. Die Strafe würde vielleicht nicht so hoch sein, weil wir ja niemanden verletzt hatten. Da bemerkte mein Kamerad eine alte Scheune. Wie auf Kommando stürzten wir hinein und verbarrikadierten das Tor. Ich kletterte auf den Heuboden und beobachtete aus einer Luke, was die Soldaten unternahmen. Meine drei Kameraden wollten das Tor schützen. Die Russen berieten sich und umrundeten mehrmals die Scheune. Sie wirkten höchst aufgeregt; denn die Strafen für die einfachen Soldaten bei Pflichtverletzung waren sehr hoch. Und sie mochten sich wohl ausmalen, was ihnen geschah, wenn herauskam, dass sich Gefangene ihrer Waffen bemächtigen und entfliehen konnten. Ich bemerkte, dass sie sich an der Bretterwand zu schaffen machten. Plötzlich schrie einer meiner Kameraden: „Die Hütte brennt!" Sie hatten nichts, um das Feuer zu löschen. Es gab nur Holz und Heu, welches sich in Sekundenschnelle entzündete. Ich wollte schleunigst nach unten klettern, denn oben hatte ich keine Chance, dem Feuer zu entrinnen. Doch die Flammen schlugen schon nach oben, und es gab keinen Rückweg für mich. Während meine Kameraden die Barrikaden wegschoben, die Waffen hinauswarfen, mit erhobenen Armen ins Freie und direkt in die offenen Arme der grinsenden Soldaten taumelten, brannte mir fast schon der ‚Allerwerteste‘ an. Es gab keinen anderen Ausweg: Ich zwängte mich durch die Luke und sprang nach unten. Ein gewaltiger Schmerz verhinderte, dass ich aufstehen, geschweige denn flüchten konnte. Wie ich später erfuhr, hatte ich mir ein Bein, das Schlüsselbein, ein paar Rippen und einen Arm gebrochen und ein klaffendes Loch im Kopf. Unsere Bewacher zeigten keine Anzeichen von Schadenfreude oder gar Rachegefühlen. Wegen ihrer eindeutigen Pflichtverletzung hatten sie viel zu große Angst vor ihren Vorgesetzten. Die Scheune brannte lichterloh. Zuerst schwiegen alle und musterten mich mit hilflosen Blicken. Dann beratschlagten die Russen. Und ich lag da, verkrümmt, litt Schmerzen und sah mein Ende nahen. Die Soldaten schienen Mitleid zu haben. Sie opferten eine halbe Flasche Wodka und flößten mir alles ein. Neben den furchtbaren Schmerzen im gesamten Körper brannte nun meine Kehle bis in den Magen hinunter, als hätte ich Feuer geschluckt. Die Soldaten zerrten ein brennendes Brett unter den schwelenden Trümmern hervor, und alle beteiligten sich, das Feuer des Brettes auszuschlagen und auszutreten. Dann befahlen sie meinen Kameraden, mich auf dem schmalen Brett zur Grube zu schleppen, bedrohten sie dabei, mich nicht herunterrutschen zu lassen, was sehr schwierig war. Der Schnaps hatte bewirkt, dass die Schmerzen kurzzeitig verflogen. Mir war irgendwie alles egal, und meine Wodka-Stimmung siegte über jeden depressiven Gedanken. Da begann ich zum Entsetzen meiner Kameraden zu singen. Das Blut, welches mir aus der Kopfwunde bis in den Mund gelaufen war, schluckte ich achtlos herunter. Ihr wisst ja, dass ich früher im Chor war und eine gute kräftige Stimme besitze. So sang ich ohne Hemmungen: ‚Ich hatt’ einen Kameraden, einen besseren findest du nicht!‘, Erst begann einer der Soldaten mir zu drohen. Doch dann schmolzen die russischen Seelen dahin. Sie lauschten andächtig. „In der Heimat, in der Heimat, da gibt's ein Wiederseh'n", schmetterte ich unbeeindruckt, bevor ich in Ohnmacht fiel. Einer hatte einen Feldarzt geholt. Ich weiß nicht, was sie diesem über die Ursache meiner schwersten Verletzungen erzählt hatten – wahrscheinlich sei ein Sturz in die Grube der Auslöser gewesen. Als ich wieder zu mir kam und den Mediziner noch ausgesprochen nebulös wahrnahm, glaubte ich zunächst an einen Spuk, oder dass ich in der Hölle gelandet sei. Sie hatten mir gewiss etwas eingeflößt, was noch schlimmere Auswirkungen als der Wodka hatte. Ich presste die Augen zusammen, konzentrierte mich und blickte noch einmal auf den Mann, der mich heilen sollte. Da packte mich Verzweiflung, und mir wurde furchtbar übel. Ich wünschte mir einen schnelleren Tod, als diesem Monster ausgeliefert zu sein und in Etappen sterben zu müssen. Noch nie in meinem Leben hatte ich so etwas Hässliches gesehen, auch nicht bei Entstellungen nach Kriegsverletzungen der Kameraden. Alles war schief in seinem Gesicht. Die Nase war unförmig, wie eine verhunzte Kartoffel. Ein Auge war ein schwarzes Loch. Das andere hing schief, aber nicht an der richtigen Stelle. Die Haut bestand nur aus Flicken. Auf der Glatze sprossen einzelne Haarbüschel, nach allen Seiten stehend. Aber scheinbar verstand er etwas von seinem Fach. In kurzer Zeit war ich geschient und verbunden. Die einzige Bewegung, die ich ausführen konnte, war, meine Augen zu öffnen und zu schließen. Das Verbandsmaterial sah so verdreckt aus, als hätte es schon einer halben Kompanie zur Heilung verholfen. Meine Kameraden, die bis dahin höchst besorgt ausgesehen hatten, grinsten, als sie mich als Mumie sahen. Die wenigen Stellen, die nicht bandagiert waren, riefen einen starken Kontrast hervor, weil der Arzt alle Abschürfungen und Risse großzügig mit Jod bestrichen hatte. Ein paar Wochen lag ich dann, wurde verbunden und langweilte mich schrecklich. Ich flehte meine Kameraden an, etwas zu unternehmen und mich wenigstens vor die Grube zu legen, damit ich etwas sehen und Geräusche hören konnte. Sie hatten Erfolg. Doch ich musste mir dieses Zugeständnis verdienen. Sobald mein Mund frei von Bandagen war, forderten die Russen mich auf, in den

Pausen und nach der Arbeit im Lager zu singen. Einige hatten sogar ganz konkrete Vorstellungen, was ich singen sollte: Das Lied von der Lorelei – Sah ein Knab ein Röslein stehn – Am Brunnen vor dem Tore. Ich muss einen grotesken Anblick geboten haben, als singende Mumie. Das Dauergrinsen meiner Kameraden war nicht zu übersehen. Doch in den Pausen wurden sie von den Bewachern genötigt, mitzusingen. Wir sangen zweistimmig und brachten die Russen, diese harten Kerle, dazu, dass sie vor Rührung und Heimweh feuchte Augen bekamen. Wir zeigten uns gegenseitig Bilder unserer Lieben. Die unsrigen sahen vom vielen Hervorholen und Küssen so zerfleddert aus, dass man die Gesichter darauf nur noch ahnen konnte. Aber alle behaupteten, die schönste Frau und das drolligste Kind darauf zu erkennen. Es fanden sich immer mehr sowjetischen Soldaten ein, die mit ihren Gefangenen unseren Gesängen lauschten. Später sangen sie selbst ihre schwermütigen russischen Weisen, und da erfasste uns dann die Rührung und das Heimweh. Als ich wieder einigermaßen laufen konnte – sie hatten das Transportbrett in Latten gespalten und mir als Krücken zurechtgehauen – bat ich flehentlich darum, arbeiten zu dürfen. Doch mein Monsterarzt, von dem ich inzwischen wusste, dass sein Aussehen das Resultat eines Bombeneinschlages in seiner Fabrik war, winkte ab. Ich konnte ihnen als Krüppel nicht mehr nützlich sein. Es würde noch Wochen dauern, bis ich wieder eine Hacke in die Hand nehmen könnte – wenn überhaupt. Dann schlich ich mich an den Armeekoch heran und bat ihn, bei der Speisezubereitung helfen zu dürfen. Erschrocken drängte dieser mich weg und brüllte etwas unter abwehrenden Gesten, von dem ich nur die folgenden Worte einigermaßen verstand: „Njet! Njemetz bloachat!" Das bedeutete nach meiner Definition, dass er es ablehnte, sich von einem schlechten Deutschen helfen zu lassen, oder meinte er vielleicht, dass das deutsche Essen nichts taugen würde? Jedenfalls wurde ich als ein unnützer Esser bei dieser extrem schwierigen Versorgungslage eingestuft und auf die Liste derer gesetzt, die zum Heimtransport vorgesehen waren. Meine Kameraden schrieben auf jeden Fetzen, den sie erwischen konnten, Notizen, die ich ihren Lieben übermitteln sollte, wenn es mir gelang, wieder nach Hause zu kommen. Sie nutzten das fettige Papier der Russen, in welchem deren Verwandtschaft Speck und gekochte Eier eingewickelt hatte, schrieben sogar auf den Rand der Sowjetzeitung ,Prawda'. Richtiges Papier zum Beschreiben fanden wir keines. Und wir müssen es geahnt haben: Der Heimweg war schlimmer als das Soldatensein im Krieg …"

Ein Geräusch ließ den Erzähler innehalten. Jenny ging zur Tür, öffnete vorsichtig – und fand ihre Tochter, die der Schlaf auf dem Türvorleger übermannt hatte und die dabei umgekippt war. Marita erwachte, als ihre Mutter sie ins Bett trug. Sie schloss jedoch gleich wieder die Augen, weil ihr einfiel, dass sie etwas Verbotenes getan hatte, und sie Mutters Vorwürfen entgehen wollte. Am späten Abend warf Großmutter nur noch einen Blick in Maritas Kammer, bevor sie sich schlafen legte.

„Es wird schon wieder alles gut, meine Kleine", flüsterte sie.

Nichts wurde gut. Obwohl das Märchen dieses Mannes spannender war als die, die Großmutter ihr erzählt hatte, sah Marita ihn als Feind und konnte vor Kummer nicht einschlafen. Sie hörte, wie ihre Eltern die Treppe hochkamen. Sie hörte, wie Mutter kicherte und lauter schnurrte als Minka, die Katze.

Trotz der quälenden Gedanken stellte sich Müdigkeit ein. Aber gerade, als sie hinüberdämmern wollte ins Reich der Träume, da drang ein Laut an ihr Ohr, der sie sofort schockartig erwachen ließ. Lautes Knarren der alten Betten und hier – wieder ein kleiner Schrei – unterdrückt zwar – aber es war ein Schrei.

„Er bringt Mama um, der böse Stoppelrusse!" Dem Gedanken folgte der Sprung aus dem Bett. Sie rannte in die Nebenkammer, wo die Großmutter schon schlief. Sie rüttelte sie und schrie mit schriller Stimme ihr Entsetzen heraus: „Oma, er bringt sie um!" Ungeachtet des schmerzenden Rückens fuhr die Großmutter hoch und erschrak über das schreiende Kind.

„Schnell, Oma! Wir müssen ihr helfen! Der Stoppelrusse bringt sie um!"

Ehe die Großmutter aus dem Bett kam, stürzte Marita in das Schlafzimmer ihrer Mutter und sah den Mann, der sich jetzt aus der engen Umarmung mit Mutter löste. Inzwischen kam die Großmutter, erfasste die Situation mit einem Blick und zog das Kind aus dem Raum.

„Er tut ihr doch nichts", erklärte sie beruhigend. „Sie haben sich ganz schrecklich lieb und umarmen sich nur."

„Aber sie hat geschrien!"

„Sie haben aus Spaß nur ein wenig herumgetobt. Da passiert es, dass man mal schreit."

Wie sollte sie dem Kind, welches vor Eifersucht glühte, etwas erklären von den Gefühlen zwischen Mann und Frau, von jahrelanger Enthaltsamkeit?

Alma brachte Marita ins Bett, blieb bei ihr sitzen und begann, sie mit den abgearbeiteten, rauen Händen zu streicheln, bis der ruhige Atem verriet, dass sie eingeschlafen war.

Alles wurde jetzt ein wenig anders, als es vorher war. Aber es wurde besser. Obwohl die Kräfte des Vaters erst wieder langsam in Form kamen, war er doch viel stärker als die Frauen. Die Schubkarre mit Mist wurde voller geladen. Die frisch geschliffene Sense flutschte nur so über das Gras beim Mähen.

Marita konnte sich nicht überwinden, mit ihm zu sprechen. Sie beschwerte sich bei Lepi über den Mann, der ihr die Mama nahm. Lepi erzählte ihr eine Geschichte von einem Soldaten, der in den Krieg ziehen musste.

„Sein kleines Kind, welches er innig liebte, und seine Frau musste er allein lassen. Jeden Tag dachte er daran, dass seine Lieben geweint hatten, als er gehen musste. Das Kind hat ‚Papa! Papa!' geschrien. Er wurde gezwungen, andere Menschen zu erschießen, obwohl er doch sonst immer ein ganz friedlicher Mann war. Voller Angst befürchtete er, dass seine Frau und sein Kind vielleicht nicht mehr leben würden, weil sie vielleicht auch von anderen Soldaten erschossen wurden oder Bomben auf ihr Haus gefallen wären. Er sehnte sich so sehr nach ihnen, durfte aber nicht nach Hause. Dann nahmen sie ihn gefangen. Er musste schuften, bis er fast umfiel, und bekam nur schlechtes Essen. Davon wurde er so krank, dass er nicht mehr arbeiten konnte und nach Hause geschickt wurde."

Marita standen die Tränen in den Augen. Das war ja noch trauriger als manches Märchen von der Großmutter.

„Haben denn sein Kind und seine Frau noch gelebt, als er heimkam?"

„Ja, aber das Kind erkannte ihn nicht mehr. Es war ja noch so klein, als er weg musste. Und da konnte es sich nicht mehr erinnern. Da war er sehr, sehr traurig."

Betroffen über diese Geschichte, deren tragische Aussage es durchaus auf sich beziehen konnte, verließ das Kind Lepi, war aber hilflos und wusste nicht, was es tun sollte.

Der neue Vater sorgte dafür, dass Marita ein paar Minuten mehr Zeit am Tag zum Spielen bekam. Er drängte sich ihr nicht auf und lächelte sie immer freundlich an. Er wusste genau, dass sie ihn heimlich beobachtete. Eines Abends, als das Vieh versorgt war, sah sie ihn auf der Bank vor dem Haus, die er wieder repariert hatte. Er schnitzte mit einem Messer, bohrte und feilte an einem Brett herum. Wieder kauerte Marita hinter dem Mäuerchen, äußerst neugierig, was er da wohl machte. Er lächelte in sich hinein und sagte leise: „Wenn du möchtest, kannst du es dir ja einmal ansehen und mir vielleicht helfen."

Zuerst war Marita erschrocken, weil sie entdeckt worden war. Dann kam sie zögernd Schritt für Schritt näher, den Blick nur auf das Holz gerichtet.

„Kannst du erraten, was es ist?", sagte er und drehte das geheimnisvolle Ding in den Händen hin und her. „Siehst du das Loch hier? Das ist das Tor für die, die hier drin wohnen sollen."

Maritas Gesicht verklärte sich. Das konnte nur ein Vogelhaus sein.

„Darf ich es nehmen?"

„Du darfst sogar einen Platz für das Häuschen bestimmen."

Hüpfend begleitete sie ihren Vater zu dem Baum, den sie für den Starenkasten ausgesucht hatte. Von nun an mied sie seine Nähe nicht mehr. Das Eis war gebrochen. Doch zwischen Mutter und ihr hatte sich etwas eingeschlichen, was sie voneinander entfernte. Marita war folgsam. Sie erfüllte ohne Murren über den ganzen Tag ihre Aufgaben, die nur geringfügig weniger geworden waren. Mutter konnte es nicht sehen, wenn sie einmal träumend herumstand, und machte ihr Vorwürfe, wenn sie sich mit Paula verdrückte.

Eines Tages erschien Tante Ida, die Schwester der Großmutter, um den Kriegsheimkehrer Hannes zu begrüßen. Sie hatte Salbe mitgebracht, weil sie wusste, dass die heimgekehrten Männer unter Furunkeln und Bartflechten zu leiden hatten. Sie berichtete das Neueste aus Apolda und Weimar. Immer noch gab es Festnahmen durch die Sowjets, wenn ihnen einer den Gehorsam verweigerte oder sich anderweitig verdächtig machte.

Ida hatte für das Kind eine Rolle Drops mitgebracht und nahm, weil die Lebensmittelmarken so knapp waren, dafür Eier und Butter mit in die Stadt. Marita schlich sich, wenn die Erwachsenen es nicht bemerkten, leise in eine Ecke, kauerte sich hin und war begierig, den Gesprächen von Großmutter und der Tante zu lauschen. Natürlich durfte Puppe Paula auch zuhören, nachdem sie, durch den Finger auf dem Mund, von Marita zum Schweigen verpflichtet wurde.

Marita hörte, wie Tante Ida fragte, ob nach der langen Trennungszeit von Jenny und Hannes nun alles in Ordnung sei.

„Ach!“, antwortete die Großmutter, „unsere Jenny sticht jetzt ganz schön der Hafer!“

„Aber, Oma“, widersprach plötzlich eine piepsende Stimme aus der Ecke, „das ist doch der Roggen, der sticht – und nicht der Hafer.“

Während Tante Ida einen Lachkrampf bekam, sprang die Großmutter mit ungeahnter Schnelligkeit auf, schnappte sich die Enkelin am Schlafittchen und beförderte sie unter bösem Geschimpfe nach draußen.

Marita sah ein, dass sie unberechtigterweise wieder gelauscht hatte, aber immerhin hatte sie die Wahrheit gesagt.

Inzwischen war es August geworden. Das Getreide und die Kartoffeln gediehen auf den Feldern. Die Bauern erhielten strenge Vorgaben, wie viel sie abliefern mussten. Aber es blieb genug für den eigenen Bedarf übrig. Sie brauchten nicht mehr zu hungern wie die Menschen in der Stadt, die auf ihre Lebensmittelmarken nur ein Minimum erhielten. Die ausgezehrten Menschen kamen oft auf die Dörfer, um Waren gegen Lebensmittel zu tauschen. Der Schwarzmarkt in den Städten blühte. Die Städter stürmten in die Wälder, um Pilze, Beeren und Reisig zu sammeln. Obwohl das Wildern streng verboten war, sah man abends öfter Fremde mit einem Sack auf den Schultern am Dorf vorbeieilen.

Aufmerksam und misstrauisch beobachteten die Menschen das Treiben der Sowjets. Diese bestimmten nicht nur die Richtlinien der politischen und wirtschaftlichen Entwicklung, sondern kümmerten sich auch um die Kultur. Anfangs machten sich die Bürger verächtlich über die Kulturbemühungen der Sowjets lustig, weil sie in ihrer Nazi-geprägten Überheblichkeit den Ostvölkern alle kulturellen Werte absprachen. Sie wurden eines Besseren belehrt. Am 28. August wurde in Weimar das Goethe-Nationalmuseum erneut eröffnet. Der Theaterbetrieb konnte wieder aufgenommen werden.

Während die Bauern ihre erste Ernte nach dem Krieg möglichst verlustarm einbrachten, wurden auch für die Landwirtschaft neue Gesetze beschlossen. Am 10. September entstand das Gesetz über die Bodenreform, welches unter heftigen Auseinandersetzungen zustande kam. Die Landesverwaltung sträubte sich gegen ein erzwungenes Gesetz. Sie kämpften um ein Bodenreformgesetz, welchem eigene rechtsstaatliche Kriterien zugrunde lagen.

Eine eigene Entscheidung war nicht mehr möglich. Die Besatzer entschieden meistens autoritär für oder gegen neue Bestimmungen und Gesetze.

Schuleinführung

Es wurde Herbst. Die Bauern waren von morgens bis abends mit dem Einbringen der Ernte beschäftigt. Sie erhielten strenge Auflagen, wie viel sie von den Erträgen abgeben mussten. Das hatte natürlich den Vorteil, dass die Hungersnot allmählich eingedämmt wurde – und, zum Leidwesen einiger weniger Bauern, dass diese nur in geringem Maße die Not der Flüchtlinge und Städter zu ihrer Bereicherung ausnutzen konnten.

Die kleine Marita hatte sich mit der Zeit an den Vater gewöhnt. Ihre Freizeit war aber auch weiterhin sehr knapp bemessen. Niemandem fiel ein, ihr ein wenig Arbeit abzunehmen. Sie beschwerte sich nicht. Von klein auf war ihr beigebracht worden, alle Verpflichtungen gewissenhaft und fleißig auszuführen – nicht zuletzt deshalb, weil da außer der Mutter, Großmutter und des neuen Vaters auch noch dieser liebe Gott existierte, der sie überwachte. Während man den Erwachsenen ab und zu ein Schnippchen schlagen konnte, indem man sich heimlich versteckte, war der liebe Gott eine ganz unbekannte Größe. Und gewisse Drohungen, dass er alles sehen konnte, erweckten in ihr den Eindruck, dass dieser Gott gar nicht so lieb war, sondern ständig auf Rache sann. Niemand konnte ihr sagen, wo dieses Wesen sich so richtig befand. Ihr kleines Gehirn konnte nicht begreifen, wie jemand überall sein konnte und auch alles sehen konnte. Er musste ja rundherum Augen haben. Es reichte schon bei Großmutter, die nach wie vor von Marita verdächtigt wurde, auch hinten ein Auge zu haben; denn sie wusste manchmal, ohne es von vorne zu sehen, wenn Marita etwas genascht hatte. Das ganze Wesen „lieber Gott" war ihr unheimlich. Sie fragte sich immer wieder, wie er von so vielen Menschen alles sehen konnte. Merkte er sich dies auch alles? Dann musste er einen riesigen Kopf haben, in den so viel hineinpasste. Gab es vielleicht doch

Momente, wo er etwas nicht bemerkte und man sich durchmogeln konnte? Hat der liebe Gott im Krieg die ganzen bösen Männer gesehen? Wenn er sie alle bestrafen würde – wie lange würde es dauern? War die Hölle so groß, dass eine ganze Armee hineinpasste? Wo war diese schreckliche Hölle?

Manchmal träumte sie bei diesen Gedanken vor sich hin und starrte ins Leere. Bis auf einmal ein scharfer Tadel oder eine Kopfnuss von den Erwachsenen kam und sie aufgefordert wurde, ihre Aufgaben zu erfüllen.

Wenn Marita jetzt ihre Mutter ansah, bemerkte sie, dass diese immer schöner wurde. Die ehemalig eingefallenen Wangen rundeten sich, und die Augen glänzten. Ihr Körper wurde wieder fraulicher.

„Wahrscheinlich isst Mutter jetzt immer zu viel", dachte Marita, als sie deren vorgewölbten Bauch sah. Niemand hielt es für nötig, der Kleinen zu sagen, dass ein Baby erwartet wurde.

Zur Freude aller kam wieder einmal Ida zu Besuch. Sie brachte nicht nur viele neue Nachrichten aus Weimar mit, sondern schenkte Marita ein kleines Armband. Diese strahlte und hängte es sofort ihrer Puppe als Kette um. Doch nun tat Tante Ida ganz geheimnisvoll und schwenkte etwas Eingepacktes in der Luft herum. Die Form war Marita unbekannt, und ihre Neugierde war erwacht. Es war lang und auf einer Seite spitz. Marita hopste hoch und griff danach, doch Tante Ida gab es schnell der Mutter.

„Nein!", rief sie lachend, „das gibt es diesmal erst in zwei Wochen. Da feiern wir doch ein großes Fest."

„Was für ein Fest?", erkundigte sich das Kind.

Ida blickte zuerst zu Jenny und dann zu Alma, und augenblicklich packte sie die Empörung. „Ihr wollt doch wohl nicht das Fest für die Kleine im Sande verlaufen lassen?"

Verlegen wand sich Jenny. „Wir haben doch nichts zum Füllen für die Tüte."

„Das kann doch nicht euer Ernst sein!", wetterte Ida erbost.

„Was für ein Fest?", wiederholte Marita.

Bevor Jenny und Alma etwas erwidern konnten, verkündete Ida lautstark: „Am ersten Oktober öffnen die Schulen des Landes wieder. Und du, meine Kleine, wirst eingeschult." Und zu ihrer Schwester und Nichte gewandt: „Habt ihr nur noch eure Arbeit im Kopf, dass ihr nicht mal mit eurem einzigen Kind feiern wollt? Ihr besitzt jetzt schon viel mehr als die Menschen in den Städten. Ihr habt doch auch schon Gemüse, Beeren und Eier schwarz verkauft oder irre ich mich etwa? Und da habt ihr nicht mal ein paar Pfennige übrig, um dem Kind etwas zu kaufen? – Bauernpack, geiziges!", setzte sie ungeniert hinzu, obwohl sie selbst von dieser Spezies abstammte.

Alma verschlug es bei dieser Beschimpfung den Atem.

„Dann kümmere ich mich eben darum, wenn ihr dazu nicht in der Lage seid", fuhr Ida fort.

„Natürlich werden wir feiern", bemühte sich Alma um Schadensbegrenzung, obwohl sie wütend auf Ida war, weil diese ihren Ärger so ausposaunt hatte. Doch das schlechte Gewissen hielt sie zurück, es Ida mit gleicher Münze heimzuzahlen. „Natürlich feiern wir. Es hat sich wegen der vielen Arbeit nur noch keine Zeit für die Vorbereitungen ergeben. Du weißt scheinbar nicht mehr, was auf einem Bauernhof gerade zur Erntezeit alles zu tun ist, und besonders jetzt, wo der Druck der hohen Abgaben auf uns lastet."

„Erzählt ihr mir nicht, was Arbeit ist! Ich habe im Lazarett manchmal Tag und Nacht hintereinander gearbeitet, wenn ein neuer Zug Kriegsverletzter kam. Ich bin sogar mehrmals vor Übermüdung neben der Pritsche eines Soldaten zusammengesunken und eingeschlafen und erst wieder erwacht, als ein paar Invalidenhände meinen Körper erforschten."

Ida wollte die Wogen wieder glätten, nachdem sie merkte, wie unendlich peinlich die Sache ihren Verwandten war. Sie wusste genau, dass überhaupt keine Absicht bestanden hatte, mit der Kleinen zu feiern.

„Also abgemacht! Ich werde sehen, ob ich für meine Lebensmittelmarken ein paar Süßigkeiten ergattern kann."

Jenny gab ihrer Tante noch einen Packen Gemüse, Äpfel, eine Schale Brombeeren, Butter und Eier mit – und somit war wieder Friede.

Marita hatte die Szene aufmerksam verfolgt. Sie wusste, wo die Schule war und dass man da lesen, rechnen und schreiben lernte. Manchmal, wenn sie zu Hause entwischt war – es war schon lange, lange her – hatte sie unter dem Fenster gestanden und gehört, wie die Hitlerjungen, die Pimpfe, Lieder gesungen hatten. Später, als dann immer die Bomben gefallen waren, war die Schule lange Zeit geschlossen gewesen. Es war ganz traurig gewesen. Keine lustigen, frechen Schulkinder mehr, die sich jagten, rauften und neckten. Marita wusste auch, dass später in den Schulen viele Wochen lang Flüchtlinge einquartiert gewesen waren, die dort auf Heu und Stroh geschlafen hatte, wie das Jesuskind aus Großmutters Geschichten. Als die Armen dann mit der Zeit eine Wohnung erhalten hatten, war die Schule gründlich gereinigt worden. Und nun sollte sie ein richtiges Schulkind werden. Sie freute sich besonders auf das Singen und übte schon einmal ein wenig von den Liedern, deren Texte und Melodien sie noch in Erinnerung hatte, als sie den Pimpfen unter dem Schulfenster gelauscht hatte: „Es zittern die morschen Knochen der Welt vor dem großen Krieg!"

Erschrocken fuhr sie zusammen, als die Großmutter auf sie zustürzte und ihr eine Ohrfeige verpasste. „Wirst du sofort still sein! Bist du denn von allen guten Geistern verlassen, hier Nazilieder zu singen! Wenn das die Russen hören, sind wir geliefert und kommen nach Sibirien. Ich will so etwas nie wieder hören!"

Als Alma sah, dass Marita Tränen über die schneeweiße Haut mit dem roten Handabdruck darauf kullerten, besänftigte sie das Kind schnell wieder. „Heute Abend, wenn ich in der Küche fertig bin, singen wir die Lieder, die man jetzt singen darf. Einverstanden?"

Marita nickte bekümmert. Diese Erwachsenen konnte kein Mensch verstehen. Was einmal richtig war, konnte am nächsten Tag falsch sein. Einmal war sie von einem Lehrer beim Singen dieses Liedes gestreichelt und gelobt worden. Heute hatte sie dafür eine Ohrfeige bekommen. Kinder sollten immer gehorchen und alles wissen. Fragte man aber zu viel, sagten sie, dass man ihnen auf die Nerven gehe mit der vielen Fragerei. Die Erwachsenen konnte man einfach nicht begreifen.

Am Tag der Schuleinführung war aller Kummer vergessen. Zum ersten Mal in ihrem Leben stand Marita, nicht zuletzt dank Tante Ida, für zwei Stunden im Mittelpunkt des Geschehens. Stolz hielt sie die bunte Zuckertüte im Arm. Voller Glück erkannte sie ihre Cousine Karin aus dem Dorf, die auch eingeschult wurde. Lepi hatte beiden noch ein Kleid zu diesem Fest genäht, bevor er aus dem Bauernhof ausgezogen war und sich im Dorf, zum großen Bedauern von Alma, als Schneider selbstständig gemacht hatte. Marita und Cousine Karin wurden unzertrennlich. Sie hatten jetzt schon so viele Geheimnisse, dass die wenigen Stunden ihres Zusammenseins nicht ausreichten, um sich alles anzuvertrauen. Sie gingen beide gerne zur Schule, da es eine willkommene Abwechslung zur Arbeit auf dem Hof war. Marita wurde streng dazu angehalten, nach Schulschluss unverzüglich heimzukehren, um ihre Pflichten aufzunehmen. Man wollte keine losen Sitten einreißen lassen. Die Zeit für die Hausaufgaben wurde knapp bemessen. Die Mutter warf nur einen kurzen Blick darauf – wenn überhaupt. Trödeln war nicht erlaubt.

Fast täglich geisterten böse Nachrichten durch die Dörfer und Städte. In der Gaststätte, die wieder eröffnet worden war, erzählten sich die Bauern empört, was die Bolschewiken ausgeheckt hatten. Neben der bestimmenden Einflussnahme auf alle Bereiche des öffentlichen Lebens verkündeten die Sowjets hohe Reparationsauflagen. Die Menschen schimpften und verfluchten die Besatzer. Sie waren durch die Nazijahre daran gewöhnt, vieles im Verborgenen zu tun und setzten dies fort. Aber es wurde zunehmend schwieriger. Die Sowjets unternahmen ständig spontane Hausdurchsuchungen. Sie waren immer noch nicht fertig mit der Gefangennahme unliebsamer Bürger. Die kriegsgebeutelten Menschen unternahmen verzweifelte Anstrengungen, den Neuanfang so optimal wie möglich zu starten. Doch erschüttert mussten sie feststellen, dass jetzt wieder andere bestimmten, was wichtig war. Sie gerieten fast in Panik, wenn sie Nachrichten hörten wie zum Beispiel von der Demontage einiger Großbetriebe. Gerüchte, aber auch wirkliche Nachrichten drangen von Ort zu Ort:

„Die Russen haben das Hermsdorfer Isolatorenwerk demontiert und transportieren es nach Russland ab."

„Die Eisenbahnstrecken sind nur noch eingleisig befahrbar, weil die Sowjets die Schienen herausreißen ließen und in die große Sowjetunion schickten."

„Sie lassen uns nichts mehr. Das Gold, die Panzer und Raketen hatten sich ja die Amerikaner geholt. Also bleiben für die nachfolgenden Besatzer nur die Werte aus unseren Fabriken, die nicht zerbombt wurden, sowie unsere wenigen Rohstoffe und unsere Spezialisten, die die Techniken und Produktionen beherrschen."

Die Volkswut brodelte, aber aus Angst immer nur leise, versteckt. Nicht nur bei der Bodenreform, auch in allen Bereichen der Industrie kam es zu ersten Sabotagen. Am Stammtisch, den niemand versäumen wollte und an welchem nur bekannte Gesichter sitzen durften, erfuhr man alles – und noch viel mehr!

Das Baby

Die kleine Marita bemühte sich sehr, bei den Informationen, die der Vater aus der Kneipe mitbrachte, und von denen er ausgewählte den Frauen mitteilte, in der Nähe zu sein. Doch Großmutters hinteres Auge verhinderte meistens ihre Lauschangriffe, und sie wurde hinausgescheucht.

Dann kam ein riesiger Schock für das Kind. Ab sofort war sie nicht mehr die Kleine, sondern die Große. Ihre kleine Schwester wurde geboren. Schreiend erhob dieses Geschöpf sofort Anspruch auf ungeteilte Aufmerksamkeit. Und dabei blieb es. Marita bekam den Auftrag, sich um das Baby zu kümmern, welches den Namen Lisa erhielt. Obwohl die Erwachsenen immer vorgaben, keine Zeit zu haben – Marita kannte alle Ausflüchte auf ihre eigenen Bitten auswendig – kamen sie nun ständig, um dieses Kind zu besichtigen und zu bewundern. Alle beugten sich lächelnd über das Baby, hatten auf einmal so viel Zeit und äußerten beglückt, wie niedlich es sei und wie klug es schon schauen könne. „Dududu … ja, wo ist sie denn?“, hörte Marita den ganzen Tag.

„Ja, wo ist sie denn?“, äffte sie im Stillen nach. „Ja, wo wird sie denn sein? Sie schreit ja laut genug, dass es selbst der Dümmste erkennen kann!“

Niemand schien zu bemerken, dass auch Marita da war. Nur wenn Arbeit auf sie wartete oder wenn Lisa brüllte wie am Spieß, erinnerte man sich plötzlich an sie. Die Erwachsenen waren nicht böse mit ihr, aber sie behandelten sie, als gehörte sie zum Inventar. Man musste sie sozusagen aufziehen, dann funktionierte sie. Marita gehorchte. Ihr kam gar nicht in den Sinn, offen aufzubegehren. Nur im Innersten protestierte sie, und in ihren Träumen machte sie sich eine andere Welt zu eigen, die nicht nur aus Arbeit bestand.

Die Schule war eine willkommene Abwechslung. Täglich musste sie jetzt, wo der Winter nahte, neben ihrer Lesefibel und der Schiefertafel, zum Heizen des Unterrichtsraumes Holz, Torf oder eine Kohle mitbringen. Reichte es nicht, was die Schüler mitbrachten – es waren ja viele Flüchtlingskinder darunter, die selbst um Heizmaterial betteln mussten – fiel der Unterricht aus. Anfangs war das Stillsitzen für Marita eine Tortur, weil ihr das Sitzen ohne ständige Beschäftigung der Hände unbekannt war. Einen Stift hatte sie kaum einmal in der Hand gehabt. Mit dem Griffel kratzte sie jetzt auf der Schiefertafel herum, dass es nur so quietschte. Von Vorteil für das schulische Lernen war die eiserne Disziplin, die ihr schon als Kleinstkind anerzogen worden war – und das Gehorchen. Ganz schnell setzte sich auch ihre Fingergeschicklichkeit durch, die durch Gemüseputzen und dergleichen bestens entwickelt war.

Mit der Zeit gewöhnte sie sich an das Stillsitzen. Mit der ihr eigenen Beharrlichkeit lernte sie zwar langsam, nahm aber alles sehr genau und legte in alle Tätigkeiten große Sorgfalt. Aus den ersten zögernden Kontakten mit anderen Kindern entwickelten sich freundschaftliche Beziehungen. Besonders mit ihrer Cousine Karin fühlte sie sich immer enger verbunden. Sie war die Einzige, mit der sie über alles sprechen konnte. Da Karin nicht so viel arbeiten musste wie Marita, kam sie manchmal, half ihr und überredete sie auch öfters, heimlich zu verschwinden, um zu spielen oder einfach nur im Bach zu planschen. Es war so herrlich, mit Karin im Gras zu liegen, den bunten, zarten Schmetterlingen zuzuschauen, wenn sie von einer Blüte zur anderen gaukelten, dem Summen der Bienen zu lauschen und zu versuchen, das Gezwitscher der Vögel zu unterscheiden. Manchmal hörten sie nur das Bächlein rauschen, und im Frühling erfreuten sie sich am Gequake der Frösche. Dann robbten sie vorsichtig auf dem Bauch näher und amüsierten sich über die großen Blasen, mit denen die Frösche ihre Artgenossen beeindruckten. Manchmal summten oder sangen sie die schönen Volkslieder, die der Lehrer sie gelehrt hatte:

„In einem Bächlein silberhell, schwimmt ein Fischlein froh und schnell.

Es schwimmt ganz nah zum Strand und sucht sich allerhand.

Seht das Mücklein zart und fein, wie es tanzt im Sonnenschein.
Das Fischlein hätt' es gern, doch's Mücklein ist so fern."

Das zu empfinden war einmalig schön. Es waren seltene
Minuten des Glückes, und Marita verwahrte die Eindrücke in
ihrem Inneren, um sie in traurigen Zeiten wieder hervorzuholen
und sich von ihnen stärken zu lassen. Den Eltern verschwieg sie
ihre freien Minuten. Sie gebrauchte ab und zu eine Lüge, wenn
sie nicht ganz pünktlich vom Unterricht kam.

Großmutter hatte ihr zwar immer den Satz eingebläut: „Lügen
haben kurze Beine!", aber das konnte für Marita nicht zutreffen.
Nach jeder Lüge kontrollierte sie ihre Beine, stellte aber fest, dass
diese immer länger wurden. Sie war die Größte ihrer Altersgruppe.
Das war also garantiert ein Schwindel, und sie warf gelegent-
lich einen Blick auf Großmutters Beine, um zu kontrollieren, ob
diese kürzer geworden sind. Bei diesen Beobachtungen stellte sie
fest, dass Omas Beine zwar krummer geworden waren, wodurch
sie insgesamt kleiner wirkte, aber die Beine selbst wurden nicht
kürzer. In letzter Zeit zweifelte sie sowieso öfter einmal am Wahrheitsgehalt der Reden von Erwachsenen und nahm nicht mehr
alles als Offenbarung hin. Sie hütete sich aber, irgendetwas offen
anzuzweifeln. Mit dem lieben Gott würde sie sich auch noch
einen Weg ausdenken und sich mit ihm über bestimmte Dinge
einigen. So kam es glatt über ihre Lippen: „Ich musste die Tafel
und die Schulbänke reinigen."

„Ich musste die Bücher im Regal ordnen."

Da Lehrer schon seit frühesten Zeiten Respektpersonen waren,
nahm man ihre Maßnahmen als Gesetz. Freilich wurde gemunkelt,
was das denn für ein Lehrer sei, woher er kam. Denn die alten
Nazilehrer durften nicht mehr unterrichten. Es ging das Gerücht
um, dass der ehemalige Lehrer sich jetzt sogar im Internierungslager Buchenwald befand, weil er den nazistisch geprägten Unterricht gar so übertrieben hatte.

Kaum hatte Marita ihre Schulaufgaben bewältigt, danach ein
klein wenig mit Puppe Paula geträumt, wenn keiner in der Nähe
war und das Baby, auf welches sie nebenbei aufpassen musste,
sich ruhig verhielt, wartete schon ein Berg Arbeit auf das Kind:

Windeln einweichen, Brei rühren, Baby füttern, bügeln. Auch das Ausfahren der kleinen Lisa war keine Erholung, denn dieses Kind war das genaue Gegenteil von Marita: Es brüllte, bis es krebsrot war und kaum noch Luft bekam, damit es erhielt, was es wollte. Marita fühlte sich schuldig, als hätte sie das Baby nicht richtig versorgt, und verwöhnte es deshalb genauso wie alle anderen, nur damit es still war und niemand ihr die Schuld geben konnte, wenn es schrie. Lisa brauchte nur auf etwas zu zeigen. Schon bekam sie es.

Flucht

Einmal war Marita unvorsichtig. Lisa hatte ihre Puppe Paula gesehen und wollte sie natürlich haben. Alles sollte sie bekommen, aber Paula gehörte ganz allein Marita. Paula wusste alles von ihr, allen Kummer, alle Sorgen.

„Nein! Meine Paula bekommst du nicht!"

Zuerst guckte Lisa verwundert, dass ihr Wunsch nicht erfüllt wurde. Das hatte es ja noch nie gegeben. Doch dann bemächtigte sich Wut des kleinen Wesens. Sie schrie so furchtbar und rang nach Luft, dass der Großmutter, die sich auch in der Küche befand, angst und bange wurde. Die Eltern hörten es im Stall, unterbrachen das Melken der Kühe und stürzten herein. Weil Marita ihre Puppe Paula so fest umklammerte, wussten die Eltern sofort den Grund für diese Schrei-Attacke.

„Nun gib ihr schon die Puppe!", forderte die Mutter unmissverständlich. „Sie schmeißt sie ja nach einer Weile sowieso aus dem Laufgitter! Dann hast du sie wieder."

„Nein!", erwiderte Marita heftiger, als es bisher alle von ihr kannten.

Gleich darauf begann sie zu weinen, denn die Mutter hatte ihr eine Ohrfeige gegeben und an der Puppe gezerrt, die sie jetzt selbst dem kleinen Liebling geben wollte. Doch Marita hielt die Puppe krampfhaft fest, drängte sich gewaltsam von Mutters Seite und rannte aus dem Haus, die lange Wiese entlang bis zum Bach hinunter. Dort schlüpfte sie in die Höhle, die sie mit Karin aus Stöcken und Zweigen ausgebaut und gut getarnt hatte.

„Verzeih mir, dass ich so sehr an dir gezerrt habe", flüsterte sie ihrer Paula zu, als sich ihr kleines Herz etwas beruhigt hatte. „Aber ich konnte nicht anders. Lisa hätte dich in den Mund genommen und dich abgelutscht und vollgesabbert. Tut dein Arm noch weh? Komm, wir kühlen ihn ein wenig im Wasser. Wir gehen nie, nie mehr wieder nach Hause. Niemand mag uns. Nur immer Lisa, Lisa, Lisa." Marita streichelte ihre Paula und schaukelte sie auf den Knien, wie Vater es mit Lisa machte. Sie hörte die Eltern und Großmutter nach ihr rufen.

„Da können sie lange rufen! Wir kommen nicht!"

Es begann zu dunkeln. Ein wenig unheimlich wurde es dem Kind. Es hielt schier die Luft an, als etwas raschelnd näher kam. Ängstlich starrte sie in die Richtung der Geräusche. Sie zog einen Stock aus dem Gebüsch und wartete. Ein unheimliches Untier kam näher. Doch da erkannte sie den alten Hofhund Wotan, der sie beschnupperte und mit der Schnauze stieß, damit sie ihm etwas zu fressen geben sollte. Mit den Worten „Geh, Wotan! Hau ab! Es gibt nichts!" scheuchte sie ihn unter fuchtelnden Handbewegungen davon. Jetzt erst wurde ihr bewusst, dass sie auch Hunger hatte. Aber nach Hause gehen würde sie nicht. Immer wieder drangen die Stimmen der Erwachsenen an ihr Ohr, die nach ihr suchten. Einmal waren sie beängstigend nahe gekommen. Ein wenig Schadenfreude kam auf.

„Ja, sucht nur! Dann merkt ihr, dass ihr noch ein Kind habt."

Und sie malte sich aus, wie traurig und verzweifelt die Eltern wären, wie sie um sie weinen würden, wenn man sie nie mehr fand.

„Ja, ja, weint nur! Das habt ihr nun davon! Niemand darf mir meine Paula wegnehmen!" Vor Rührung über sich begann sie selbst zu weinen.

Es wurde immer kälter. In ihrer Höhle war nur eine alte Decke, auf der sie und Karin immer gesessen hatten. Diese wickelte sie um ihren Körper. Beim Gedanken an Karin fiel ihr ein, dass ihre Freundin ihr in ihrer Not helfen könnte. Sie kroch aus ihrer Höhle heraus und versuchte im Dunkeln etwas zu erkennen. In Richtung des Bauernhauses hörte sie viele Stimmen und entdeckte mehrere Lichtpunkte. Sie schlich am Bach entlang. Der Rocksaum zerriss beim Übersteigen eines Zaunes. Sie schlug sich ein Knie auf beim Überwinden von Bretterstapeln. Sie rannte durch Brennnesseln. Ein Dornbusch ritzte ihr schmerzhaft den Arm. Sie ließ sich nicht entmutigen. In einem größeren Bogen lief sie vorsichtig um die

Höfe und ließ sich auch vom Bellen der Hunde nicht ängstigen. Es waren alles alte Köter, die von den Hundefängern im Krieg wahrscheinlich für ungenießbar gehalten worden und mit dem Leben davongekommen waren. Sie näherte sich dem Haus von Karin. Auch dort standen Leute mit Lampen, die sich jetzt auf den Weg machten. Der Misthaufen, hinter dem sie sich geduckt hatte, stank widerlich. Sie war zwar an Dung gewöhnt, doch so lange daneben zu kauern, war etwas anderes. Ihr Herz hämmerte, als einer der Hunde auf sie zukam. Er ließ sich aber von ihren abwehrenden Handbewegungen und einem kleinen Stein, den sie vor ihn warf, wieder verscheuchen. Marita erinnerte sich, dass sie mit Karin Vogelstimmen imitiert hatte. Sie probierte den Ruf des Käuzchens aus. Es gelang. Als die Leute mit den Lampen sich auf den Weg machten, kam Karin in ihre Richtung.

„Marita", wisperte sie. „Wo bist du?"

Marita stürzte hervor und fiel schluchzend der Freundin in die Arme.

„Hast du ein Versteck für mich? Ich gehe nicht mehr heim. Alles muss ich immer Lisa geben. Aber meine Paula bekommt sie nicht."

„Komm mit. Du kannst in der Kammer schlafen, in der früher der Knecht wohnte. Doch der ist auch im Krieg gefallen. Jetzt sind gerade alle auf der Suche nach dir, und ich bin allein im Haus. Sie haben sogar die ganzen Hunde aus der Nachbarschaft zusammengeholt, um deine Spuren zu suchen."

„Dann werden sie mich doch finden", jammerte Marita verzweifelt.

„Na, ich glaube kaum. Das sind doch alles dürre, ausgehungerte Köter. Die suchen gewiss nicht nach deiner Spur, sondern sind nur darauf aus, etwas zu fressen zu finden. Ich bringe dir jetzt Decken und etwas zu essen."

Marita richtete sich in der Kammer ein. Es roch modrig und war furchtbar staubig; aber sie getraute sich nicht, das Fenster zu öffnen, da sie befürchtete, bei der Rückkehr von Karins Eltern entdeckt zu werden. Sie ließ die Tür weit auf. Karin brachte ihr eine dicke Scheibe Brot mit Leberwurst bestrichen und die ewig hungrige Marita verschlang es im selben Augenblick. Während sie, immer wieder in Schluchzen ausbrechend, der Freundin ihren Kummer anvertraute, hörten sie Stimmen, und Karin sagte aufgeregt: „Sie kommen zurück. Ich muss gehen. Morgen früh vor dem Unterricht bringe ich dir etwas zu essen."

Marita kuschelte sich in die Decken, bedauerte sich noch ein wenig und schlief ein. Als sie am nächsten Morgen erwachte, standen ein Becher mit Milch und eine dicke Brotscheibe mit Marmelade neben ihrem Bett. Karin hatte sie nicht geweckt und war schon zur Schule gegangen. Auf dem Nachtschrank lagen Taschentücher und ein Knäuel glänzendes Garn. Ein kleiner Zettel war dabei: ‚Liebe Marita, da dir doch furchtbar langweilig sein wird, könntest du mir doch die Taschentücher umhäkeln. Du weißt, dass ich diese Arbeit hasse.'

Marita frühstückte, nahm dann die Häkelnadel und verschönerte ein Taschentuch mit Spitze. Danach war ihr langweilig. Sie ging ans Fenster und spähte vorsichtig hinaus. Niemand schien zu ahnen, dass sie sich hier verbarg. Maritas Zorn auf die Eltern war inzwischen verflogen. Nur ein wenig Bitterkeit war noch vorhanden – und langsam schlichen sich Schuldgefühle ein. Großmutter Alma musste jetzt auf Lisa aufpassen und nebenbei den Haushalt versorgen, das Futter für das Kleinvieh zurechtmachen und die Tiere füttern. Würde man sie in der Schule vermissen? Ungeduldig wartete sie auf Karin, damit sie erfuhr, was ihretwegen los war oder ob man sie schon vergessen hatte. Aber der Vormittag war noch so lang. Sie, die nicht wusste, was Freizeit war, empfand das Nichtstun als Qual. Also umhäkelte sie noch ein Taschentuch. Karin würde sich freuen. Schließlich riskierte sie viel, indem sie die Freundin verbarg. Die zweite Spitze war fertig – und immer noch fehlte eine reichliche Stunde bis zum Schulschluss. Vom Haus und Hof hörte sie nur die üblichen Geräusche einer Landwirtschaft.

Ziellos wanderte sie auf leisen Sohlen im Zimmer herum. Gedankenverloren öffnete sie einen Schrank nach dem anderen: Wäsche, gestopfte Männersocken, geflickte Arbeitshosen. Dann erwachte ihre Aufmerksamkeit: Ein paar Bücher standen auf einem Regal. Sie blätterte darin und las mit ihren geringen Lesefähigkeiten Dinge, die sie nicht verstand. In einem Buch wurde es wesentlich interessanter: Da waren ein nackter Mann und eine nackte Frau gezeichnet. Erst wollte sie es schnell wieder schließen, denn nackte Menschen anzuschauen war eine große Sünde, doch dann siegte die Neugier. Noch nie in ihrem Leben hatte sie außer dem Baby einen nackten Menschen gesehen, nicht einmal Mutter, in deren Kammer sie ja lange geschlafen hatte. Diese hatte sich immer im Dunkeln ausgezogen. Und einmal hatte sie einen Mann beim Urinieren an einen Busch gesehen. Das Ding, welches er aus seiner Hose gezogen hatte, erschien ihr sehr merkwürdig. Warum brauchten die Männer zum Pinkeln einen Schlauch, wenn es doch mit einer kleinen Muschi auch ging? Sie würde Karin fragen. Als sie sich noch einmal an den pullernden Mann erinnerte, musste sie kichern. Vielleicht war so ein Schlauch gar nicht so verkehrt. Zumindest hatte sie gesehen, dass der Mann ihn lenken konnte. Er hatte auf eine dicke Hummel gezielt, die sofort abstürzte.

Auf der nächsten Seite des Buches entdeckte sie die Darstellung der nackten Frau mit einem Baby im Bauch: erst winzig, wie die Kaulquappen im Teich, dann immer größer und menschlicher. Ah! So war das also! Das mit dem Klapperstorch hatte sie ohnehin nie geglaubt. Woher sollte er denn das Baby haben? Im Teich wäre es ja ertrunken. Und wie unsinnig und außerdem äußerst schwierig wäre es, so ein schreiendes Baby im Schnabel zu halten! Sie dachte an ihre kleine Schwester, die immer alles haben wollte, und stellte sich vor, wie diese sich wütend und laut brüllend an dem langen Hals des Storches festgekrallt hätte. Ihr Geschrei hätte sofort alle Leute aus den Häusern getrieben, um das Spektakel nicht zu verpassen. Eine Weile hatte Marita vermutet, dass vielleicht der liebe Gott seine Hände dabei im Spiel hatte, die Kinder formte und dann nach Gutdünken oder nach der Frömmigkeit der Eltern verteilte. Er hatte schließlich die ersten Menschen geschaffen. Jetzt wusste sie, dass das Kind im Bauch der Mutter wuchs, aber nur, wenn ein Vater da war, was immer noch ein unergründliches Geheimnis war.

Geräusche im Haus veranlassten sie, die Bücher schnell zurückzustellen. Der Staub darauf drang ihr in die Nase, sodass sie heftig niesen musste. Beim dritten Nieser ging die Tür auf. Marita war zu Tode erschrocken, weil sie durch ihre eigenen Geräusche nichts gehört hatte. Welch ein Glück, dass es nur Karin war. Sie brachte ihr eine kleine Schüssel Krauteintopf, den sie gierig verschlang. Karin lachte, als sie Maritas fragenden Blick sah: „Mit den Hofhunden hatte ich recht. Die sind einfach so alt, dass nicht einmal die Hundefänger sie haben wollten. Jeder Hund schnupperte zuerst in eine andere Richtung. Als sie dann bei eurem Hof ankamen, ließen sie sich vor eurer Küche nieder, weil es da so appetitlich nach Hühnerbrühe roch. Nicht für alle Versprechungen der Welt, nicht mit Schimpfe und Hiebe ließen sie sich wieder vertreiben. Sie blieben hocken, glotzten auf die Küchentür und lauerten. Erst als dein Vater entnervt deiner Großmutter ein paar Knochen entriss, sie den Hunden vor die Schnauzen hielt und sie weit wegwarf, erhoben sie sich und begannen sie zu suchen. Aber“, fuhr Karin jetzt sehr besorgt fort, „du musst ganz schnell nach Hause zurück. Sie holen jetzt die Polizei aus Apolda mit ihren Suchhunden. Und die finden dich ganz gewiss. Du darfst aber niemandem verraten, dass du hier warst. Ich werde sonst verhauen und eingesperrt!“

„Aber wie soll ich das denn machen? Wenn ich jetzt auf die Straße gehe, wollen alle doch gleich wissen, wo ich war.“

Die Kinder grübelten angestrengt, bis Karin aufsprang und rief: „Ich habe eine Idee. Ich zeige in unserer Küche die zwei von dir umhäkelten Taschentücher, einen großen Erfolg, den sie mir ja nie zugetraut hatten, und lasse mich dafür bewundern, um zu verhindern, dass jemand im Haus herumläuft. Du schleichst inzwischen schnell durch die hintere Tür aus dem Haus und rennst so fix du kannst zum Bach runter. Du gehst aber nicht zu euch nach Hause, sondern läufst in die andere Richtung bis hinter die Kirche. Hier beobachtest du, ob niemand in der Nähe ist, und gehst dann hinein.“

„Warum zur Kirche? Soll ich da um Verzeihung beten, dass ich abgehauen bin?“

„Nein! Du gehst hinein und setzt dich ganz hinten in eine Ecke der Bank und hockst da, als wärst du die ganze Nacht dort gewesen. Wenn dich jemand entdeckt, betest du mit gesenktem Kopf, wie es immer die alten Frauen tun, um zu zeigen, wie fromm sie sind, obwohl sie sich bestimmt nur dabei ausmalen, was sie morgen zu essen kochen und über wen sie wieder Schlechtes reden können. Du senkst also den Kopf und tust, als ob du niemanden siehst. Alles andere wird sich dann finden."

Maritas Fantasie reichte aus, um sich vorstellen zu können, dass dieser Trick wirksam war. Ja – fromm sein – das könnte gelingen!

Geduckt, vorsichtig um sich blickend, stieg sie die Treppen hinab, erschrak fürchterlich, als die Stiege knarrte, und eilte rasch aus dem Haus.

Sie robbte durch die Zäune, die die Grundstücke abgrenzten, lief den Bach entlang und gelangte unbemerkt durch die Einfriedung der Kirche. Nachdem sie sich vergewissert hatte, dass die Luft rein war, lief sie zur Kirche, stemmte sich unter Mühen gegen die schwere Pforte und huschte, als diese einen Spalt geöffnet war, ganz nach hinten in die letzte Bank. Lange saß sie da und begann zu frieren. Sie sah sich die schönen Gemälde und Figuren an und glaubte auf einmal, dass der liebe Gott wirklich hier wohnte.

Sie schreckte zusammen. Das schwere, geschnitzte Portal öffnete sich und herein kam der alte Küster. Er sah gewöhnlich zweimal am Tag nach dem Rechten und übte dann auf der Orgel. Bevor er die Treppe hinaufstieg, entdeckte er die kleine Person, die zusammengekauert auf der Bank saß. Er erkannte, dass es die überall gesuchte Marita war, und sprach sie an. Sie antwortete nicht und duckte sich, ein Gebet murmelnd, noch tiefer.

„Alle suchen dich. Komm! Ich bringe dich nach Hause!"

Und voller Vorfreude dachte er: „Ein Schnäpschen und ein Glas selbst gemachte Leberwurst ist mir gewiss sicher, wenn ich sie bringe. Schließlich war ich einmal Almas Jugendfreund."

Doch Marita verneinte mit einem heftigen Schütteln des Kopfes. Zuerst wollte er sie einfach packen und mitzerren, überlegte sich aber ganz schnell, dass da die alten Tratschtanten des Dorfes hemmungslos falsche Schlüsse ziehen würden. Er versuchte noch einmal, Marita zu überzeugen, doch es folgte ein erneutes heftiges Kopfschütteln.

„Du bleibst schön hier sitzen! Ich hole deine Eltern."

Vorsichtshalber verschloss er die Kirchentüre. Ausreißer bleibt Ausreißer.

Kurz darauf erschien er mit den Eltern und der aufgeregten Großmutter, die unentwegt mit dem Kopf schüttelte, als wäre er von einem Motor angetrieben.

„In der Kirche! Wer hätte das gedacht? Wie ein Engelchen! Ich habe bisher gar keine übermäßig frommen Züge an ihr entdeckt."

Während Jenny ihre Tochter mit einem Redeschwall voller Besorgnis, aber auch Vorwürfen überschüttete, hob der Vater sie schweigend aus der Bank und stellte sie erst vor der Kirche wieder auf die Beine. Marita sprach nicht. Mit gesenktem Kopf ging sie an der Hand der Mutter nach Hause. Unter den vielen Leuten, die sie neugierig begleiteten, bemerkte sie Karin, die ihr grinsend zuzwinkerte. Sie hörte, wie die alten Frauen tuschelten: „In der Kirche war sie; habt ihr das gehört? Na ja – das war schon immer ein Zufluchtsort. Wer weiß, was das arme Kind auszustehen hatte!"

„Du wirst gleich etwas auszustehen haben, wenn du dein Schandmaul nicht hältst!", konterte die Großmutter bissig, weil sie mit Recht annahm, dass man der Familie Misshandlungen unterstellte.

Zu Hause wurde Tee gekocht und zur Feier des Tages Haferplätzchen hervorgeholt. Die Puppe Paula saß auf Maritas Schoß, und spätestens jetzt kapierten es alle: Marita war ein liebes, fleißiges Kind und kam allen Anforderungen nach. Doch Paula war tabu. Sie gehörte einzig allein ihr.

Jenny, die sich wegen Maritas Flucht vor den Nachbarn schämte, versuchte noch ein paar Tage lang, dem Kind Näheres zu entlocken, musste jedoch feststellen, dass es beharrlich schwieg. Auch ein Fremder, der von einem Amt kam und Nachforschungen anstellte, musste unverrichteter Dinge wieder abziehen. Er gab sich damit zufrieden, dass Marita nickte, als er fragte, ob sie die ganze Zeit in der Kirche war. Nach einer winzigen Schonfrist begann der alte Trott wieder und Marita wurde zu immer anspruchsvolleren Arbeiten herangezogen.

Blinde Passagiere

Der Winter des Jahres 1945/46 begann. Während die Frauen das Haus mit Tannenreisig dekorierten und Marita diese mit den ersten selbst gebastelten Flechtsternen aus Zeitungspapier schmückte, kam Vater Hannes mit frohem Gesicht ins Haus.

„In Weimar gibt es jetzt die ersten freien Märkte. Morgen wird angespannt. Hoffentlich hält der Gaul dieses Mal noch durch! Die Ernte war reichlich. Da können wir trotz der hohen Abgaben noch etwas Korn und Rüben verkaufen. Vielleicht gelingt es mir, ein paar Geräte zu erwerben. Und vor allem muss ich mich nach einem neuen Pferd umsehen."

„Darf ich mit, Vater?"

„Nein! Um Himmels Willen! Ich bin froh, wenn ich selbst heil wieder zurückkomme, falls der Gaul unterwegs nicht vor Altersschwäche umfällt. Du würdest mir erfrieren. Früh sind schon Temperaturen von minus acht Grad. Vielleicht kann ich dich im Sommer mitnehmen."

„Du bleibst hier! Du weißt, dass wir noch Plätzchen und Stollen backen müssen, damit es endlich wieder ein schönes Weihnachtsfest wird", ordnete die Mutter unmissverständlich an.

„Schon wieder backen!", dachte Marita ärgerlich. „Der Stollenteig ist so schwer zum Kneten. Und die großen Bleche zum Bäcker tragen, könnte auch einmal ein anderer machen! Immer ich!" Beim letzten Gang zum Bäcker hatte ihre Armlänge kaum ausgereicht, um das schwere Backblech richtig festzuhalten.

Bereits am Nachmittag beluden die Eltern den Hänger. Marita musste das Pferd striegeln, damit es wenigstens optisch etwas aufgewertet war.

Am Morgen bekam es eine Extraportion Hafer und eine Decke über den Rücken, um der schweren Transportaufgabe gewachsen zu sein. Der Vater verabschiedete sich. Das Baby auf dem Arm der Mutter wurde kurz gestreichelt.

„Wo ist denn Marita? Will sie sich nicht verabschieden?", blickte sich Hannes suchend um.

„Ach, die schmollt gewiss in irgendeiner Ecke. Die war schon gestern den ganzen Tag mürrisch, weil sie nicht mitdarf. Ich werde ihr beim Backen schon die Flausen austreiben!", schimpfte Jenny. Dann rief sie laut über den Hof: „Hier steht der Eimer! Bevor wir backen, musst du noch die Runkeln leiern. Dann machst du Schrot und Gehäckseltes rein und vermengst es. Das verteilst du in die Futterraufen der Kühe." Keine Antwort!

Der Vater war längst durch den Nachbarort gefahren. Das Pferd hielt bis jetzt tapfer durch und zeigte keinerlei Ermüdungserscheinungen.

Jenny rief immer ärgerlicher nach ihrer Tochter, bekam aber keine Antwort.

„Komm raus! Nun hast du dich lange genug versteckt. Bis um elf Uhr muss der Teig beim Bäcker sein, sonst nimmt er uns nicht mehr dran."

„Sie wird sich wieder mit ihrer Paula verkrochen haben. Aber da kann sie jetzt was erleben", schimpfte Alma nach ihrer vergeblichen Suche.

Marita blieb verschwunden. „Vielleicht hat sie sich wieder in der Kirche versteckt", mutmaßte sie. Doch allmählich dämmerte es der Großmutter, wo sie sein könnte. So beharrlich und tüchtig das Kind beim Arbeiten war, so stur und beharrlich konnte es auch seine Ziele verfolgen. Und das letzte dieser Ziele hieß: Weimar! Bevor diese Gedanken Gewissheit wurden, ging sie vorsichtshalber in die Kirche. Man konnte schließlich nie wissen. Doch die Kirche war leer.

Marita kauerte inzwischen fest vermummt in Mäntel und Decken auf dem Wagen des Vaters und machte sich nicht bemerkbar.

„Von wegen Erfrieren!", dachte sie empört. „Wenn ich im Freien arbeite, denkt auch keiner daran, dass ich erfrieren könnte."

Sie wollte immer schon die Stadt Weimar sehen, von der Tante
Ida bei ihren Besuchen immer erzählte. Der Wunsch wurde
übermächtig, nachdem sie erfahren hatte, dass der Vater auf den
ersten freien Markt nach dem Krieg fahren wollte. Am Abend,
bevor die Eltern und die Großmutter ihre Schlafräume aufgesucht
hatten, war sie herumgeschlichen und hatte allerlei gefunden,
womit man sich warmhalten konnte. Sie hatte sich mehrere dicke
Pullover aus Schafwolle zurechtgelegt. Das Finden von geeigneter
Kleidung untenherum war schwieriger gewesen. Sie besaß nur
das kleine Leibchen, mit den Strumpfhaltern dran und ein paar
gestrickte Strümpfe. Da sie schon wieder gewachsen war, guckte
immer ein Stück nacktes Bein zwischen den Strapsen und dem
Strumpfbund durch. Das war so fürchterlich kalt, dass sie alle
Arbeiten auf dem Hof hüpfend und in enormer Geschwindigkeit
erledigte, nur um schnell wieder in das schützende Haus zu gelangen. Bei der Suche nach wärmender Kleidung hatte sie eine
graue Unterhose des Vaters gefunden. Mit drei Mal umschlagen
und die dicken knielangen Schafwollsocken darüber würde es
schon gehen. Bei Großmutters Kleidung hatte sie noch einen
Muff entdeckt, der zwar schon etwas räudig aussah und roch, als
hätte ein Fuchs darin geheckt, aber immer noch warm halten
könnte. Auf leisen Sohlen war sie in Großmutters Schlafzimmer
geschlichen und hatte ein Parfümfläschchen aus der Vorkriegs-
zeit vom Spiegelschrank gegriffen, das von Alma gehütet wurde
wie ihr Augapfel. Nur wenn Alma am Sonntag zur Kirche ging,
tupfte sie etwas auf die gute Bluse. Marita durfte lediglich einmal daran schnuppern; und sie hatte es nie gewagt, sich heimlich selbst etwas zu stibitzen, denn Großmutter konnte nicht nur
rundherum sehen, sondern auch noch riechen. Aber jetzt war
es Marita egal gewesen. Der Fuchsgeruch des Muffes war un-
erträglich und ein paar Spritzer Parfüm würden gewiss helfen,
ihn zu vertreiben.

Gleich nach dem Frühstück, als die Eltern noch mit Viehfüttern
und Melken beschäftigt waren, hatte sie sich alle Kleidungsstücke
übergezogen, von denen sie annahm, dass sie wärmen könnten.
Dann war sie heimlich, unter vielen Mühen, da sie durch die

Kleidung wie genudelt und fast unbeweglich war, auf den Wagen geklettert und hatte sich unter der Plane versteckt. Inzwischen war es ihr furchtbar warm geworden und der Schweiß brach aus. Ein Bein war eingeschlafen und wie abgestorben. Unter großen Anstrengungen wegen des Platzmangels sowie ihrer Unbeweglichkeit durch die vielen Kleidungsstücke und der Angst, Geräusche zu verursachen, zerrte sie sich einiges wieder vom Leib. Endlich gewann sie etwas Bewegungsfreiheit zurück. Sie hatte gehört, dass Großmutter und der Vater nach ihr gerufen hatten und die Mutter gesagt hatte: „Ach, die ist wieder bockig und hat sich versteckt, weil sie nicht mitdurfte."

Nach einer Weile hob Marita die Plane an und sah hinaus. Es ging sehr langsam voran. Der alte Klepper trottete, so gut er es vermochte, die unebene Straße entlang. Zwei Mal blieb der Wagen in Schlaglöchern stecken und das Pferd weigerte sich, vermutlich wegen seines Selbsterhaltungstriebes, sich tüchtig ins Zeug zu legen, um das Gefährt wieder flott zu machen. Dann stieg der Vater aus, stemmte sich mit aller Kraft hinten gegen die Karre und feuerte seinen getreuen alten Gaul an, doch seine gewiss noch vorhandenen Reserven zu mobilisieren.

Marita musste sich beherrschen, nicht zu lachen, als sie Vaters Beschwörungsformeln und sein vor Anstrengung heftiges Schnaufen ganz dicht bei ihrem Ohr hörte. Die alte Russenfellmütze, die sie aufhatte, lag wegen ihrer Größe tief über Maritas Ohren und verdeckte auch einen Teil der Augen. Trotzdem hörte sie das Gestöhne des Vaters und seine anfänglichen guten Worte für das Pferd ganz deutlich. Dann wurden die Rufe immer lauter und die Worte immer drohender. Erst als ein bösartiger Fluch folgte, fühlte das Pferd sich genötigt, sich noch einmal anzustrengen.

Das Mädchen hob bei der Weiterfahrt immer wieder die Plane ein Stück hoch und genoss es, die herrliche Winterlandschaft zu betrachten. Als die Sonne hervorkam, glitzerten die mit Raureif überzogenen Bäume. Es war eine Märchenlandschaft. Jetzt kamen viele Häuser in Sicht – so viele Häuser! Dazwischen waren reihenweise Ruinen, von denen Tante Ida erzählt hatte. Es kamen auch Straßen, in denen kein einziges Haus mehr ganz war. Marita kamen die Tränen, als in ihrer Fantasie die Kinder auftauchten, die früher darin gewohnt hatten. Wo waren sie jetzt? Lebten sie noch? Hatten sie genug zu essen? Lagen noch verschüttete Menschen unter den Trümmern?

Nach und nach kamen sie weiter in die Stadt. Immer mehr Leute hasteten durch die Straßen. So viele Menschen auf einmal hatte sie noch nie gesehen.

Der Vater hatte das Gefährt zum Stehen gebracht. Sie waren auf dem Markt angekommen. Während er das Pferd abschirrte und in einen Bereich brachte, wo man es festbinden sollte, rutschte Marita durch die Plane vom Wagen und suchte zunächst nach einem Versteck, um sich einen Überblick zu verschaffen. Sie kroch in eine Ecke, in der Bretter aufgestellt waren. Erstaunt horchte sie auf den Lärm ringsum. Auf dem Hof daheim war es immer ruhig. Nur wenn die Fütterungszeit kam, erhoben für wenige Minuten die hungrigen Tiere ihr Geschrei. Aber hier auf dem Markt, da hörte man ununterbrochenes Frauenlachen und Zetern, Brüllen von Männerstimmen, das Quietschen von Schweinen, Hühnergackern und das Blöken von Schafen.

Plötzlich wurde sie unsanft aus ihrem Versteck befördert. „Was haben wir denn da?“, rief eine Frau mit einer quäkenden Stimme, die Marita durch Mark und Bein fuhr. Nachdem die Frau ihren zappelnden Fund begutachtet hatte, brach sie in schepperndes Lachen aus. „Nein! Hat die Welt schon so etwas gesehen?“

Im Nu wurde sie von den Nachbarinnen umringt; und alle starrten neugierig auf diesen seltsamen Kokon. Sie hatten ja schon viele abgerissene Gestalten gesehen – vor allem die Flüchtlinge aus den Ostgebieten sahen mitunter verheerend aus, wenn sie ihre Sachen übereinander trugen – aber dieses Geschöpf war einmalig. Sie rissen Marita die alte zerlöcherte Russenfellmütze ihres Vaters von den Ohren und riefen: „Auch noch ein Rotschopf! Und guckt nur, das Müffchen! Direkt von der Dubary aus Frankreich!“

Eine der Frauen sang fröhlich: „Meine Muff ist weg! Meine Muff ist weg!“ Marita fühlte sich durch die direkten Angriffe so bedroht, dass sie die Augen verdrehte und „Ua, Ua“ machte, als ob sie den Gauleiter vor sich hätte.

„Lasst sie!", rief ein Junge, der plötzlich aufgetaucht war, nahm blitzschnell den Frauen die Mütze und den Muff weg, die sie wie Trophäen noch in der Luft geschwenkt hatten. Er schnappte das Mädchen an der Hand und zerrte es, ehe die Frauen sich von ihrer Überraschung erholen konnten, schnell über den Markt, bis sie den Blicken entschwunden waren.

„War das nicht der Dieb, der mir vorhin ein Ei geklaut hatte?", zeterte noch eine der Frauen.

„Dann pass' auf! Hier schleichen schon wieder so abgerissene Gestalten herum!", meinte eine andere.

„Die Kinder können einem aber auch leid tun", setzte eine Dritte hinzu, beobachtete aber scharf die Umgebung, damit nicht gerade ihr etwas geklaut werden würde. Mitleid war ja gut; aber zuerst musste der Magen ihrer eigenen Kinder gefüllt werden.

„Lass' mich los!", bat Marita, als sie sich weit genug entfernt hatten. „Wer bist du überhaupt?"

„Ick heeße Kalle, wat."

„Kalewat? So einen Namen habe ich noch nie gehört! Du kommst wohl aus Ostpreußen oder Schlesien, mit deiner komischen Sprache?"

„Nee! Ick komme aus Balin!"

„Balin? Das kenne ich auch nicht. Ist das sehr weit weg?"

„Mann Meechen! Da muss ick ma wohl jroße Mihe jebn, damit de deutsch lernst. Aba ick bin sozusachn een Sprachtalent, wat, und hab och schonn zur bessern Tarnung eure Sprache jelernt. Und wen hast ‚du' von deine Anwesenheit befreit? Ick meene, welchm Jlückspilz biste durch de Lappn jejang? Außerdem heeß ick bloß Kalle. Det ‚wat' is det Balina Erkennungszeichen."

Marita hörte staunend auf die fremden Laute, von denen sie kaum die Hälfte verstand. Kalle hatte dunkle, verfilzte Locken und tief braune Augen. Er war schmutzig von Kopf bis Fuß und er roch nicht gut, hatte aber ein lachendes Gesicht und eine lustige Art, was ihr sehr gefiel. So richtig lachen konnte sie zu Hause nur selten. Sie hoffte, dass sich seine Läuse, deren Anwesenheit auf seinem Kopf er durch ständiges Kratzen verriet, sich nicht zu ihr geflüchtet hatten.

„Kennst du dich hier aus?“, fragte sie. „Kannst du mir den Markt und Weimar zeigen?“

„Da haste nen Jlückstreffer jelandet! Ick bin der beste Weimaraner, den de ufftreiben kannst. Zeigste ma noch ma deine Haare? Bei die ollen Markttanten musst ma doch so schnell abhaun. Nur weil de Haare so jeleuchtet ham, hab ick dir erkannt. Du hast aber viel warme Klamottn. Da frierste wenigstns nich, wie icke immer!“

Vorsichtig zog er ihr die Pelzmütze, die er ihr während der Flucht noch schnell übergestülpt hatte, vom Kopf. Er rubbelte sich die Hände an den Hosenbeinen ab, was freilich nichts nützte, um sie zu reinigen, denn die Hosen waren mindestens genauso schmutzig wie die Hände. Dann griff er vorsichtig in ihr Haar. „Det is wie rotes Jold“, sagte er andächtig. „Die sin ja noch schnieker als die von meine Mama.“ Bei diesen Worten zog ein düsterer Schatten über sein Gesicht. „Mama hatte so schönes blondes Haar – ganz lang – bis hier her.“

Er deutete auf seine Brust und bemühte sich ordentlich zu sprechen.

Marita, die eine besondere Beobachtungsgabe besaß und Stimmungen fühlen konnte, fragte leise: „Sie lebt nicht mehr, deine Mutter?“

„Mama kam bei em Bombenanjriff of Berlin um“, flüsterte er und Tränen führten zu einer hellen Spur auf dem schmutzigen Gesicht. „Se war mit mir und ville andre schon im Luftschutzkeller, als ick jammerte, dass mene Katze Tussi noch oben inner Küche war. Ringsherum hörte man schon die Detonationen. Aber se wollte für mich de Tussi holen, meine liebe Mama – und da wurde unser Haus von ner Bombe jetroffen. Ick bin schuld, dass Mama noch mal hochjegang ist.“

Marita konnte nun auch ihre Tränen nicht mehr zurückhalten, und beide weinten. Sie legte ihren Arm um seine bebenden Schultern, was für beide so ungewohnt, aber unendlich tröstlich war.

„Ick hab sooo n’ Hunger!“, rief der Junge, immer noch schniefend. „Komm! Ick orjanisier uns wat zu essen! Nee, warte lieber hier. Mit deine dickn Klamotten kannste nich schnell jenuch renn."

Nach einigen Minuten war er wieder bei ihr und schob ihr ein Stück Wurstbrot hin.

„Du hast das doch nicht etwa gestohlen?", rief sie erschrocken.

„Ja, denkste, die sagn: Komm, mein armet Kind, hier jeb ick dir wat zu essen? Die Frau, der ick das jeklaut hab, die is jetz nachm Krieg schon wieder so dick, dass meine Klauerei ne jute Tat is für ihre Fijur. Außerdem hat se mir schon mal erwischt und so doll an de Ohrn jezochn, dass jetz en Ohrläppchen viel länger is als det andre. Et jeschieht ihr janz recht, det se keen Essn mehr hat, weil se nämlich jrade, als ick se bei de Diät unterstützt hab, über ne andre herjezogn is und nich ufjepasst hat."

„Aber meinst du nicht, dass der liebe Gott dich ganz schlimm bestrafen wird?"

„Det ick nich lache! So ville Sündn kann ick mein janzes Leben nich machen, wie ick schon im Voraus jebüßt hab: Vata vaduftet, als er mir anjesetzt hatte – Hunger, Krieg, Hunger, Mama weg, Katze weg, Hunger, Flucht, erfrorne Zehe, Hunger, abjehaun von Kindertransport, Hunger! Und hier in Weimar? Nur Löcher zum Schlafn, imma wieda vajagt und Hunger! Globste nich och, dass ick schon jenuch jebüßt hab und ick deshalb noch unendlich lange kleene Sündn bejehn kann? Det soll mir erst mal eener nachmachn!"

Dieser Logik konnte sich Marita nicht entziehen. Sie bemerkte, dass der Junge nur dünne, zerschlissene Hemden trug. Da kam ihr eine Idee. „Komm mal mit!", forderte sie ihn auf, als sie fertig mit Essen waren. Sie führte ihn, vorsichtig um sich guckend, in die Nähe von Vaters Hänger. Sie sah, dass der Vater schon Kartoffeln und kleine Säcke mit Korn verkauft hatte. „Siehst du den Wagen dort drüben? Ganz hinten, verdeckt von der Plane, liegen Klamotten. Traust du dich, sie zu holen, ohne dass es jemand merkt?"

„Willste mir beleidichn? Wenn ick mir anstrenge, klau ick dem Typ die olle Zijarrenkiste neben seine Beene, wo er sein Jeld vasteckt hat, gleich mit!"

„Nein! Nicht das Geld! Nur die Klamotten!"

Geduckt, hinter einem Bretterstapel, dessen Besitzer gerade bei seinem Nachbarn Tabak schnorrte und beide bei einem Gespräch über die Schikanen der Besatzungsmacht Zeit und Raum vergaßen, beobachtete Kalle Maritas Vater. Als dieser bei einem Verkaufsgespräch abgelenkt war, schoss er hervor, griff unter die Plane, zerrte zwei dicke Schafwollpullover heraus und war so schnell wieder bei Marita, dass sie es kaum glauben konnte.

„Die Pullover schenke ich dir, damit du nicht so frieren musst!"

Er war eine Weile sprachlos. Dann stotterte er: „Ick sollte deine eichnen Pullover klaun? Det jlob ick nich! Und wer is der Typ mit de jefüllte Zijarrenkiste?"

„Mein Vater!"

„Du hast nen Vater? Det könn ja nur de wenigstn von sich behauptn!" Sehnsüchtig sah er zu dem Mann, hatte einen Kloß im Hals und kämpfte mit den Tränen. Ihm wurde mehr denn je bewusst, dass er niemanden hatte – ganz allein in dieser beschissenen Nachkriegswelt war.

Bei seinem Anblick verkrampfte sich Maritas Herz und eine neue Idee wurde geboren. Sie passte auf, dass Vater sie nicht entdeckte, zog dem Jungen die beiden Pullover über und flüsterte ihm ins Ohr, dass sie hier weg müssten.

„Zeige mir jetzt ein wenig von dem Markt und von Weimar. Wir müssen nur Vater im Auge behalten, dass er nicht ohne mich abfährt."

Kalle war schnell aus seinen düsteren Gedanken zu seiner heiteren Art zurückgekehrt. Er führte seine neue Freundin überall hin, zeigte ihr alles, was ihm wichtig erschien, erzählte wahre und erfundene Geschichten und war beglückt, als sie sich über alles freuen konnte. Sogar richtig lachen konnte er mit diesem Engel. Bei ihren Rundgängen beobachteten sie immer wieder, wieweit der Vater mit seinem Verkauf war. Dann bemerkten sie, dass er seine Zigarrenkiste in seiner riesigen Jackentasche verstaut hatte und sich ebenfalls auf den Weg über den Markt machte. Er trug einen langen Zettel in der Hand, der beiderseitig eng beschrieben war und die Aufträge seiner Frauen enthielt. Nun erwarb er Gegenstände wie Messer, Haushaltsartikel,

Stoff, Garn, Nadeln, Gewürze, Tabak und einen Schlitten. Er stopfte alles in einen leeren Sack, warf ihn über die Schulter und ging in Richtung einer Gaststätte. Die Kinder, die ihn verfolgt hatten, rechneten sich aus, wie lange er für ein Essen brauchte und nutzten die Zeit, um noch ein wenig von Weimar zu erkunden. Kalle zeigte Marita die Ruine, wo er derzeit schlafen konnte. Er zerrte einen riesigen Stein zur Seite, und sie schlüpften in den Keller, der bei der Bombardierung nicht zerstört worden war. Hier lagen alte Lumpen und Decken, zu einem Nachtlager zusammengeschoben, mehrere Steine, die mit Brettern belegt waren, um als Stuhl und Tisch zu dienen. Marita floss das Herz vor Mitleid über. So erbarmungswürdig hauste ein Kind? Der Junge setzte sich auf ein Brett, zog einen Stiefel aus und wickelte die vor Schmutz starrenden Lappen von den Füßen. Marita bemerkte erst jetzt, dass Kalle alte Soldatenstiefel trug. Wem mochten sie gehört haben?

„Der war wirklich schon tot", murmelte er, als hätte er ihre Gedanken erraten. Sie sah seine Füße und erkannte unter dem Schmutz aufgeplatzte Blasen und wundgescheuerte Fersen, die unendliche Schmerzen bereiten mussten. Wie klein erschienen ihr auf einmal alle Probleme, die sie selbst hatte. Sie zog sich ein paar ihrer Socken aus, die wenigstens sauber waren, bedeckte die Wunden mit ihrem fast noch reinen Taschentuch und zog die Socken vorsichtig darüber.

„Wir müssen los. Vater wird gleich zurück sein."

„Findste den Wech alleene? Ick möcht nich sehn, wie de wieda vaduftest", flüsterte er, und das Schluchzen steckte ihm im Hals.

Sie legte den Arm um den Jungen, der nur ein paar Jahre älter war als sie, und flüsterte ebenfalls: „Du kommst mit mir. Hier kannst du nicht mehr lange bleiben. Der Winter hat doch erst angefangen. Du wirst erfrieren; oder sie finden dich und sperren dich in ein Heim."

Er sah sie an wie ein Wunder. „Du bist ne jute Fee mit deine rotjoldnen Haare, die mir Mama ausm Himmel jeschickt hat. Wat werden nur deine Eltern sachen? Se wern ma wieder fortjachen oder de Behörde melden."

Marita wusste es nicht, aber eines war ihr klar: Sie würde sofort alle Arbeit verweigern und vielleicht sogar das Essen, wenn sie Kalle nicht aufnehmen würden. Jetzt fühlte sie sich so leicht und froh wie noch nie in ihrem Leben.

Sie liefen zurück zum Markt und schlichen vorsichtig zum Hänger. Der Vater war noch nicht in Sicht. Sie kletterten hinauf und verbargen sich unter der Plane. Bald darauf hörten sie, wie der Vater das Pferd unter gutem Zureden anschirrte. Fest aneinander geschmiegt spürten die Kinder, wie das Gefährt sich in Bewegung setzte. Flüsternd erzählte Marita alles über ihr Leben. Eine gute Stunde war vergangen, als ein heftiger Ruck sie erschrecken ließ. Die Karre war wieder in ein Schlagloch gerutscht. Sie spürten, wie der Vater nach hinten kam und dicht hinter ihnen mit aller Kraft schob und dabei dem Gaul erst wieder gute Worte zurief, sich dann zusehends erboste, bis zuletzt Begriffe wie Schindmähre, Satansbraten und Geierfraß fielen. Trotzdem ruckte das Gefährt nicht von der Stelle.

Plötzlich fiel der Vater fast aus allen Wolken, und es verschlug ihm die Sprache. Vor seiner Nase hob sich die Plane und ein verdrecktes, verstrubbeltes Teufelchen guckte heraus, mit frechen und gleichzeitig ängstlich aufgerissenen großen Augen. Ohne ein Wort zu sagen, sprang der blinde Passagier vom Wagen und stemmte sich dagegen.

„Ja, da wird doch der Hund in der Pfanne verrückt!", rief Vater Hannes aus.

Dann begann er zu lachen, dass es schallte. Kurz darauf blickte er den Bengel todernst an: „Was hat man mir denn hier für einen dürren, halb verhungerten Helfer auf die Karre geladen? Was meinst du – kriege ich jetzt den Hänger schneller aus dem Loch, weil dein Schwergewicht auf der Wagenladung fehlt oder weil du Athlet mir beim Schieben hilfst? Wer bist du, und was hast du ausgefressen?"

Der Junge zitterte vor Angst, aber seine kleine freche Berliner Schnauze schien nicht mitzuzittern. „Kalle heß ick, wat? Ick will uffs Land und vielleicht Bauer werden – so eener, der mit de Pferde und Kühe maloocht, wat?"

Hannes zerbarst fast vor Vergnügen, beherrschte aber seine Mimik. „Und meine zweite Frage hast du nicht beantwortet. Dazu kommt noch: Wem bist du weggelaufen?"

„Also wegjeloofen – det möcht ick ma verbittn! Da ick kehn habe, konnt ick kehm wegloofn. Und wat det andre betrifft, die sojenannte zweete Frache: von wat ausjefressn und so. Da bin ick keen Unschuldsengel – notjedrungn, wegn de politische Lage. Aber ick hab schon meim richtchen Engel jesagt, dass ick im Voraus so viel jebüßt hab, dass ick ma n paar Sündn leistn konnte. Ick will Ihn ma bloß n bisscken vakündn von meine Buße: Hab Mama wegn meine Katze in de Bomben jeschickt, und weg sind alle beede. Hunger, Bomben, Tote, Hunger, Flucht, Kälte, erfrorne Zehen, Tote, Hunger, Durst, hausn in em Keller-Dreckloch! Det reicht als Buße für janz lange! Hab ick recht? Wat?"

Hannes wollte sich seine Erschütterung nicht anmerken lassen und sagte: „Dein Pullover sieht neu, sauber und schön aus. Vielleicht friert derjenige auch, dem du ihn geklaut hast?"

„Ick muss ma sehr wundern, wat eim alles so unterstellt wird, wenn ma een armet Kriegs-Waisnkind is. Den Pullover hab ick von meim Engel jekrigt. Det erzähl ick mal bei Jelechnheit … Wollt ma nich den Wachn rausziehn?!"

Vater Hannes gefiel der zähe kleine Bursche. „Also auf Kommando! Und los!"

Sie stemmten sich vereint gegen den Wagen, dessen Rad sich sofort aus dem Loch bewegte. Hannes verkniff es sich, dem Jungen auf die Schulter zu hauen, als er auf dieses Knochengerüst blickte, sagte aber: „Ich ahnte tatsächlich nicht, wie schwer du mit deinem Gewicht den Wagen belastet hattest. Muskeln scheinst du ja auch zu haben. Und was wird jetzt?"

„Ick kletter wieda unter de Plane, wat. Wenn der Wagen oder der Gaul streikn, komm ick wieda raus."

„Na, komm mit auf den Bock. Meine Decke reicht auch noch über deinen athletischen Körper."

Sie fuhren ein gutes Stück, Kalle stolz mit dem Zügel in der Hand; da blieb der Wagen erneut stecken. Zuversichtlich stiegen beide ab und machten sich an das Schieben. Aber trotz aller Anstrengung blieb der Wagen stecken. Das Loch war tief, und das Pferd war sichtlich erschöpft und wollte trotz der Hafer-Sonderration keinen Schritt mehr tun.

„Es bleibt uns nichts anderes übrig, als zu warten, bis einer vorbeikommt und uns herauszieht."

Kalle schielte nach der Plane. Er hatte etwas versprochen. Doch ob jetzt oder später – es geschah sowieso.

„Ick hätte da vielleicht noch ne Notlösung", brachte er mühsam heraus und wand sich vor Verlegenheit wegen seines Wortbruches wie eine Schlange.

„Was für eine Notlösung?", fragte der ahnungslose Mann.

Kalle hob die Plane – und Hannes erstarrte augenblicklich.

„Da steckt noch einer drunter? Vielleicht noch mehrere!? Verdammte Bande!"

Doch dann verschlug es ihm die Sprache; denn er erkannte in dem umwickelten Bündel seine Tochter, die ihm zutiefst erschrocken entgegenstarrte.

Beide konnten zunächst nichts sagen, bis Hannes der Kamm schwoll.

„Da hört sich doch alles auf. Du warst die ganze Zeit mit unterwegs und hast mir nichts gesagt!"

„Ich wollte doch unbedingt nach Weimar und hatte Angst, dass du mich wieder zurückschickst", stammelte sie schuldbewusst.

Der Vater schüttelte mit dem Kopf. Er dachte an seine Frau und die Schwiegermutter, die das Kind gewiss schon überall gesucht hatten. Ihn bedrückte auf einmal der Gedanke, dass sie ihm die wahre Version gar nicht glauben würden und vielleicht annahmen, er hätte Marita selbst versteckt und mitgenommen. Er mochte sich gar nicht ausdenken, wie sie zetern und schimpfen würden und ihn noch wochenlang mit Vorhaltungen traktieren könnten. Er starrte von einem Kind zum anderen. Dann blieb sein Blick wieder an seiner Tochter hängen. Er wollte sie ausschimpfen, total herunterputzen, fertigmachen, dass ihr hören und sehen verging. Doch dann wirkte auf ihn das Bild, das er nie wieder vergessen würde: Das Mädchen, eingewickelt in mehrere Lagen Kleidung, seine russische Pelzmütze schief auf dem Kopf und ein Auge verdeckend, rote Haare in Wellen über den Klamotten – daneben der kleine Berliner Kobold, mit den hellen Tränenspuren im verdreckten Gesicht – dann zwei Paar große Augen, die ihn flehend ansahen.

„Na gut!", brummelte er, „wir machen es zuerst mal wie bei der russischen Geschichte vom Rübchen: Alle helfen mit – zuletzt das Mäuschen – und schon klappt es." Auf „Hau ruck!", stemmten sich die drei gegen den Wagen. Ein lautes „Hüh!" mit Peitschenknall, und das ausgeruhte Pferd machte wieder mit. Das Wagenrad rollte aus dem Loch, und es konnte weitergehen.

Dann schnappte sich der Vater, inzwischen grinsend, seine Tochter, die wie ein seltsamer Kokon fast unbeweglich dastand, und hob sie auf den Sitz. Kalle wollte nach hinten auf den Wagen steigen, aber der Vater rief laut: „Halt! Und wer soll den Wagen lenken, wenn ich hier diese Mumie halten muss, damit sie nicht herunterrollt?"

Kalle schwoll der Kopf vor Stolz. Unterwegs ließ sich Vater Hannes erzählen, was die beiden zusammengeführt hatte. Er fragte Kalle ein wenig aus, schwieg dann aber, als er spürte, dass der Junge die schrecklichen Erlebnisse noch nicht verarbeitet hatte und trotz der schnoddrigen Art mehrmals kurz vor einem Tränenausbruch stand. Er hatte ja selbst im Krieg und in der Gefangenschaft einiges erlebt, was immer wieder in seine Träume zurückkehrte und ihn manchmal schreiend erwachen ließ. Aber was so ein Trauma für ein Kind bedeutete, konnte er nur ahnen. Ihm erschienen in der Vorstellung die Mütter in den Kriegsgebieten, wie sie aus Verstecken herausgezerrt wurden und entsetzt ihre Kinder festhielten. Dann überlegte er sich die Strategie für die beiden Frauen zuhause. „Mit Jenny wird es einfacher. Wenn sie sich ausgeschimpft hat, nehme ich sie in den Arm und flüstere ihr allerlei schöne Dinge in ihr Ohr und schenke ihr den Ring, den ich mitgebracht habe. Und wenn ich ihr noch ein wenig über die Brust streichle, trotz Almas bösem Blick, dann wird ihre Seele weich." Bei diesem Gedanken musste er grinsen, was sich aber sofort wieder verflüchtigte, als ihn die Vorstellung der erzürnten Schwiegermutter aus dem erotischen Gedankennebel riss. Er grübelte über mehrere Taktiken nach, verwarf sie aber immer wieder. Er war ein Eingeheirateter und musste sich einigermaßen im Zaum halten. Nicht dass sie ein Drache wäre! So weit wollte er nicht gehen – obwohl? Er beherrschte sich mühsam, sie als Drachen zu sehen, und stellte nach einigen Überlegungen aber Tendenzen zu so einem Untier fest.

Eine Stunde später beharrte er innerlich wieder auf dem Begriff Drachen.

Die Frauen rannten beim Eintreffen der Fuhre auf den Hof. Vorsorglich hatte Hannes den Jungen wieder unter der Plane versteckt. So viele Aufregungen auf einmal wollte er den Frauen nicht zumuten. Er stieg vom Bock, als sie auf ihn zustürzten, und hob beide Hände. Diese Geste – „Ich ergebe mich!“ – ließ Alma, wie erwartet, völlig kalt. Sie zerrte Marita herunter, ließ auch kein Fünkchen Humor über deren Aussehen erkennen und stieß sie in Richtung Haus. Dann beschimpfte sie ihren Schwiegersohn mit Ausdrücken, die einen Bierkutscher zum Erröten gebracht hätten. Hannes wollte sie zuerst durch ebensolche Worte zum Schweigen bringen, war ihr aber rhetorisch nicht im Geringsten gewachsen. Außerdem stand seine Frau mit beschwichtigenden Gesten und dem Finger auf dem Mund seitlich neben ihrer Mutter. Also zwang er sich zur Ruhe, hörte mit aufgesetztem, gelangweiltem Blick zu und nickte anerkennend bei jedem unflätigen Wort der Alten. Als diese ihren Zorn abgelassen hatte, fiel ihr auf einmal auf, dass der Schwiegersohn gar nicht reagierte. Das versetzte sie wiederum so in Rage, dass sie brüllte: „Und dazu hast du wohl gar nichts zu sagen?! Hast du bei den Bolschewiken gelernt, sich so einer Frau gegenüber zu benehmen?!“

„Frau?“, sagte er nur. Auf ihren entgeisterten Blick hin brummte er dann noch: „Ich wollte dir doch nicht ins Wort fallen, liebe Schwiegermutter. Das habe ich auch bei den Bolschewiken gelernt. Da gab’s mit der Kalaschnikow eins aufs Maul bei jeder Widerrede. – Und jetzt lass mich durch. Ich muss das Pferd ausspannen, sonst fällt es um.“ Er drückte seiner Frau die Zigarrenkiste in die Hand und zwinkerte ihr zu.

Alma wollte sich noch nicht ganz entwaffnen lassen. „Und du“, schrie sie feindselig die Tochter an, „willst du gar nichts dazu sagen?“

„Es ist ja gut, Mutter. Du hast doch wirklich schon alles gesagt. Ich will mich jetzt um das Kind kümmern."

„Ja! Seit sie einen Kerl hat, da bin ich Luft! Abgeschuftet habe ich mich für seine Frau und das Kind. Jetzt kann die Alte ja gehen!"

Zutiefst gekränkt verzog sich Alma in ihre Kammer und ließ sich den ganzen Abend nicht mehr blicken.

Mutter Jenny ging in die Küche und wollte nun Näheres über Maritas Ausflug erfahren; doch da lag nur ein dicker Schafwollpullover und die alte Fellmütze.

Sie ging nach oben in die kleine Schlafkammer. Puppe Paula, die hiergeblieben war, war jetzt ebenfalls verschwunden.

„Mein Gott!", fing Jenny an zu schluchzen, durch die vielen Aufregungen des Tages am Ende ihrer Kräfte. „Sie ist nach diesem Streit wohl wieder abgehauen." Sie ging in den Stall. Vielleicht war sie bei Hannes. Weinend klammerte sie sich an ihn. „Sie ist schon wieder weg. Der Streit war zu viel für sie. Mein armes Kind. Es ist schon dunkel. Und wenn sie ihre Puppe mitgenommen hat, dann ist es ernst."

Hannes nahm sie in den Arm. „Sie ist nicht weg. Sie hat nur noch etwas zu erledigen. Was? Das erzähle ich dir später."

Ein ohrenbetäubendes Babygeschrei ließ jede weitere Unterhaltung im Keim ersticken.

Marita hatte aus dem Küchenfenster heraus beobachtet, wie sich Kalle aus Furcht vor der Großmutter sofort hinter einem Zaun versteckt hatte. Als die Entdeckungsgefahr vorbei war, lief sie hinaus und lotste ihn vorsichtig in die Scheune. „Wenn Großmutters Gewitter vorüber ist", beruhigte sie ihren Freund, „ist sie ganz lieb. Sie war ungeheuer tapfer im Krieg. Sie hatte nur Angst um mich, weil sie nicht wusste, wo ich stecke. Heute Nacht schläfst du erst mal in der Scheune. Das ist eine Ehre; denn hier hat Großmutter manchmal geflohene Soldaten, die man Deserteure nennt, versteckt. Außerdem haben hier auch viele Flüchtlinge geschlafen. Nimm aber nicht die alten Decken. Da können noch Läuse, Flöhe, Blut und Krankheiten drin stecken. Die müssen gereinigt werden. Ich bringe dir frische Decken aus dem Haus und auch was Leckeres zu essen."

Dann ging Marita in die Küche, um ihre Mutter zu beruhigen und ihr Schwesterchen zu begrüßen, das sie mit freudigem Krähen empfing. Sie erzählte der Mutter alles, was nichts mit Kalle zu tun hatte. Erst sollten sich alle Wogen glätten.

Jenny sagte nur – fast klang es ein wenig drohend: „Das machst du nie wieder!" Marita setzte die kleine Lisa auf den Schoß und machte zum größten Vergnügen der Kleinen Fingerspiele mit ihr. Mutter war dadurch wieder versöhnt. Der Ärger wurde abgehakt, denn es rief wie üblich die Arbeit nach ihnen. Unter schreiendem Protest wurde Lisa in das Laufgitter gesetzt, wurde aber augenblicklich wieder still, als der Vater ihr ein Plüschtier schenkte. Bisher hatte sie immer nur mit Tierfiguren aus Holz gespielt, die der Vater selbst geschnitzt hatte. Sie prustete, weil das Fell sie kitzelte, und steckte dann alle Teile umgehend in den Mund, um sie tüchtig zu wässern. Zufrieden spielte sie mit dem jetzt griffigen Plüschtier.

Marita eilte nach dem Kommando der Mutter los. „Wir sind spät dran. Großmutter habt ihr ja nun vergrault. Jetzt leerst du eben den Dämpfer! Kipp die Kartoffeln in die Eimer und schütte sie in die Holztonne. Leiere sie, bis sie richtig zerstampft sind. Dann kannst du es wieder in die Eimer füllen, um das Vieh zu füttern."

Beim Abendbrot war Marita froh, dass Großmutter mit ihren hinteren Augen nicht erschien, und sie heimlich Essen für Kalle beiseiteschaffen konnte.

Als ihre Arbeit erledigt war und sie der Großmutter wortlos einen Teller mit Essen auf ihr Zimmer gebracht hatte, schlüpfte sie mit Decken, Kissen, Essen und ein paar Brettspielen aus Mutters Kindheit in die Scheune. Kalle schlang die mit frischer Wurst belegten Brote in sich hinein, als würde er sich absichern, falls er nie wieder etwas zu essen bekommen würde. Obwohl es bereits dämmerte, spielten sie noch eine Weile „Mensch ärgere dich nicht" und „Halma". Marita war froh, dass er nicht sehen konnte, wie sie errötete, als er „Danke" flüsterte und sie spontan umarmte.

Am nächsten Morgen schien sich zunächst alles wieder beruhigt zu haben. Marita schwieg immer noch, um die Großmutter nicht aufzuregen. Sie würde ihr Stück für Stück alles beibringen. Doch Alma hatte nicht nur hinten Augen, sondern sie war womöglich auch der Hellseherei kundig. Anders war es nicht zu erklären, dass sie urplötzlich beschloss, im Heu der Scheune nach versteckten Hühnereiern zu suchen, weil sie jetzt unbedingt einen Kuchen backen musste, um die ersten Lageräpfel, die verschrumpelt waren, zu verarbeiten. Es war ansonsten immer Maritas Aufgabe gewesen, da Alma das Steigen auf die Leiter zunehmend schwerer fiel. Marita wollte Alma den Korb entreißen und rief: „Oma! Ich mach das schon! An der Leiter fehlt eine Sprosse!"

„Dann seid ihr mich wenigstens für immer los!", keifte Alma. „Bin sowieso unnütz, seit dein Vater wieder da ist!"

In ihrer Furcht vor der frühzeitigen Entdeckung ihres Freundes eilte Marita mit in die Scheune, um vielleicht Schlimmeres zu verhindern. Doch Großmutter schob sie beiseite und erklomm ächzend, aber unverdrossen die Leiter. Es dauerte keine Minute, bis sie den schmalen Po des Jungen im Heu entdeckte. „Ah!", rief sie. „Ich habe es geahnt, dass hier irgendetwas im Gange ist! Komm nur heraus, Bürschchen! Auch wer den Kopf ins Heu steckt, kann noch in den Hintern getreten werden!"

Da tauchte der verstrubbelte, verdreckte Bengel aus dem Heu auf und starrte mit aufgerissenen Augen die alte Frau an, deren Stimme ihm bereits gestern durch Mark und Bein gefahren war und mit Angst erfüllt hatte. Im Fortgejagt-Werden kannte er sich aus. Schade nur, dass er dann nie wieder seinen Engel sehen würde. Traurig und enttäuscht blickte er auf seine Freundin.

Die Großmutter war durch den herzzerreißenden Anblick des Jungen zunächst ohne Worte. Das nutzte der Kleine und rief: „Ick mach ma sowieso gleich aus'm Staub."

Alma hatte sich gefangen. „Hiergeblieben! Ich bestimme, wer sich hier aus dem Staub macht!"

Inzwischen war Marita hochgeklettert und stürzte sich mutig ins Geschehen. Sie stellte sich vor ihren Schützling. „Den habe ich mir aus Weimar mitgebracht. Der gehört mir, und ich will, dass er hierbleibt!"

„Ach?! Seit wann bestimmen Kinder, was hier zu geschehen hat?"

„Kalle ist mein Freund. Er hat keine Eltern und hat in Weimar in den Trümmern gehaust. Aber die Leute räumen allen Schutt weg und hätten ihn sicher bald entdeckt."

„Aber wir können eine Waise nicht einfach behalten. Wir müssen das melden."

„Wenn er in ein Kinderheim muss, gehe ich mit. Ihr habt ja jetzt ein neues Kind und braucht mich gar nicht."

Alma, die wortgewandte Alma, war sprachlos – ob von dem unerwarteten Familienzuwachs oder der Unverfrorenheit ihrer doch immer so lieben, sanften Enkelin war nicht zu erkennen.

Weil das Schreckgespenst von Großmutter plötzlich so still war, wagte Kalle sich wieder zu Wort zu melden: „Ick bin schon so jut wie weg! Keene Bange! Ick jeb och den Pullover von mein Engel zurück."

Als er sich anschickte, den Pullover auszuziehen, fiel Almas Blick auf die dürren Arme und den ausgezehrten Körper, und Mitleid erfasste sie.

„Halt! Hiergeblieben! Und der Pullover bleibt an! Und nun erzähle mir doch, wo du herkommst. Wie du hierhergekommen bist, kann ich mir ja nun zusammenreimen."

Kalle überlegte nur kurz. Das Großmutter-Schreckgespenst war vielleicht auch ein Mensch. Und wenn sie ihn wegschicken würde, konnte er vielleicht vorher noch etwas zwischen die Zähne bekommen. Der Magen knurrte schon wieder recht laut, und in seiner Vision erschien sogleich das Abendessen, das Marita ihm gestern gebracht hatte. Speichel sammelte sich im Mund, und er musste schlucken. Was hatte er außer seinem Engel schon zu verlieren? Aber ehe sie ihn ins Heim steckten, würde er fliehen. Diesbezüglich blickte er auf eine Menge Erfahrungen zurück. Also begann er zu erzählen.

Als er von der Situation im Luftschutzkeller berichtete, als seine Mutter noch mal hoch ins Haus gegangen war, um seine kleine Katze zu holen, wurde seine Stimme heiser, und er konnte nur mit Mühe das Schluchzen unterdrücken.

„Nur weil ich mich nicht rechtzeitig um meine Tussi gekümmert habe, ist Mama verschüttet worden, weil die Bomben das Haus zerstört haben."

Dann kamen doch die Tränen.

Großmutter Alma nahm das verdreckte Stückchen Mensch in die Arme und führte es hinunter in die Küche. Sie erwärmte einen Kessel mit Wasser, goss einen Bottich voll und wies den Jungen an, die Fetzen abzulegen und hineinzusteigen.

„Ick soll ma ausziehn?", stotterte er, noch voller Misstrauen auf das dampfende Wasser schielend, und zu Marita gewandt: „Ick will nich jebrüht wern!"

Er zögerte immer noch: „Außerdem bin ick nich jewöhnt, mir vor de Damn zu entkleidn!"

Die rigorose Großmutter schob Marita aus der Küche, legte beim Ausziehen des verwahrlosten Helden trotz Gegenwehr mit Hand an und beruhigte ihn mit den Worten: „Hier gibt's keine Damen. Und was deinen Schniepel angeht, den du hier so angestrengt verstecken willst: Der ist genauso dürr wie du. Da kann man nicht mehr viel weggucken."

Nach einer angemessenen Zeit des Aufweichens musste der Junge aus dem Bottich. Großmutter schüttete das Wasser weg und murmelte nur: „So eine Jauche habe ich nicht einmal bei den Flüchtlingskindern gesehen."

Sie füllte das Gefäß und ließ ihn erneut einsteigen. Dann ergriff sie ein Stück Kernseife und hörte erst auf, den Jungen abzuschrubben, als er schrie wie am Spieß, weil sie an den Füßen angekommen war, die voller Wunden und offenen Stellen war. Welch ein Glück, dass ihre Schwester Ida genügend Salbe und Binden für den Kriegsheimkehrer Hannes mitgebracht hatte. So konnte sie das Kind gut verarzten. Als sie die Fetzen ins Herdfeuer werfen wollte, krallte sich der Junge verzweifelt mit all seiner Kraft fest. Sie rangen eine Weile miteinander, wobei die Großmutter ihn beschwor, dass er ganz saubere ordentliche Sachen bekommen würde und sie keine Wanzen, Läuse und Flöhe wolle.

Doch Kalle ließ nicht los und kämpfte wie ein Löwe. Als Alma sah, wie die Tränen kullerten und der Junge „Mama" schluchzte, begriff sie. In ihrer Rührung bot sie ihm an, seine Kleidung zu waschen und mit Lavendel zu spülen: „Dann kannst du es jeden Abend mit ins Bett nehmen und träumst dann von Mama." Noch mehr versöhnt war er, als Alma ihm einen Teller mit süßer Haferflockensuppe und eine dicke Stulle mit Leberwurst vorsetzte.

Als Hannes die Küche betrat, sah er voller Genugtuung, dass Alma den Jungen wie eine Glucke umkreiste. Er tippte dem Kind auf die Schulter: „Wenn sie dich irgendwann wieder frei lässt, kommst du in den Stall."

Alma wetterte los: „Du brauchst gar nicht hier so herumzuschleichen! Der Junge hat vollkommen zerschundene Beine. Der kann noch nichts machen."

Hannes zwinkerte ihm zu und ging wieder in den Stall.

Kalle durfte bleiben. Sie meldeten ihn zwar auf dem Amt an und erzählten eine Geschichte von einem Cousin, der gefallen sei und dessen Frau im Bombenhagel verschüttet worden war. Sie würden Kalle nun als Pflegeeltern annehmen. Die Behörden waren froh, wenn ein Kind untergebracht war, weil immer noch täglich eine Welle von heimatlosen Kindern auftauchte und versorgt werden musste. Kalles äußere Wunden heilten schnell, nachdem er nahrhaftes Essen und Pflege bekam. Anfangs waren er und Marita in jeder freien Minute zusammen. Nach und nach erwarb er durch den Schulunterricht, an dem er jetzt teilnahm, neue Freunde, Jungen, mit denen man viel mehr und andere Abenteuer unternehmen konnte als mit Mädchen. Sein Engel Marita entschwand nach und nach im Nebel. Marita war sehr enttäuscht, als sie spürte, dass ihr Kalle an Freizeitvergnügungen mit Jungen mehr Gefallen fand, als mit ihr im Gras zu sitzen. Außerdem packte sie die Eifersucht, weil ihre kleine Schwester ihn so häufig beanspruchte und er mit ihr Späße trieb, die Lisa zum Jauchzen brachten. Das Lachen der beiden versetzte ihr immer öfter einen Stich.

Kinderarbeit

Jahre vergingen. Marita wurden immer mehr verantwortungs-volle Aufgaben übertragen. Mit viel Geduld lehrte die Groß-mutter sie das Strümpfestricken und das Nähen. Das Mädchen musste Leibchen nähen, mit Strapsen, an denen die selbst ge-strickten Strümpfe mit Knöpfen befestigt wurden. Nur alle paar Wochen fuhren der Vater und Kalle auf den freien Markt nach Weimar, um Hühner, Gänse, Kaninchen sowie Obst und Gemüse zu verkaufen, wenn sie das vorgegebene Soll abgeliefert hatten. Dann versuchten sie, alles zu besorgen, was Jenny und Alma auf einer langen Liste notiert hatten. Als ein paar Jahre vergangen waren und die kleine Lisa eingeschult war, wurde die Einkaufs-liste immer länger, da Lisa nun auch ihre Wünsche eintrug. Die Kleine bestand hartnäckig darauf, alles zu bekommen, was sie wollte, was ihr auch mühelos gelang. Wenn Marita es einmal wagte, eine Andeutung zu machen, was sie gerne hätte, wurde dies einfach nicht zur Kenntnis genommen. Sie durfte dagegen keine Anordnung überhören und fügte sich allem. Oft war es Schwerstarbeit. Vor allem das Brotbacken war eine Strapaze für das Mädchen. Für vier mehrere Kilogramm schwere Brote musste eine riesige Teigkugel geknetet werden. Dann wurden jeweils zwei Teigbatzen in zwei Backnester gegeben. Ein Backnest war eine große Schale aus gepresstem Stroh. Damit zwei Backnester gleichzeitig transportiert werden konnten, kam ein Gestell da-zwischen. Das Ganze packte Marita auf den Handwagen und transportierte es zum Dorfbäcker. Vorher musste sie noch jedes Brot mit dem Stanzzeichen ihrer Familie versehen, um Ver-wechslungen zu vermeiden: In die Mitte wurde ein großer Quirl eingedrückt. Dann wurden mit der Gabel vier Spuren vom Quirl-abdruck bis zum Rand gezogen. War Marita beim Bäcker an-gekommen, musste ,aufgetschukt‘ werden. Das hieß: Die Teig-

batzen mussten in den Backnestern locker geschüttelt und mit
Schwung auf den Schieber des Bäckers befördert werden. Für ein
Kind war das äußerst schwierig; und einmal blieb fast das Herz
des Mädchens stehen, als beim Tschuken ein Brot nur halb auf
dem Schieber landete. Der Bäcker half ihr, das kostbare Gebäck
zu retten. Holte Marita das Brot wieder ab, musste sie rechtzeitig
eintreffen, um das heiße Gebäck sofort mit Wasser zu bestreichen,
damit es appetitlich glänzte.

Zweimal in der Woche hatte sie noch die Aufgabe, zwei riesige,
runde Bleche mit einem Durchmesser von je achtzig Zentimetern
zum Bäcker zu tragen. Auf den Blechen war Kuchenteig mit ver-
schiedenem Belag, der nicht verrutschen durfte. Ein Blech trug
das Mädchen auf dem Kopf, eines hielt sie seitlich unter dem
Arm. Weil sie dauernd in der Gefahr schwebte, dass das Blech auf
ihrem Kopf schief hing oder der kostbare Belag rutschte, legte ihr
die Großmutter Topflappen darunter. Es war ein ziemlich weiter
Weg bis zum Bäcker, und Marita hielt unter größter Anstrengung
krampfhaft die Bleche fest. Ein Ausruhen danach gab es nicht.
Sie musste bügeln und dabei gleichzeitig die sechsjährige Lisa
durch das Küchenfenster beobachten, die draußen auf dem Hof
spielte. Die Katze jaulte furchtbar auf, weil Lisa sie unbedingt in
den Puppenwagen legen wollte und sich nicht davor scheute, das
Tier am Schwanz zu ziehen. Marita entging beim Bügeln einer
Rüschenbluse, dass ihre Schwester ihr Katzenprojekt nicht aufgegeben hatte. Das Tier entfloh über den Zaun in den Gemüse-
garten, in dem bereits Möhren, Kohlrabi, Zwiebeln und Kräuter
gediehen. Obwohl es streng verboten war, öffnete die Kleine
die Gartentüre und jagte die Katze. Danach ging sie in den Hof
zurück, ohne die Türe wieder zu schließen. Das Unglück nahm
seinen Lauf. Marita hörte plötzlich den Vater im Hof brüllen und
ahnte immer noch nicht, was ihr gleich blühte. Sie lief erschrocken
hinaus, weil sie ihre Schwester nicht mehr sehen konnte. Noch
nie hatte sie den Vater so wütend gesehen. War etwas mit Lisa
geschehen? „Nein!", beruhigte sie sich selbst, weil sie Lisa unter
der Milchbank entdeckte, wo sie sich versteckt hatte. Im selben
Moment sah Marita den Vater, wie er fluchend Hühner, Gänse

und sogar ein paar Schafe aus dem Garten jagte. Dann stürzte er auf sie zu, verpasste ihr eine Tracht Prügel und schrie: „Du hast nicht auf deine Schwester aufgepasst! Jetzt hat das Viehzeug im Garten alles kahl gefressen!" Er schlug auf sie ein, dass sie taumelte. Plötzlich warf sich eine Gestalt dazwischen und bekam noch die letzten Hiebe ab. Es war Kalle, der den Vater wortlos anstarrte: Ein Blick, der Verständnislosigkeit, Enttäuschung und Vorwurf zu erkennen gab.

Weinend rannte Marita ins Haus. Das zweite Unglück brach augenblicklich über ihr zusammen. Sie hatte wegen der Riesenaufregung das Bügeleisen nicht ordentlich auf die Ablage gestellt, und es war vom Ständer gerutscht. Die neue Bluse der Mutter war bis zur Unkenntlichkeit zusammengeschrumpft, und in der Küche roch es tagelang penetrant. Marita zog den Kopf ein, weil sie glaubte, dass die Großmutter ihr nun weitere Ohrfeigen verpassen würde. Doch Alma hielt einen Lappen in das kalte Wasser, kühlte Maritas weiße, empfindliche Haut und murmelte nur: „Deine Mutter wird sich eine neue Bluse kaufen. Das Geld dazu hat sie doch jetzt." Marita lief, immer noch verstört, hinauf in ihre Kammer und umarmte seit langer Zeit wieder einmal Puppe Paula. Sie schluchzte sie nass und teilte ihr allen Kummer mit.

Ihre Schwester Klein-Lisa aber grinste nach dem ersten Schrecken, kroch unter der Milchbank hervor und verlangte von der Großmutter einen Keks, den sie auch prompt erhielt.

Als Marita sich beruhigt hatte, ging sie hinaus in den Garten, in dem Kalle schon an der Beseitigung der Schäden arbeitete. Es war nur wenig zu retten. Das meiste hatten die Tiere abgefressen. Sie ging zu ihm und umarmte ihn kurz. Dann arbeitete sie an seiner Seite, um noch den Rest des Gemüses zu retten und neu zu säen und anzupflanzen.

Im Suff
liegt manchmal die Wahrheit

Marita spürte, dass sich das Verhältnis zwischen Großmutter und dem Vater immer mehr verschlechterte. Er hieß jetzt nicht mehr Hannes, sondern ‚der‘ Missmutig murmelte Alma bei jeder Gelegenheit, dass ihre Meinung nicht mehr erwünscht war, dass niemand sich erinnerte und ihr dafür dankte, dass sie sich in der furchtbaren Kriegszeit aufgeopfert hatte, von der schweren Arbeit krumm und bucklig wurde und jeden Tag mit Schmerzen verbringen musste. Ganz schlimm wurde es, als sich die politischen Verhältnisse zunehmend auch auf die ländliche Bevölkerung auswirkten.

Im Jahr 1949 wurden alle Länder, die von den Sowjets besetzt waren, vereint und ein neuer Staat gegründet, der eine eigene Verfassung hatte:

die Deutsche Demokratische Republik, im Kürzel DDR.

Eine Fluchtwelle in den amerikanischen Sektor erfolgte. Ein gravierender Mangel an Fachkräften erschwerte Start und Aufbau dieses Staates, der in den ersten Jahren fast ausschließlich damit zu tun hatte, den Hunger zu besiegen. Rund eintausend Forscher und Wissenschaftler hatten sich die Amerikaner sofort gesichert, um Fachkräfte zu haben, für lenkbare Raketengeschosse der US-Luftwaffe und anderes Kriegsgerät. Auch die Sowjets ließen eine große Anzahl an deutschen Experten verschleppen, um die sowjetische Luftfahrtindustrie aufzubauen.

Die Fachkräfte mit Nazivergangenheit waren längst außer Landes oder in den Internierungslagern umgekommen. Nach der Gründung der DDR flüchtete noch eine große Anzahl von Bürgern mit wichtigen Berufen. Der Engländer Churchill hatte den Begriff ‚Eiserner Vorhang‘ geprägt; und für die Menschen im Osten wurde er zunächst bittere Wirklichkeit. Mit einer weltweiten Grundsatzrede erregte Churchill weltweites Aufsehen. Er verlieh dem Misstrauen gegenüber der Sowjetunion Ausdruck, was die Menschen in den von ihnen besetzten Ostgebieten mit Angst erfüllte. In den ersten Nachkriegsjahren wurden von allen Siegermächten die Entnazifizierung und die Bodenreform betrieben. Zur Erleichterung der Thüringer wurde auch ihr Gauleiter Sauckel hingerichtet. In den nächsten Jahren wurden sich die Siegermächte immer mehr uneinig, wie mit Deutschland zu verfahren sei.

Es entstand der Ost-Westkonflikt, der sich immer mehr verschärfte.

Für die westlich besetzten Zonen wurde der Marshallplan beschlossen. Er war das wirtschaftliche Aufbauprogramm für das kriegsgeschwächte Europa, da ein schwieriges Europa auch Amerika gefährdete und sich aus der allgemeinen Notlage ein politischer Unruheherd entwickeln könnte.

Die sowjetische Militäradministration unter Leitung von Oberst Tulpanow warf den westlichen Führern vor, mit imperialistischen Kräften Deutschland wieder in einen Krieg jagen zu wollen. Die Spaltung Deutschlands war besiegelt. Die UdSSR verhängte über das vierfach besetzte Berlin eine Blockade: Das bedeutete die Sperrung des gesamten Verkehrs auf Straßen, Schienen und Wasserwegen. Es war eine Reaktion auf die Währungsreform in den Westsektoren.

Die rigorose Herrschaft der Sowjets wirkte sich zunehmend auf die Bevölkerung der sowjetischen Besatzungszone aus, die vom Westen nicht als Staat DDR anerkannt wurde.

In den Gaststätten der Städte und Dörfer in der Umgebung von Weimar trafen sich, wie überall im Osten, Gleichgesinnte der Bevölkerung. War man sich in der Gaststätte nicht sicher, ob sich Horcher unter die Gäste gemischt hatten, so traf man sich auch auf den Höfen von Bauern, die sich schon in der Nazizeit als zuverlässig und verschwiegen erwiesen hatten. Sie machten sich lustig über den Moskau-treuen Walter Ulbricht, der einen SED-Parteikult in die Wege leitete und dafür sorgte, dass die DDR dem Rat für gegenseitige Wirtschaftshilfe der sozialistischen Länder beitrat. Darüber waren einige Bauern besonders erbost.

„Wirtschaftshilfe! Die nehmen uns bloß noch mehr weg, von dem, was wir uns bisher erarbeitet haben; oder glaubt ihr vielleicht, dass ausgerechnet die Polen, Tschechen oder Russen uns aus irgendeiner Misere helfen könnten – von ‚wollen‘ kann schon gleich gar nicht die Rede sein, wenn man bedenkt, was die Deutschen dort angerichtet haben.“

Im Jahr 1952 kam dann überraschend in der Bevölkerung ein Lichtblick auf, und ein großes Hoffen breitete sich aus, dass sich bis in die Kneipen fortpflanzte: Stalin, der große Diktator der Sowjetunion, schlug den Westmächten überraschend Verhandlungen vor. Das Misstrauen der leidgeprüften Menschen war zwar riesengroß; trotzdem klammerte man sich an jedes bisschen Aussicht auf Verbesserung.

Im Dorflokal von Hannes, dem Kriegsheimkehrer, schwirrten unzählige Gerüchte, vermischt mit Hoffnungen, von Mann zu Mann: „Es soll Verhandlungen durch die Siegermächte über einen gesamtdeutschen Friedensvertrag und die Wiedervereinigung Deutschlands geben. Dann kämen wir endlich raus aus dieser Scheiße, und Deutschland könnte wieder wachsen!“

„Und ich habe gehört, dass alle Besatzungskräfte aus Deutschland innerhalb eines Jahres abziehen sollen, wenn ein Friedensvertrag abgeschlossen wird!“

„Außerdem sollen keine Handelsbeschränkungen auferlegt werden!“

„Und was der absolute Hammer ist: Deutschland dürfe nationale, zur Verteidigung notwendige Streitkräfte aufstellen sowie das dazu notwendige Kriegsmaterial produzieren. Stellt euch nur vor: und das nach dem schrecklichen Krieg! Das ist doch nicht zu glauben.“

„Woher wollt ihr das alles wissen?“

„Über den Londoner Sender, wie üblich. Der sowjetische Außenminister Gromyko hat den Westmächten eine diplomatische Note übergeben, mit der die ‚Deutsche Frage‘ gelöst werden soll – die sogenannte ‚Stalinnote‘.“

„Ja, aber das ist alles mit einer Bedingung verbunden: Deutschland darf keine Koalition oder Militärbündnisse eingehen, die sich gegen Staaten richten, die gegen Deutschland gekämpft haben. Also kein Beitritt zur NATO; wo die Weststaaten doch schon so eifrig dran gebastelt haben."

Die Männer hatten sich so in Euphorie geredet, dass der Durst ungeheuerlich wurde und sie rasch noch ein Bier bestellten und zur Feier des hoffnungsvollen Tages einen Schnaps dazu herunterkippten.

Doch da meldete sich der wirtshausbekannte Pessimist Meckler zu Wort, der den allgemeinen Enthusiasmus nicht teilen konnte und dem der Alkohol eher eine düstere, melancholische Stimmung verlieh: „Ihr seid total auf dem Holzweg, wie fast immer, ihr ollen Suffköppe! Pures Kneipengequatsche! Die Westmächte wollen Deutschland auf ihre Seite ziehen. Und wenn sie uns nicht kriegen, reichen ihnen die anderen deutschen Zonen. Sie haben viel zu viel Bammel vor den Sowjets, mit ihrem kommunistischen Einfluss, und wollen am liebsten überhaupt nichts mit denen zu tun haben, nachdem Deutschland besiegt ist und am Boden liegt. Und dass der Adenauer, der Kanzler der deutschen Westländer, darauf eingeht, könnt ihr vergessen. Dem gehen wir inzwischen am Arsch vorbei!"

Es hatte nicht viel gefehlt und die jetzt schreienden, angetrunkenen Bauern hätten sich auf Meckler gestürzt, und alles wäre in eine Schlägerei ausgeartet. Da brüllte Hannes über alle hinweg: „Vielleicht warten wir mal alles ab. Tun können wir Kleinen – wie immer – sowieso nichts! Das entscheidet nur eine Handvoll Leute, die Ahnung haben oder glauben, sie zu haben. Wir haben aber auf alle Fälle eine neue Hoffnung. Wenn wir nicht immer die Hoffnung gehabt hätten, dann wären wir im Krieg und danach schon unzählige Male am Verzweifeln gewesen."

„Jawohl, Hannes!", brüllten jetzt fast alle im Chor. „Auf ein neues freies Deutschland, ohne Nazis und ohne Besatzer!"

Trotz des nicht unerheblichen Stachels, der von Meckler ausgesät worden war, begannen die Augen der Männer wieder zu leuchteten. Sie schlugen sich auf die Schulter und tranken vor lauter hoffendem Übermut ein Bier mehr, als sie sich eigentlich wegen der allgemein schwachen Finanzlage leisten konnten. Das erste Mal seit dem Krieg kehrten sie von der Kneipentour wieder laut und übermütig singend zu ihren Familien nach Hause zurück und waren stürmisch bereit, den Hunger und die ganze Misere zu vergessen, eine vorwurfsvolle Ehegattin zu bezähmen und, auf eine frohe Zukunft hin, ein Kind zu zeugen.

Als Hannes gestikulierend und forsch singend auf dem Hof eintraf und die frohe Botschaft verkündete, als sei sie bereits Wirklichkeit, stürmten Frauen und Kinder erschrocken in den Hof. Alma, die bereits geschlafen hatte, blickte den Schwiegersohn finster an, als sei er ein falscher Prophet. „Bist wohl jetzt auch noch Politiker geworden. Hast du Oberschlauer nicht begriffen, dass Stalin der neue Hitler ist. Es ist jetzt schon alles von den Bolschewisten durchsetzt. Die sind auch nicht besser als die Nazis! Dieser Teufel will ganz Deutschland in seine Krallen kriegen – lass' dir das gesagt sein!"

„Willst du uns alle nach Sibirien bringen, alte Unke!", drohte Hannes und schob die weiter zeternde Frau ins Haus. „Stalin will sogar, dass Deutschland neutral wird!"

„Haben sie dir in der Gefangenschaft eine neue Gehirnplatte eingesetzt, dass du gar so dämlich bist. Na, wir sprechen uns noch!"

Almas Orakel wurde wahr, zwar ganz anders, als sie gedacht hatte, aber das Resultat war niederschmetternd für alle hoffnungsfrohen Menschen im Osten Deutschlands.

Lange enttäuschte Gesichter! Vor lauter Trauer tranken sie in der Kneipe wieder ein paar Bier mehr als gewöhnlich und hofften immer noch, dass die Nachricht, die sie heute getroffen hatte, ein pures Versehen war. Und jetzt schimpften sie nicht auf die Sowjets, sondern auf die verdammten Amis, auf die Franzosen, die die Deutschen noch nie leiden konnten, und auf die englischen Inselfurzer.

Nach und nach mussten sie die Wahrheit akzeptieren: Die Westalliierten und auch Adenauer, der von den Ostdeutschen als Kanzler ab sofort sehr beargwöhnt wurde, hatten einen Friedensvertrag und eine Wiedervereinigung abgelehnt. Viel zu wichtig war Westdeutschland als Verbündeter gegen die Expansionspolitik der Sowjets. Er nannte den Vorschlag Stalins als ein ‚Störfeuer der Sowjetunion‘.

Wütende Diskussionen in der Dorfkneipe:

„Dieser Adenauer! Der Schlag soll ihn treffen! Da tut er erst, als lägen ihm alle Deutschen am Herzen, und dann verrät er uns.“

„Er hat die Vorschläge nicht einmal in Erwägung gezogen und einfach abgelehnt. Er biedert sich den westlichen Alliierten an. Ganz klar – von denen kommt das Geld für den Wiederaufbau. Und wenn wir dazu kämen, würde er weniger abbekommen.“

„Er war nicht Manns genug, über die einzelnen Punkte zu verhandeln, der alte Sack! Vielleicht ist er sogar ein alter Nazi!“

„Und uns opfert diese ‚Sphinx vom Rhein‘ als Pufferzone zum Kommunismus.“

„Sie haben uns weggeworfen wie Dreck und werden uns vergessen“, jammerte der Letzte, der aus der Kneipe gestolpert kam.

Grenzenlose Enttäuschung, Missmut und großes Unbehagen machten sich breit. Die Sowjets indessen revanchierten sich nach der Ablehnung der ‚Stalinnote‘ mit zunehmenden Sperrmaßnahmen an der innerdeutschen Grenze. Der kleine Grenzverkehr wurde immer mehr eingeschränkt. Weitere Flüchtlingsströme zogen gen Westen.

Die Bauern und
die sozialistische Großproduktion

Die SED-Führung der DDR, an der Spitze der Generalsekretär Walter Ulbricht, unternahm Höchstanstrengungen, um die Versorgungslage zu verbessern. Die Engpässe rissen nicht ab. Große Propagandaaktionen sollten die Werktätigen zu höheren Leistungen bewegen. Vor allem die Versorgung mit Nahrungsmitteln hatte Priorität. Auf der SED-Parteikonferenz wurden radikale Reformen beschlossen. Es wurden Musterstatuten für drei verschiedene Typen von ‚Landwirtschaftlichen Produktionsgenossenschaften‘, künftig LPG genannt, verabschiedet. Es sollte damit ein Übergang von der zersplitterten einzelbäuerlichen Produktionsweise zur genossenschaftlich-sozialistischen Großproduktion geschaffen werden. Damit wäre garantiert, dass die Landwirtschaft intensiver und professioneller betrieben werden konnte. Der Einsatz von Maschinen konnte effektiver erfolgen. Außerdem konnten die unzähligen Flüchtlinge aus den ehemals deutschen Ostgebieten als Neubauern auf dem Junkerland angesiedelt werden, das Land, welches man den Junkern und Großgrundbesitzern weggenommen hatte.

Es war eine großartige Idee – aber in der Praxis bauten sich Hürden auf, die in den kommenden Jahren nur mit äußerster Anstrengung überwunden werden konnten. Kaum war ein Problem gelöst, tauchten drei neue auf. Ganz schwierig war es, die Bauern von der Notwendigkeit zu überzeugen, dass auch ihr Vorteil darin läge, in eine LPG einzutreten. Das stieß auf so viel Ablehnung, dass die SED zu einem großen Propagandafeldzug gezwungen war. Die Bauern, die froh waren, endlich wieder ein paar Kühe im Stall zu haben, ein Pferd, welches für die Feldarbeit eingesetzt werden konnte, Kleinvieh, welches man verkaufen konnte, wollten nicht begreifen, wozu sie eine LPG benötigten. Ihre gesamten Vorfahren hatten ihr Stück Land bewirtschaftet, und es war gut gewesen. Warum also sollten sie ihr Land und vielleicht noch das Vieh jetzt abgeben, damit irgendwelche städtischen Sesselfurzer darüber bestimmten? Ihr Gefühl für Solidarität reichte nur für die Familie und vielleicht noch für einen Nachbarn, den man auch einmal gebrauchen konnte. Der Krieg war vorbei. Man wollte sich nicht mehr ducken, sondern wollte endlich wieder einmal etwas zusammenraffen. Nur der Krieg hatte das Bauerndenken notgedrungen etwas durcheinandergerüttelt. Jetzt war es zurückgekehrt: Mein Haus! Mein Land! Mein Vieh!

Dramatische Szenen spielten sich in den Dörfern ab.

Als beim Hof von Hannes zum ersten Mal die ‚Werber‘ erschienen, durften sie in der Küche Platz nehmen. Die ahnungslose Alma, die immer Geschäfte witterte, wenn Fremde erschienen, bot ihnen sogar ein Glas selbst gemachten Most an. Es waren schließlich ‚feine Herren‘, und es war manchmal von Vorteil solche Leute zu kennen, auch wenn sie sich insgeheim über deren Auftreten und Aussehen lustig machte. Hannes, der ahnte, was die feinen Herren im Sinn hatten, schließlich hatten sie in der Kneipe schon einige Aspekte der Kollektivierung heftig erörtert, wollte seine Schwiegermutter aus der Küche entfernen – denn, so dachte er im Stillen: deren Schandschnauze ist niemand gewachsen.

Er bat sie viel zu höflich, mal bei der kleinen Luisa die Schulaufgaben zu kontrollieren, da sie sich in Mathe einer Fünf näherte. Diese Höflichkeit machte Alma stutzig und weckte erst recht ihr Misstrauen; und ihre Neugierde war auch viel zu groß, um sich wegen der Lappalie einer Fünf in Mathe, noch dazu bei einem Mädchen, vom Zuhören abhalten zu lassen. Vieh und Geld würde das Mädchen allemal zusammenzählen können. Wie ein Fels in der Brandung saß sie auf ihrem Stuhl, schob einen Stopfpilz in die Socken – seine Socken! – stichelte emsig herum, als stopfe sie ein großes Loch, und hatte alle Sensoren, von denen sie sowieso eine Überzahl besaß, auf die Unterhaltung gerichtet. Als sie begriff, dass diese Eindringlinge es auf ‚ihr‘ Land abgesehen hatten, verfiel sie zunächst in einen schockartigen Zustand. Hannes, der sie zur Genüge kannte, ahnte Schreckliches und beeilte sich, unter der Zusicherung, die Schriftblätter zu studieren, die Besucher hinauszukomplimentieren. Die beiden Herren erhoben sich und kündigten an, heute in einer Woche wiederzukommen.

Kaum hatten sie die Tür geschlossen, brach bei Alma der Bann. Ihr Teint wechselte von einer besorgniserregend aussehenden Blässe in ein Puterrot, dass nicht nur für sie selbst bedrohlich wirkte. Wie ein aufgestauter Wasserfall stürzte nun ein Wortschwall hernieder, der alles hinwegzufegen drohte. Nicht einmal der Nazi-Gauleiter hatte bei ihr eine solche verbale Explosion verursacht.

„Hier aus diesem Bauernhof – meinem Bauernhof – wird keine Kolchose, auch wenn sie LPG heißen soll. Und dass dich", dabei fixierte sie voller Verachtung ihren Schwiegersohn, „der bolschewistische Einfluss schon verdorben hat, das wusste ich, seit du, der Tag soll verdammt sein, hier wieder erschienen bist!"

Hannes floh aus der Küche, ehe er sich vergaß und Alma an die Wand schmetterte. Und bevor Alma weiter keifen konnte, stürzte Jenny auf sie zu, packte sie und schüttelte sie. „Mutter! Komm zu dir! Bis jetzt ist noch nichts passiert. Sie werben nur. Außerdem musst du erkennen, dass es in der Landwirtschaft nicht so weitergeht. Die kleinen Einzelbauern wie wir können sich keine großen Maschinen leisten. Wir arbeiten uns kaputt und bleiben trotzdem auf der Strecke. Und beim Typ eins von so einer LPG gibt man nur das Land ab, damit es großflächig mit den Riesenmaschinen bewirtschaftet werden kann. Diese Maschinen machen das, wozu wir mit dem Pferd ein paar Wochen brauchen, in einer Stunde."

Alma griff sich ans Herz und rang nach Luft. „Ach, hat er dir das im Bett zugeflüstert, dass du dich so gut auskennst? Reicht dir jetzt ein bisschen ficken aus, dass du deinen Hof und deine Seele verkaufst?"

Alma warf den Stopfpilz und die Socken vor Wut ins Herdfeuer, ging in ihre Kammer und ließ sich den Abend und den ganzen nächsten Tag nicht mehr blicken. Sie verweigerte sogar das Essen, das Jenny ihr brachte, und ließ sie nicht ins Zimmer.

„Die kommt schon wieder zu sich", beruhigte Hannes seine Frau, als sie ratlos und besorgt das Tablett in der Küche abstellte. „Die ist zäher als eine Katze, und das will was heißen!"

„Aber was machen wir nur? Treten wir in so eine Genossenschaft ein oder warten wir noch ab?"

Hannes hatte mit ihr schon oft das Für und Wider erörtert. Er wollte seine Frau, die das Land geerbt hatte, überzeugen, nicht zwingen; denn es würde gewaltige Veränderungen geben: „Wir werden uns in der nächsten Versammlung mit allen Bauern beraten. Dann überlegen wir ganz genau, was dafür und dagegen spricht. Fest steht, dass solche LPGen mit den konzentriert eingesetzten Maschinen so viel produzieren können und in großen Fahrzeugen auf den Markt bringen können, dass ein kleiner Einzelbauer keine Chancen mehr hat."

„Und Mutter?"

„Eine wie sie, die schon zwei Weltkriege unbeschadet überlebt hat, was sage ich: gestärkt daraus hervorgegangen ist, wird doch so ein wenig Genossenschaft ertragen können. LPG Typ drei wird wohl für uns nicht infrage kommen. In der Kneipe lästern sie schon, dass da nur die ‚Pleitegeier' hineingehen. Die meisten meiner Bekannten wollen sich zu Typ zwei zusammenschließen. Das wird wohl auch für uns das Beste sein."

Alma wusste noch genau, wann die Werber wiederkommen wollten. Sie bedauerte es, dass der Hund Wotan, der ihr aufs Wort gehorcht hatte, verstorben war. Nun reifte in ihr der Plan, den neuen jungen Hund Stalin für ihre Zwecke zu gebrauchen. Jenny beobachtete voller Sorge Almas ständiges Vor-sich-hin-Murmeln und ihr düsteres Gebaren, als sie ihr Zimmer wieder verlassen hatte. Als dann eine Woche später zur besagten Zeit der Hund „Stalin" anschlug, begab sich Alma sogleich in die Nähe des Tores. Sie hatte alles gut vorbereitet. Hinter einem Bretterstapel hatte sie eine Hacke mit spitzen Zinken und eine Mistgabel deponiert. Außerdem wollte sie den Hund Stalin freilassen, um ihn zusätzlich als Waffe zu benutzen. Stalin war ein großer, lebhafter junger Bernhardiner mit einem stabilen Gebiss. Den wollte sie auf die Eindringlinge hetzen. Bei all ihrem rachsüchtigen Eifer hatte Alma nicht bedacht, dass der Hund noch keinerlei Gehorsam und nur wenige Begriffe gelernt hatte. Außerdem war ihr nicht bewusst, dass dieser Hund zwar groß war und gefährlich aussah, aber ein sanftes, gutartiges Wesen besaß. Hannes wollte ihn erst ein paar Tage im Zwinger lassen und durch Futter und bestimmte Worte an sich gewöhnen. Aber auch Alma hatte dem Tier trotz des Verbotes immer wieder ein paar Leckerbissen zugesteckt. Tagelang hatte sie wegen des Namens Auseinandersetzungen mit Hannes gehabt. „Wie kann man so ein Tier Stalin nennen? Ha! Einen Kommunistennamen!

„Ja, liebe Schwiegermutter. In der Gefangenschaft musste ich nach Stalins Pfeife tanzen. Jetzt ist es mir eine Genugtuung, dass Stalin gehorchen muss, wenn ich pfeife."

Alma hatte den Hund heimlich mit dem Namen „Stinker" bedacht, weil das Tier abartig furzte, wenn es erregt war.

Mit bösartigen Gedanken vergewisserte sich Alma nun, durch ein Guckloch in den Zaunlatten spähend, dass es die Werber waren. Sie öffnete die Tür des Zwingers, um den nach ihrer Meinung gefährlichen Hund auf die Feinde zu hetzen, bevor die anderen der Familie sie davon abhalten konnten. Mit der Mistgabel baute sie sich vor dem Tor auf und schrie: „Hier kommt keiner rein! Aus meinem Land wird keine Kolchose!" Inzwischen hatte Stalin begriffen, dass die Zwingertür auf war, was ihn so begeisterte, dass er spontan herausschoss. Er hatte Alma als diejenige erkannt, die ihm so leckeres Futter gebracht hatte. Bevor Alma zu irgendeiner Reaktion fähig war, sprang das temperamentvolle junge Tier freudig erregt, schwanzwedelnd und bellend an ihr hoch. Alma verlor bei diesem unerwarteten, ungestümen Angriff ihr Gleichgewicht und stürzte zu Boden. Jenny, die mit Hannes angerannt kam, schrie auf. Der Hund jaulte auf und begann, Almas Gesicht abzuschlecken. Hannes trug die Schwiegermutter ins Haus, die voller Wut war, weil sie sich ihm ausgeliefert sah. Störrisch drehte sie den Kopf zur Seite und ertrug mannhaft ihre Schmerzen. Jenny versorgte sie, ließ dann aber von Lisa, die gerade von der Schule kam und auch die Besucher eingelassen hatte, den Arzt holen. Jenny war noch so erregt, dass sie der Mutter heftige Vorwürfe machte: „Du hättest tot sein können. Haarscharf neben der Mistgabel bist du aufgetroffen."

Hannes, der gewiss nicht unter einer mangelhaften Gefühls-
welt litt und nicht übermäßig fromm war, sah gen Himmel und
murmelte: „Danke." Jetzt konnte er sich in Ruhe den Werbern
widmen. Ganz so ungestört war er nicht, weil Lisa sofort die
Situation nutzte. Marita arbeitete im Garten, und die verletzte
Großmutter lag im Bett. Vor Neugierde fast platzend machte
sich die inzwischen neunjährige Lisa ständig in der Küche, wo
Hannes die Fremden platziert hatte, zu schaffen. Sie klimperte
mit den Wimpern, schwenkte ihre Hüften und lächelte. Sie nahm
die eindeutigen Gesten ihres Vaters nicht zur Kenntnis, bis dieser
sich schließlich gezwungen sah, sie mit einem Machtwort aus
der Küche zu befördern. Nicht verhindern konnte er allerdings,
dass die Lauscherin nun hinter der Tür kauerte und mitbekam,
dass der Beitritt zur LPG Typ zwei beschlossen wurde. Als sie
der Großmutter einen Krankenbesuch abstattete, flüsterte sie ihr
allerlei ins Ohr und weidete sich daran, dass die Kranke vor Wut
zu platzen drohte.

Auch als Alma wieder gesund war, sprach sie mehrere Wochen
kein Wort mit Jenny und Hannes. Sie, deren Frömmigkeit bisher
sehr dürftig und sporadisch war, wurde eine eifrige Kirchgängerin
und reduzierte ihre häusliche Tätigkeit auf ein Minimum. Hier
in der Glaubensgemeinschaft bei ihren Freundinnen stieß sie auf
vollstes Verständnis. Sie hatten alle ähnlichen Kummer, trösteten
sich gegenseitig und gaben sich wohlgemeinte Ratschläge. Meistens
wetzten sie aber nur die Mäuler über diese gottlose, abartige neue
Kommunistenwelt, die alte Werte mit den Füßen trat.

Jugendzeit

Kalle, das Waisenkind, war zu einem hübschen Burschen herangewachsen. Seine braunen Augen und schwarzen Haare ließen die Augen der Dorfmädchen aufleuchten, und einige setzten eine Unzahl weiblicher Raffinessen ein, damit ihre Chancen sich vergrößerten, ihn zu mehr Nähe zu veranlassen. Lange hatte Marita geglaubt, dass Kalle nur ihr gehörte. Sie hatte ihn schließlich gefunden und hergebracht. Er hatte ihr auch zu allen Festtagen kleine Holzschnitzarbeiten geschenkt, die sie sorgsam und gut versteckt aufbewahrte, damit Lisa sie nicht finden konnte. Doch jetzt zog er sich immer mehr von ihr zurück und ging mit seinen Freunden angeln oder Kaninchen jagen. Er hatte auf dem Hof viel gelernt, wollte aber kein Bauer ohne Land werden. Da er sehr geschickt bei Holzarbeiten war, erhielt er eine Lehrstelle bei einem Tischler in einem Nachbarort, mehrere Kilometer entfernt. Marita sah ihn erst wieder, als sie im Alter von vierzehn Jahren zum Dorftanz durfte. Da hatte Kalle jedoch schon eine Freundin und hatte für seinen früheren Engel keine Zeit mehr.

Weiterhin hatte Marita alle Arbeiten auf dem Hof zu erledigen. Niemals hörte sie das Wort ‚danke‘. Der Vater nahm sie jetzt auch mit auf den Freimarkt, wenn er Tiere verkaufte.

Sie verwahrte die große Geldtasche, die die Zigarrenkiste abgelöst hatte, und sah, wie sich die Geldscheine beim Handel zusehends vermehrten. Sie entwendete keinen Pfennig. Nur ein einziges Mal trieb ein heißer Wunsch sie dazu, den Vater um etwas zu bitten. Sie musste nach der Schule mehrmals wöchentlich nach Apolda fahren, um bei Kunden Eier und selbst gemachte Wurst abzuliefern. Sie fuhr auf einem uralten, klapprigen Fahrrad, das eine Unzahl hässlicher Geräusche beim Treten und Fahren von sich gab. Marita schämte sich sehr. Von Natur aus schüchtern, ertrug sie es kaum, damit so unangenehm aufzufallen. Aber erst als junge Burschen spottende Bemerkungen machten wie: „Achtung! Jetzt kommt wieder die klappernde Feuerwehr und der Kopf steht selbst in Flammen!", entstand der heiße Wunsch nach einem neuen Fahrrad.

Als sie nun mit dem Vater wieder auf dem Freimarkt war und sah, dass sich die Geldtasche füllte, überwand sie ihre Hemmungen und bat den Vater, ihr ein Fahrrad zu kaufen. Der Vater hatte mit Bekannten schon ein paar Bier getrunken, was ihn in Hochstimmung versetzte und seinen Respekt vor den mit Sicherheit kommenden Vorwürfen der Frauen zu Hause auf ein Minimum schrumpfen ließ. Dies führte zu einer freigiebigen Laune. Als ein Kumpel ihm auch noch anerkennend versicherte, dass sich seine rothaarige Tochter zu einem ‚scharfen Zahn‘ entwickeln würde, da schwoll ihm die Brust vor Stolz, und sie erhielt das Geld für ein Fahrrad. Endlich konnte sie mit erhobenem Kopf nach Apolda radeln und übernahm beglückt den Eierverkauf. Die jungen Burschen hänselten sie jedoch trotzdem: „Na, Rotkopf, Feuerflamme! Stimmt es auch, was man den Rothaarigen nachsagt: dass sie ganz scharf in der Liebe sind? Willst du es nicht einmal mit einem von uns versuchen? Oder gleich mit allen?"

Andere riefen: „Sorgt vor. Eine lange Dürre wird kommen!"

„Seht euch mal diesen hohen Wasserfall an: Hat man denn je schon mal solche langen Beine gesehen? Die kann ja ohne zu springen unseren Bach überqueren."

„Warum hängen Klamotten da auf der Stange?"

„Seht mal! Da kommt der Feuerkopf! Die Füße sind schon da!"

Marita schämte sich ihrer Länge. Sie bekam keine Schuhe mehr in ihrer Größe und musste Herrenschuhe tragen.

Die Eltern erlaubten ihr, jetzt in den Wintermonaten am Abend zum Treffen der Bauernmädchen zu gehen. Dort wurde gehäkelt, genäht und gestrickt und vor allem sich kichernd oder empört der neueste Klatsch erzählt. Sie teilten sich mit, wer schon seine ‚Tage‘ hatte, wer schon mit einem Mann liebäugelte und welchen Jungen sie am liebsten hätten. Zu Maritas Ärger fiel auch öfters der Name ‚Kalle‘.

Marita hatte ihren Grundschulbesuch beendet und befand sich jetzt auf einer Landwirtschaftsschule. Sie war unzufrieden mit diesem Leben und träumte von etwas Anderem. Sie wollte nichts mit Männern zu tun haben. Alle starrten auf die roten Locken und suchten dann auf ihrem Körper nach ein wenig Weiblichkeit, die sich aber noch nicht so richtig einstellen wollte. Nur ein Nachbar, der schon siebenundzwanzig Jahre alt war (so ein alter Kerl!), kam viel öfter auf den Hof, als er da zu tun hatte. Und er sah sie an – nein! Wie er sie ansah! Er schien sich in seiner Phantasie schon die Rundungen auszumalen, die sich doch hoffentlich bald einstellen würden. Sobald er auftauchte, tauchte sie unter. Die Mutter erzählte ihr immer wieder, dass Nachbar Jörg nach ihr gefragt habe. Sie lobte ihn unentwegt und gab sich voller Dankbarkeit, weil Jörg ihnen schon mehrere Maschinen ausgeliehen hatte und immer seine Hilfe anbot. Die Großmutter blies ins selbe Horn: „Ein Prachtkerl, dieser Jörg! Ohne Vater, der im Krieg gefallen ist, hat er seinen Hof in kurzer Zeit zu einem der schönsten im Dorf gemacht. Wenn der nun noch eine tüchtige Frau bekommt …“

Beide sahen dann erwartungsvoll Marita an, ernteten aber nur einen finsteren, abweisenden Blick. Als Jörg das nächste Mal erschien und sein Blick wieder suchend über den ganzen Hof wanderte, begutachtete Marita ihn erstmals genauer. Sie kam zu dem Ergebnis, dass er viel zu alt sei und schon einen Bauchansatz hatte. Dies teilte sie auch der Mutter und der Großmutter mit, als sie wieder einmal ihren Lobgesang auf Jörg begannen.

„Tüchtig muss ein Mann sein – nicht schön! Das wirst du schon noch merken. Außerdem sieh doch selbst einmal in den Spiegel. Wer steht schon auf so rote Haare, auf so ein dürres Gestell mit Riesenfüßen? Sei froh, dass dich einer so heiß begehrt!“

Marita war furchtbar gekränkt. Sie fand sich ja auch nicht begehrenswert, aber mussten sie es so grausam herausposaunen?! Es reichten ihr schon die verbalen Attacken der dämlichen großen Jungen aus Apolda. Neulich hatte sogar einer ein Lied über sie geträllert. Beim Gedanken daran errötete sie zutiefst. „Fuchs, ich hab dein Herz gestohlen, geb's nie wieder her! Geb's nie wieder her! Will mir auch den Rest noch holen, du gefällst mir sehr." Die anderen Bengel stimmten ein und sangen: „Rot, rot, rot ist jede Locke. Rot, rot, rot ist alles, was ich seh'. Ist's auch rot, rot unter ihrem Rocke. Wills gern sehen, komm mal in die Näh'!"

Rasch verscheuchte Marita diese peinliche Erinnerung. Diese blöden Kerle! Warum erhitzten ausgerechnet ihre Haare deren Gemüter? Sie flüchtete in ihre Träume, wo sie sehr schön und blond war, ganz zierliche Füße hatte und die Männer sie begehrten, und wo sie alle abblitzen ließ.

Auf der landwirtschaftlichen Schule traf Marita immer mit ihrer Freundin Karin zusammen. Sie kannten sich seit Kindertagen und tauschten nach wie vor ihre kleinen Geheimnisse aus. Eines Tages wedelte Karin mit einem Zettel vor Maritas Nase und tanzte dann strahlend um sie herum: „Überraschung! Ich bin angenommen! Ich bin angenommen!"

„Wo bist du angenommen?"

„Na, in Weimar! Auf der Pädagogischen Schule für Kindergärtnerinnen! Ach, ich bin so glücklich! Endlich raus aus diesem Nest!"

Marita hielt die Luft an. Das wäre auch etwas für sie: Kindergärtnerin.

„Was muss man tun, um an dieser Schule aufgenommen zu werden?"

„Na, sich bewerben und ein Zeugnis hinschicken! Sag bloß, du würdest auch mitkommen? Das wäre einfach fantastisch! Ich habe nie gewagt, dich daraufhin anzusprechen, weil du doch die Älteste bist, die einmal den Hof erben soll. Ich glaube nicht, dass deine Eltern dich gehen lassen – weil dann ja ihr bestes Arbeitstier verschwindet. Wenn du es aber heimlich machen willst, helfe ich dir. Besorge das Notwendige, und bringe es mir gleich morgen mit. Meine Mutter wird sich darum kümmern. Hoffentlich ist noch ein Platz an der Schule frei!"

Völlig in Gedanken versunken kehrte Marita heim. Großmutter, der nichts entging, brachte sie gleich wieder der Wirklichkeit nahe. „He, halt nicht Maulaffen feil! Lisas Schürze muss noch genäht werden. Du kannst das besser. Wenn sie es selbst macht, sieht es so verhunzt aus, dass sie die Schürze nicht mehr anzieht."

Erst am Abend, nachdem das Vieh versorgt war und die Arbeit für den nächsten Tag besprochen worden war, konnte sich Marita zurückziehen und ihren Antrag vorbereiten. Vor Aufregung konnte sie nicht schlafen, und stand mehrmals in der Nacht auf, um durchs Haus zu wandern. Natürlich wurde sie dabei von der alles sehenden und hörenden Großmutter erwischt, die wieder eines ihrer Sprüchlein von sich gab, welches Marita zusammenzucken ließ und zum Erröten brachte: „Nur ein reines Gewissen ist ein sanftes Ruhekissen!"

Am nächsten Tag hatte sie es früh furchtbar eilig, in die Landwirtschaftsschule zu kommen. Karin nahm die Unterlagen entgegen und gab sie ihrer Mutter, die gleich am nächsten Tag nach Weimar fuhr, wo der Antrag zunächst einmal angenommen wurde.

Es begann für Marita eine aufregende Zeit. Kaum war sie zu Hause, durchwühlte sie die Post, was das größte Misstrauen von Oma Alma weckte, der wie üblich nichts verborgen blieb.

Nach ein paar Tagen ging Marita in den Stall und hörte, wie die Großmutter auf ihre Mutter Jenny einredete: „Sie hat bestimmt einen Liebhaber, weil sie dauernd auf Post wartet. Wir müssen das rauskriegen und ihr die Flausen austreiben. Wenn der Jörg das erfährt, haben wir das letzte Mal seine Hilfe in Anspruch genommen. Er lässt sich dann hier nicht mehr blicken, und das Zusammenlegen unserer Felder können wir auch vergessen. Ich sage nur: ‚Wehret den Anfängen!'"

Rückwärts schlich sich Marita auf leisen Sohlen hinaus, bevor sie bemerkt werden konnte, und dachte erbost: „So ist das also! Wegen ein paar Äckern wollt ihr mich verkuppeln. Ihr werdet euch noch wundern!"

Am nächsten Tag eröffnete Karin ihr, dass sie sich im Weimarer Schloss vorstellen müsse. Ohne ihrer Familie etwas mitzuteilen, entschuldigte sich Marita in der Landwirtschaftsschule und fuhr mit dem Fahrrad nach Weimar. Sie zitterte vor Aufregung, die Knie wurden ganz weich, und ihre weiße Haut wurde flammend rot, als sie die Schlosstreppe hinaufging. Sie wurde freundlich willkommen geheißen. Als sie vor dem Schreibtisch der Direktorin saß, sah sie ihre Unterlagen liegen. Nach einem Blick auf ihr Bewerbungsschreiben bemerkte sie, dass darunter ein Vermerk stand, der rot unterstrichen war. Sie nutzte die kurze Abwesenheit der Direktorin, um es zu entziffern. „Bauernkind! Fördern!", las sie und schloss daraus, dass man sie vielleicht annehmen würde. „Ja, liebe Mutter und liebe Großmutter", dachte sie. „Nicht nur Arbeiterkinder dürfen studieren. Auch Bauernkinder gehören zur privilegierten Klasse." Es gelang ihr, die vor Aufregung verkrampften Glieder etwas zu entspannen. Sie musste noch mehrere Fragen beantworten, einen Text lesen und ein Lied singen, bis man ihr erklärte, dass sie demnächst Nachricht bekommen würde.

Drei Tage später lag in der Küche ein bläulicher Brief mit verwischter Anschrift und der – was Marita zutiefst erschütterte – geöffnet war. Auf ihren vorwurfsvollen Blick hin guckten die Mutter und Alma noch vorwurfsvoller. Marita konnte es nicht fassen: „Ihr habt euch erlaubt, den Brief, der an mich gerichtet war, zu öffnen!?"

„Was ich selber denk und tu, trau ich jedem andern zu!", unkte die Großmutter wieder ein Sprichwort. „Nein! Er ist beim Öffnen des Briefkastens herausgerutscht und in eine Pfütze gefallen. Es hatte doch geregnet. Die Adresse ist verwischt, wie du ja unschwer erkennen kannst. Und da wir nicht sehen konnten, an wen er gerichtet war, haben wir ihn aufgemacht und gelesen. – Was fällt dir überhaupt ein, heimlich, hinter unserem Rücken, dich auf dieser Schule anzumelden. ‚Stille Wasser sind ja bekanntlich tief', aber uns so zu hintergehen!" Die Stimme war mit jedem Wort bedrohlicher geworden.

„Weil ich genau weiß, dass ihr es mir nicht erlaubt hättet. Ich will nicht in diesem Nest bleiben! Ich will nicht Bäuerin, sondern Kindergärtnerin werden! Ich will auch keinen Jörg heiraten, damit ihr eure Äcker zusammenlegen könnt!"

Fassungslos starrten die beiden Frauen auf dieses rabiate Mädchen, das Mädchen, das immer so ruhig und fleißig gewesen war. Die musste doch plötzlich von einem bösen Geist besessen sein.

Die Mutter fasste sich als erste: „Du glaubst doch nicht, dass du, ein Bauernmädchen, so ein Studium schaffst. Von besonderer Intelligenz haben wir jedenfalls bei dir noch nichts bemerkt. Und glaube ja nicht, dass du von uns auch nur einen Pfennig bekommst. Und so wie ich weiß, erhältst du auch kein Stipendium, weil du kein Arbeiterkind bist."

„Gegen Dummheit kämpfen Götter selbst vergebens!", musste die Großmutter wieder ein Sprichwort loslassen. Und die Mutter ergänzte: „Gegen Dummheit ist kein Kraut gewachsen!"

Marita kämpfte mit den Tränen, riss den Brief an sich und rannte in ihre Kammer, um ihn zu lesen. Sie war angenommen worden. Obwohl nach der Auseinandersetzung heftige Zweifel in ihr aufkamen, ob ihr Lernvermögen für eine pädagogische Fachausbildung ausreichen würde, war sie sich sicher, das Richtige getan zu haben.

Die beiden Frauen wurden jäh aus ihrem Zorn und ihren Überlegungen gerissen, da im Hof laut eine Frau um Hilfe schrie. Sie stürzten hinaus und sahen die Nachbarin, die in höchster Erregung jammerte und rief: „Holt den Hannes! Er schlägt ihn sonst tot!"

Hannes kam aus dem Stall und wollte sie beruhigen.

Doch sie zerrte ihn am Arm. „Komm schnell mit! Mein Mann, der Michel, ist aus der Gefangenschaft heimgekommen und erschlägt den Hubert."

Alle waren erst starr vor Schreck, liefen dann aber sofort los, um diese Ungeheuerlichkeit zu beenden. Auch Alma schnappte sich, weil sie ihren Gehstock nicht gleich zur Hand hatte, eine Harke, die an der Hauswand lehnte und humpelte, so schnell sie konnte, hinterher. „Wir dachten doch alle, dass der Michel tot sei. 1943, das war vor zwölf Jahren, war die letzte Nachricht aus dem Kessel von Stalingrad gekommen. Zehn Jahre ist der Krieg vorbei, da entlassen sie noch Gefangene. Das konnte die Hiltrud wirklich nicht ahnen. Sie lebt doch schon sechs Jahre mit dem Hubert zusammen."

Als sie im Hof der Nachbarin eintrafen, war die Prügelei beendet. Michel, der Spätheimkehrer, war vor Schwäche zusammengebrochen und lag schluchzend im Stroh in der Stallecke. Hubert, der Rivale, hatte sofort aufgehört, zur Verteidigung Schläge auszuteilen, als er den Zustand des Heimkehrers sah. Bei dieser ausgemergelten Gestalt konnte ein richtiger Faustschlag das Ende bedeuten. Nur die unbändige Wut hatte Michel kurzzeitig die Kraft verliehen, eine Schlägerei anzufangen. Jetzt war er am Ende, seelisch und körperlich. Wie hatte er sich gefreut, nach so vielen Jahren Entbehrungen endlich nach Hause zurückzukehren. Wochenlang hatte er der Stunde entgegengefiebert, als es hieß, dass die letzten Kriegsgefangenen nach Hause entlassen werden. Und dann hatte ein anderer seinen Hof und sein Bett nebst Frau übernommen. Sein Schluchzen ließ alle vor Mitleid verstummen. Hannes fasste sich als erster. Er ergriff seinen Arm und bemüht, seiner Stimme einen festen Klang zu geben, sagte er: „Du kommst jetzt erst mal mit zu uns, damit du dich erholen kannst. Dann haben alle anderen Beteiligten Zeit, das Notwendige zu regeln." Es erschien Hannes unpassend, den Ärmsten in das Bett seines Widersachers zu legen. Er nahm ihn mit auf seinen Hof. Die Frauen bereiteten ihm ein Bad und sorgten für frische Kleidung. Sie bezogen ihm ein Bett, und er ließ sich erschöpft darauf nieder, immer wieder vom Schluchzen gepeinigt.

Am nächsten Morgen erschien er in der Küche. Die Frauen hatten ausnahmsweise an einem Wochentag ein üppiges Mahl vorbereitet. Er aß, sprach aber kein Wort. Hannes bedeutete den Frauen, sie allein zu lassen. Dies passte Alma gar nicht; denn so entging ihr gewiss einiges, was im Dorf Gesprächsstoff für Wochen gegeben hätte. Sie wollte sich noch ein wenig in der Küche zu schaffen machen, um vielleicht doch die eine oder andere Neuigkeit mitzubekommen, aber Hannes warf ihr so einen drohenden Blick zu, dass sie sich schließlich zurückzog. Draußen sagte sie zu Jenny: „Michel sieht aus wie ein uralter Mann. Der hat doch auch kein bisschen Kraft in sich. Wie will er denn den Hof bewirtschaften? Eine Schubkarre durch den Stall geschoben, und er fällt um. Arme Hiltrud! Und der Hubert hat seine ganze Kraft in die Wirtschaft gesteckt. Das kann ihm niemand bezahlen. Und nun muss er gehen."

Jenny nickte, doch plötzlich erschrak sie, denn ihr war etwas eingefallen, was noch viel schlimmer war. „Der Junge! Was wird aus dem Kleinen? Es ist ja Huberts Kind. Normalerweise ist er ja während der Ehe geboren, und Michel muss sich um ihn kümmern. Aber ob er einen kleinen Kuckuck großziehen will, und ob Hubert dies zulässt? Es ist eine vertrackte Situation."

„Ach, dein obergescheiter Mann, der wird doch alles regeln. Der ist doch jetzt der Größte im Dorf, der Herr LPG-Vorsitzende."

Alma hätte sich gewundert, wenn sie Zeuge des Männergespräches geworden wäre. Hannes spielte, ohne übermäßig Rücksicht zu nehmen, mit offenen Karten: „Außer dem Krieg und den Sowjets ist niemand für diese Situation verantwortlich. Also müssen wir sehen, wie wir für alle das Beste draus machen. Zunächst musst du dich mit Hiltrud einigen. Du darfst dich dabei nicht nur selbst als Opfer sehen. Alle anderen sind es auch, besonders deine Frau. Jahrelang hat sie sich allein mit deinem Sohn halb tot gerackert. Jahrelang hat sie um dich geweint. Alle Vermissten aus dem Krieg wurden nach acht Jahren in einigen Orten bereits für tot erklärt. Ihre Namen stehen eingemeißelt auf einer Tafel auf dem Kirchhof. Unser Gemeinderat konnte sich noch nicht dazu entschließen, sonst würde dein Name auch auf so einer Tafel stehen. Trotzdem glaubte niemand mehr daran, dass zehn Jahre nach dem Krieg noch Soldaten heimkehren. Du brauchst mir nicht zu erzählen, was man dir angetan hat. Ich war selbst bei den Russen Gefangener, hatte aber mehr Glück als du, zeitiger nach Hause zu kommen. Überlege dir gut, was du machen willst. Gesetzlich ist alles klar: Es ist dein Hof. Es ist deine Frau und der Große ist natürlich auch deiner. Aber zwölf Jahre sind eine lange Zeit. Jeder hat sich sehr verändert, hat sich auf sein neues Leben eingestellt. Der Kleine, der nicht dein Kind ist, muss auch ein gutes Zuhause haben."

Bei letztem Satz zuckte Michel zusammen. Auch noch ein fremdes Kind, das ihn immer daran erinnern würde, dass seine Frau jahrelang einen anderen Mann geliebt hatte. Er war nahe daran, wieder zu weinen, und jammerte nur: „Ich will endlich wieder ein Zuhause haben."

Hannes, der sich beherrschen musste, sich nicht vom Mitleid übermannen zu lassen und einen klaren Kopf zu behalten, ging mit Michel in dessen Hof. Hiltrud und Hubert hatten die halbe Nacht diskutiert und waren dann Arm in Arm eingeschlafen. Sie erwarteten das Unvermeidliche. Hannes tauschte nun die Männer aus. Er nahm Hubert mit und diskutierte mit ihm ebenfalls die dramatische Situation. „Sieh mal“, sagte er, „es ist sein Zuhause, und so weh es dir auch tun wird: Es ist seine Frau. Ich mache dir einen Vorschlag: Wir haben genügend ältere Bäuerinnen im Dorf, bei denen der Mann und die Söhne gefallen sind. Die Flüchtlinge, die bei ihnen arbeiten, haben meistens keine Ahnung von Landwirtschaft. Die wären froh über deine fachkundige Hilfe, und du hättest wieder ein Heim. Dein Junge kann dich dann zu jeder Zeit besuchen. Wenn er etwas älter ist, kann er vielleicht ganz zu dir ziehen. In der LPG brauchen wir sowieso deine Hilfe. Natürlich wirst du auf Hiltrud verzichten müssen.“

Hubert hatte all dies gedanklich dutzende Male durchgespielt und nickte resigniert. Er machte sich gleich auf den Weg, um bei der alleinstehenden Bäuerin, deren Hof am nächsten lag, vorzusprechen. Sein Eigentum war schon gepackt. Er würde es von Hannes abholen lassen. Noch einmal konnte er Hiltrud nicht unter die Augen treten. Er hatte sie in den Jahren ihrer Gemeinsamkeit lieben gelernt. Es würde ihm das Herz brechen. Problematischer war es bei Hiltrud und Michel. Sie hatten solche Schwierigkeiten, die richtigen Worte zu finden. Es kam ein Satz – dann schwiegen sie wieder. Beide hatten sich sehr verändert. Hiltrud blickte voller Mitleid auf den Mann – ihren Mann – einen Fremden. Aber Mitleid kann Liebe und Zuneigung nicht ersetzen. Er sah alt aus, war schrecklich gezeichnet. Narben und Ausschlag und undefinierbare Flecken zogen über Gesicht, Hals und Arme. Den Körper wollte sie gar nicht erst sehen. Die Augen blickten trübe. Er hatte kaum noch Zähne. Dieser furchtbare Krieg, in dem sie anfangs fanatisch „jaaaa!“ gebrüllt hatten, hatte ihnen die Jugend zerstört; und sein Werk der Vernichtung würde die Deutschen und vor allem die Länder, die sie mit Krieg überzogen hatten, noch lange in Atem halten. Aber Michel wollte dableiben. Es war sein gutes Recht, und sie musste sich damit abfinden. Im Dorf hätte ihr niemand verziehen, wenn sie ihn nicht wieder aufgenommen hätte. Sie blickte auf dieses Knochengerüst und fragte sich, wie er mit der Arbeit in der Landwirtschaft fertig werden würde. Sie ahnte Schreckliches.

Die nächsten Tage zeigten, dass ihre Ahnungen begründet waren. Michel zitterte bei den einfachsten körperlichen Anstrengungen. Nur noch ein Teil seiner kaputten Lunge konnte Sauerstoff aufnehmen, was fatal für die körperlichen Arbeiten war. Wenn Hiltrud sein Ringen nach Luft, das Pfeifen der Lunge nicht mehr mit ansehen und hören konnte, griff sie zu, um ihm die Arbeit zu erleichtern. Sie wurde jedoch von ihm wütend beiseite gestoßen. War er ein Krüppel, der sich von einer Frau helfen lassen musste? Nein! Er hatte zwölf Jahre Gefangenschaft überlebt. Er würde auch das schaffen! Verbissen gab er sich die größte Mühe, schon um die Achtung und das Vertrauen seiner Frau zurückzugewinnen, aber er schaffte es nicht. Hiltrud hatte es einmal gewagt, anzudeuten, dass sie jahrelang, bevor sie Hubert kennengelernt hatte, die Schwerstarbeit auf dem Hof allein bewältigt hatte, immer mit dem Kind im Schlepptau. Da war er wutentbrannt in die Kneipe gerannt und hatte seine paar Kilo Körper voll Alkohol laufen lassen, mit dem Geld, welches sie sich für Arbeitsgeräte zurückgelegt hatten. Die Trinkkumpane schleppten ihn dann zu Hiltrud und halfen ihr, das Wrack ins Bett zu legen. Seitdem sprach er kein Wort mehr. Anfangs kam Hannes oft herüber und half, wo er konnte. Aber er war zeitlich dauernd eingespannt von der LPG, der Bauernpartei und seiner Tätigkeit als Abgeordneter. Er war froh, dass seine Jenny so tüchtig war und ihm auch unliebsame Zusammenstöße mit der Schwiegermutter weitestgehend vom Leib hielt. Als er nun mitbekam, was sich bei Michel abspielte, und er voller Besorgnis entdeckte, dass dieser sich mit Selbstmordgedanken trug, nachdem er beim Heuladen umgefallen war, kam ihm eine Idee. Michel brauchte eine Arbeit, die ihn körperlich nicht so belastete und ihn seelisch wieder aufrichtete. Er konnte ihn gut im LPG-Büro unterbringen. Michel war ja trotz allem Landwirt durch und durch, und er hatte Erfahrungen, was bei den Russen in ihren Kolchosen gut lief und bei welchen genossenschaftlichen Maßnahmen sie versagten. Als er Michel den Vorschlag mit der Äußerung, dass er als Experte im LPG-Büro dringend gebraucht wurde, unterbreitete, stieß er zunächst auf Misstrauen. Dies konnte er jedoch nach kurzer Zeit entkräften und erweckte mehr und mehr Interesse bei Michel. Dieser trat mit Hiltrud in die LPG ein, sodass das Land und das Vieh von der Genossenschaft mit bewirtschaftet wurden. Die Versorgung des Kleinviehs konnte Hiltrud allein bewältigen. Michel war jetzt oft von morgens bis in die Nacht hinein für die LPG da. Er erholte sich und gewann wieder an Selbstvertrauen, nachdem er bei seiner Arbeit erfolgreich war und geachtet wurde. Doch es gab wenige Gemeinsamkeiten mit Hiltrud. Beide lebten nebeneinander her und sprachen nur die nötigsten Worte. In der ersten Zeit, nachdem er sich durch das gute Essen kräftiger gefühlt hatte, hatte er versucht, sich seiner Frau intim zu nähern. Als er jedoch die Verkrampfung seiner Frau spürte und seine eigenen Schwächen akzeptieren musste, zog er sich zurück. Auch bei seinem Sohn, der inzwischen vierzehn war und als Vater nur Hubert kannte, gelang es ihm nicht, Nähe oder gar Freundschaft zu entwickeln. Der Kleine, der Kuckuck, entzog sich ihm völlig. Er beobachtete ihn von Weitem. Kam er ihm näher, verstummte er. Nach der Schule ging der Junge meistens auf den Hof zu Vater Hubert, wurde dort durch die alte Bäuerin verwöhnt und half ihr, wie sein Vater, in der Landwirtschaft. So blieb für Michel nur die LPG. Hier konnte er sich voll entfalten. Alle achteten ihn und fragten ihn um Rat. So langsam erholte er sich körperlich und gewann für seine Arbeit das nötige Selbstbewusstsein. Er richtete alle Sinne auf die neue Zeit, war bereit, den Sozialismus mit aufzubauen und stimmte mit in den Ruf ein: ‚Wir wollen Frieden! Nie wieder Krieg! Alle Macht dem Volke!‘ Doch das Trauma der Gefangenschaft und der seelische Kummer nagten unendlich weiter an ihm.

Im Jahr 1956, Michel war gerade ein Jahr wieder zu Hause, da mussten er und die anderen, die nach diesem schrecklichen Krieg auf ewigen Frieden gehofft hatten, eine Nachricht hinnehmen, die das Kriegsgrauen wieder auferstehen ließ. Der Radiosender

verkündete den ganzen Tag, dass die DDR die Nationale Volksarmee aufgestellt hatte. Den Kern der Armee bildete die KVP,
die Kasernierte Volkspolizei. Die Zeitungen begründeten in
Riesenaufmachungen und unendlichen Kommentaren die Notwendigkeit dieses Schrittes, als Reaktion auf den Beitritt Westdeutschlands zur NATO vor einem Jahr. Zwei mächtige Militärbündnisse, die NATO und der ‚Warschauer Pakt‘, standen sich
nun gegenüber. Dazwischen die beiden deutschen Staaten! Der
‚Kalte Krieg‘, der das Wettrüsten im Zweiten Weltkrieg bald
übertraf, schwebte als ständige Bedrohung über den Menschen.
Und die Großmächte benutzten die beiden deutschen Staaten
als Bollwerk. Während die Westdeutschen durch die Gelder der
Alliierten den Wiederaufbau beschleunigen konnten, spürten die
Ostdeutschen den Druck der Sowjets hautnah. Die Menschen,
die zum größten Teil bereit waren, alles zu tun, um einen neuen
friedlichen Staat aufzubauen, wurden mit der sozialistischen Idee
konfrontiert. Viele identifizierten sich damit, lernten die Lehren
der großen deutschen und sowjetischen Philosophen, Marx,
Engels, Lenin und Stalin, kennen und bemühten sich, danach
zu handeln. Doch es gab viele Menschen, die eine Diktatur des
Proletariats ablehnten. Da öffentliche Proteste von der deutschen
und sowjetischen Obrigkeit sofort hart geahndet wurden – man
wurde schnell zum Gesinnungslumpen, Faschist und Kapitalist
abgestempelt – entstanden zahlreiche heimliche Aktivitäten, um
dem sozialistischen Staat zu schaden: Sabotageanschläge, Verleumdungen, der Lächerlichkeit preisgeben. Jeder Rückschlag beim
Aufbau wurde in bestimmtem Kreisen hämisch diskutiert und
als eindeutiges Zeichen begrüßt, dass es mit dieser sozialistischen
‚Lotterwirtschaft‘, diesem ‚Verbrechersyndikat‘ bald vorbei sei.
Doch der sozialistische Staat wuchs und gedieh zunächst. Er war
wie ein Kind, das oft kränkelte, manchmal völlig apathisch war,
aber sich dann gestärkt aus allen Schwächen wieder aufrappelte.

Großtante Ida erschien nach langer Zeit wieder einmal zu Besuch.
Sofort spürte sie, dass zwischen Marita und den Frauen erhebliche
Spannungen waren. In einer passenden Minute zog sie Marita

zur Seite: „Die zwei Weiber behandeln dich wie Dreck. Das sieht doch ein Blinder. Du hast doch nicht etwa durch Ungehorsam ihren Ärger erregt? Endlich! Das wurde aber auch höchste Zeit! Ich habe schon immer bemerkt, dass das Kücheninventar mehr Beachtung findet als du. Was hast du ihnen angetan?“

Marita schüttete ihr Herz aus. „Es tut mir trotzdem leid, dass sie dann die viele Arbeit allein machen müssen“, beendete sie ihren Bericht.

„Es ist dein Leben. Niemand kann dich zwingen, Bäuerin zu werden. Ich befürchte nur, dass du dann von deinem Erbe nicht viel sehen wirst. Aber ich muss schon sagen, dass ich sehr beeindruckt bin von deinem mutigen Schritt, was bei deiner sanftmütigen Natur höchst erstaunlich ist. Gehe deinen Weg, und lass dich nicht unendlich ausnutzen.“

Tante Ida wollte nach Westberlin fahren, um Dinge zu kaufen, die es in der DDR nicht gab. Sie hatte jeden Pfennig, den sie entbehren konnte, beiseitegelegt und nun jemanden gefunden, der ihre Ostmark zehn zu eins in DM umgetauscht hatte. Sie bot an, Marita mitzunehmen, damit sie für die Familie auch einige Raritäten einkaufen könnte. Gleich meldete sich Lisa zu Wort und bestand darauf, mitzufahren. Nachdem Tante Ida energisch abgelehnt hatte, sie mitzunehmen, setzte Lisa ihr auseinander, was für einen Kleiderstoff sie ihr mitbringen müsse. Die Großmutter wollte eine Anzahl bestimmter Gewürze, die Mutter verschiedene Nähutensilien und der Vater Sortimente von Nägeln, Schrauben und kleineres Werkzeug.

Sehr aufregend für Marita war schon die Fahrt mit dem Zug. Die Augen gingen ihr jedoch über, als sie in Westberlin eintrafen. Sie war verwirrt über die schönen Geschäfte und das bunte Treiben. Eingeschüchtert betrat sie die mit Waren überfüllten Verkaufseinrichtungen und flüsterte fast ihre Wünsche. Die Verkäuferinnen mussten sich zusammenreißen, um nicht zu lachen, als das große, dünne, sommersprossige Mädchen mit den plumpen Herrenschuhen vor jedem Wunsch sagte: „Ham Sie …?“ „Ham Sie weißen Pfeffer?“ „Ham Sie Paprika?“ Sie wussten sofort, dass dieses Mädchen aus einem Dorf im Osten kam. Die sagten alle immer „Ham Sie?“ Die Verkäuferinnen grinsten spöttisch. Nur wenn sie auf die Haare des Geschöpfes blickten, glomm ein gewisser Neid auf.

Voll bepackt kehrte Marita wieder in ihr Dorf zurück. Sofort stürzte sich Lisa auf die Mitbringsel. Sie wickelte sich in den Stoff ein, der genau ihren Wünschen entsprach, und lief augenblicklich zu Lepi, dem inzwischen angesehenen Dorfschneider, um sich ein Kleid nähen zu lassen. Die Schönste würde sie zur ‚Kirmse‘ sein. Sie wusste genau, was sie wollte, und bestand auf ihren Wünschen, egal was Lepi vorschlug. Er schüttelte nur mit dem Kopf darüber, wie unterschiedlich doch die beiden Mädchen waren. Seine Marita konnte er nicht vergessen. Trotz ihrer Bescheidenheit hatte sie ihn immer wieder zum Lachen gebracht, und wenn ‚sie‘ ihm Stoff brächte, würde er sie besser einkleiden als die Bäuerinnen mit viel Geld. Aber Marita kam nicht. Die Mutter hatte ihr eingeredet, dass ihr karierter Rock und der Pullover vom letzten Weihnachtsfest noch so gut seien, dass es als Sonntagskleidung ausreichen würde, da sie viel zu schnell wuchs, als dass man ihr dauernd etwas Neues kaufen könne. Und Marita dachte in ihrer Bescheidenheit nicht daran, aufzubegehren.

Ausbildung in Weimar

Die Eltern und die Großmutter mussten es hinnehmen, dass Marita jetzt täglich nach Weimar fuhr, taten aber nicht das Geringste, um sie zu unterstützen. Sie hatte eine Schülerfahrkarte für die Strecke Weimar–Apolda. Von Apolda aus lief sie zu Fuß in ihr Dorf oder fuhr bei schönem Wetter mit dem Rad. Die Angehörigen gaben ihr, wie sie gedroht hatten, nichts. Trotzdem wollte sie den Ärger ihrer Familie besänftigen und half nach wie vor mit vollem Einsatz in der Landwirtschaft, abends, wenn sie heimkam und an den Wochenenden, wenn andere Mädchen tanzen gingen und Ausflüge unternahmen. Sie grübelte über Möglichkeiten nach, wie sie ihre Ausgaben, wie Fahrtkosten, Fachbücher und Schulutensilien, bestreiten könnte. Dabei entwickelte sie die Idee, den Wert bäuerlicher Naturalien zu nutzen. Und so verschwanden heimlich in ihrer alten Schultasche aus Kinderzeiten immer kleine Portionen Butter, Eier, Obst, Gemüse und Kuchen, die dann in der Schule Abnehmer fanden. Es belastete nur wenig ihr Gewissen, denn sie arbeitete ja täglich dafür.

Mit Unterstützung von Karin kam sie gut mit ihren Aufgaben an der Schule zurecht. Trotzdem war sie oft unglücklich wegen ihrer dürftigen finanziellen Misere; denn der Tausch von Naturalien gegen Geld war eine ungewisse Angelegenheit. Die meisten Mädchen waren arm und hatten selbst große Schwierigkeiten, alle Ausgaben zu bestreiten. Marita wusste, dass die Mutter und die Großmutter sie wegen ihres eigenwilligen Weges bestraften, denn in ihrer Familie war aus Maritas Sicht inzwischen Geld genug da. Wie oft hatte sie die vielen Scheine beim Verkauf von Vieh, Korn und Kartoffeln selbst in die Geldtasche des Vaters gestopft. Natürlich hatte sie mitbekommen, wie der Vater rechnete und überlegte, ob und wann er sich eine neue Maschine kaufen könne. Aber da ging es um große Summen, nicht um ein paar Mark. Das Schlimme war, dass Marita in ihrer Empfindlichkeit deutlich spürte, dass sich die anderen Mädchen der Klasse oft über sie lustig machten, weil sie noch uralte Kinderklamotten trug: ein Grinsen, wenn sie an ihr vorbeigingen – eine kurze abwertende Bemerkung – ein mitleidiger Blick. Sie lachten nicht direkt, nein, weil die sozialistische Erziehung ihnen eingetrichtert hatte, dass niemals ein Mensch nach seinem Äußeren oder nach seiner sozialen Herkunft beurteilt werden dürfe, dass materielle Werte immer zweitrangig seien. Aber das Äußere war nun einmal das, was man zuerst sah und was den ersten Eindruck sicherte. Und zu den inneren Werten hatte man meist so schlechten Zugang, weil das Äußere oft alles verdeckte oder blendete.

Weil die Ärmel an ihrem selbst gestrickten Schafwollpullover, der von undefinierbarer Farbe war, wegen Maritas rasantem Wachstum immer kürzer wurden, strickte sie Bündchen an. Ab und zu äußerte sich auch mal ein Mädchen direkt zu ihrem Aussehen. Nachdem sich Tröpfchen für Tröpfchen Verdruss in Maritas Psyche angesammelt hatte, musste es dann irgendwann zum Überlaufen kommen. Und das geschah bei einer Situation am Wochenende, als abends in der Küche die ganze Familie anwesend war. Lisa trug ihr neues Kleid und drehte sich strahlend und selbstbewusst, um bewundert zu werden, was ihr auch gelang. Das war zu viel für Marita. Sie unterdrückte ihre Hemmungen, sprang auf, hielt die Arme hoch, wies auf ihre angestrickten Bündchen, wischte mit der Hand auf den verblichenen Farben ihres Rockes herum, drehte sich ebenfalls im Kreis und äußerte mutig: „Seht, was ihr noch für eine gut gekleidete Tochter habt! Ich habe ja begriffen, dass ihr mir kein Geld für die Ausbildung gebt, weil es euch nicht gepasst hat, dass ich einen anderen Weg gehen will, als Bäuerin zu werden. Dass ihr mir aber kein Geld für Kleidung gebt, solange ich noch nichts verdiene, das kann ich nicht verstehen. Könnt ihr euch überhaupt vorstellen, wie ich verlacht werde, wie sie heimlich auf das Dorftrampel herabsehen. Es bleibt mir jetzt nichts anderes mehr übrig, als zum Direktorium zu gehen und einen Antrag auf Kleidungsgeld zu stellen, wegen katastrophaler Armut meiner Eltern, die leider nur so viel besitzen, um meine Schwester immer wieder nach deren Wünschen neu einzukleiden." Obwohl sie sich beherrschen wollte, stürzten die Tränen aus den Augen, und das aufgestaute Elend verschaffte sich Bahn. Betroffenes Schweigen! Der Vater, der sich um solche Dinge nie gekümmert hatte, weil es Weiberkram war, blickte erst erschrocken, dann voller Verachtung auf die Frauen, schüttelte mit dem Kopf, brummte böse und verließ, die Tür laut zuschlagend, den Raum.

Gleich am folgenden Montag traf sich die Mutter nach dem Unterricht mit Marita in Weimar. Sie kauften ein: Stoff für einen Dirndlrock, eine Bluse und eine Jacke mit dem gerade hochmodernen Pfeffer- und Salzmuster. Und was das Allerschönste war: Sie ergatterte tatsächlich ein Paar Damenschuhe in passender Größe. Marita weinte vor Glück. Sie eilte am nächsten freien Nachmittag zu ihrem Lepi, den sie seit Jahren nicht mehr gesehen hatte, und bat ihn, für sie zu nähen. Und Lepi, der jetzt eine neue schmucke Schneiderwerkstatt sein eigen nannte, überschlug sich fast vor Freude, als er seine Marita sah, die ihn um mehr als einen Kopf überragte, ihn aber immer noch so vertraut mit ihrem lieben Gesicht anlächelte.

„Ich nähe dir den schönsten Dirndlrock, den du je gesehen hast", versprach er ihr. „Dann habe ich noch viele Stoffreste, die Kunden bei mir zurückgelassen haben. Mal sehen, was wir daraus zaubern können!"

Er nahm Maß und fing an zu kichern, weil er daran dachte, wie er vor vielen Jahren als ärmster und verkrüppelter Flüchtling das erste Mal die kleine Marita hatte messen wollte, als diese vor lauter Angst geflüchtet war und Puppe Paula erst als Modell hatte einspringen müssen.

Als Marita dann ein paar Tage danach kam, um ihren Rock abzuholen, lagen da noch zwei wunderschöne Blusen und weitere zwei Röcke. Marita war begeistert. Doch gleich darauf verfinsterte sich ihr Gesicht. „Das werden meine Eltern nicht bezahlen. Ich durfte mir doch nur einen Rock nähen lassen."

Aber Lepi hatte mit einem Blick auf ihre alte Kleidung begriffen, wie das Mädchen vernachlässigt wurde, und beruhigte sie: „Du darfst alles behalten. Die Stoffe haben mich nichts gekostet. Und das Nähen ist für meine allererste und liebste Freundin umsonst. Ich mache dir zwar eine Rechnung für den Dirndlrock, damit deine geizige Familie noch etwas herausrückt. Das Geld darfst du aber selber behalten und dir irgendeinen Wunsch erfüllen. Verstehst du mich richtig? Du behältst das Geld, nicht deine Eltern! Ich würde mir nur wünschen, dass ich dich ab und zu einmal sehe."

Marita stand da, so gerührt, dass sie kein Wort herausbrachte. Dann stotterte sie: „Aber das geht doch nicht. Das habe ich doch nicht verdient! Ich habe dich doch nicht einmal besucht."

Lepi umarmte sie. „Du hast mir ein Stück Hoffnung und Leben gegeben, damals als ich so arm und verzweifelt nach dem Bombenangriff und der Flucht aus Dresden bei euch gebettelt habe. Das werde ich nie vergessen. Deine Familie gab mir Brot und Unterkunft. Aber ‚du' hast meine Seele gerettet. Du hast dich meiner Missgestalt gegenüber vollkommen aufrichtig verhalten und hast mir nach meinen bitteren Erfahrungen deine kindliche Freundschaft geschenkt. Nachdem meine Mutter mich verstecken musste, um meinen Tod wegen meines unwerten Lebens zu verhindern, hast du mir so viel Selbstbewusstsein gegeben, dass ich sogar erfolgreich diesen Beruf ausüben konnte und mich nicht mehr vor den Menschen verstecken muss."

Bei beiden kullerten die Tränen. Wortlos umarmten sie sich. Marita war glücklich wie nie zuvor. Sie überwand auch ihre Hemmungen beim Fordern des Geldes für die Näharbeit von Lepi und beim Behalten desselben. Lepi hatte es ihr noch einmal nachdrücklich ans Herz gelegt.

Noch voller Hochgefühl kaufte sie sich am nächsten Tag in Weimar mit Lepis Geld endlich eine richtige Schultasche und einen Regenschirm. Die alten Modelle beförderte sie, dabei eine fröhliche Abschiedsrede haltend, in den Müll. Es war noch etwas Geld übrig geblieben. Zum ersten Mal in ihrem Leben ließ sie einem Leichtsinn Raum, der ihr bisher unbekannt war. Sie setzte sich mit neuem Dirndlrock, neuer Bluse, Salz- und Pfefferjacke und den schönsten Schuhen der Welt ins „Café Resi" in Weimar und aß ein Stück Torte.

Marita und die große Liebe

Im zweiten Ausbildungsjahr konnte Marita aufjubeln. Sie erhielt 60 Mark Stipendium im Monat und konnte dadurch einen Platz in einem Internat mit Vollpension bezahlen. Nun brauchte sie nicht mehr täglich hin- und herzufahren. Ihr machte zwar ihr schlechtes Gewissen zu schaffen, weil die Eltern jetzt in der Woche ohne sie auskommen mussten. Das glich sie jedoch an den Wochenenden aus, wo sie unermüdlich ihren Beitrag in der Landwirtschaft leistete: Heu wenden und einfahren, Kartoffellesen der Knollen, die die Erntemaschine ans Tageslicht befördert hatte, Getreide auf der Tenne dreschen, Obst- und Beerenernte, Einwecken, Marmelade kochen, das Vieh füttern, auf die Weide bringen und vieles andere.

Andererseits konnte sie jetzt wenigstens in Weimar ihre Nachmittage und Abende nach dem Lernen auf angenehme Art verbringen. Sie war noch nie mit ihrer Familie spazieren gegangen. Das Wort allein erzeugte eine Leere im Gehirn. Der größte Familienausflug waren die dreihundert Meter bis zur Kirche gewesen. Marita empfand es wie ein Wunder, als sie das erste Mal den schönen, beeindruckenden Weimarer Goethepark entdeckte. Ein Gärtner, der ihr entzücktes Staunen bemerkt hatte, zeigte ihr ein paar Besonderheiten, Nischen mit Kunstwerken, den kuriosen Brunnen, der den Namen ‚Ochsenauge‘ trug, und er erzählte ihr, dass sich noch nicht alle Bäume vom Krieg erholt hatten, genauso wie die Häuser, an denen noch Einschussschäden und kaputte Mauern zu sehen waren. Der Mann, beeindruckt vom Interesse des Mädchens, berichtete bewegt, was hier vor ein paar Jahren im Krieg geschehen war und was ihn noch immer belastete, als wäre es gestern gewesen. Marita wusste nur wenig darüber, weil sie meistens aus der Küche gejagt worden war, wenn Tante Ida über das Kriegswüten in Weimar erzählt hatte. Nur einzelne, furchtbare Ausrufe des Schreckens waren im Gedächtnis haften geblieben. Jetzt waren die Menschen froh, dass alles vorbei war. Niemand wollte mehr darüber sprechen. Doch der Gärtner war froh, eine interessierte Zuhörerin gefunden zu haben.

„Kaum ein Bürger aus Weimar kann den 09. Februar 1945 vergessen. Das war der Tag, an dem wir dachten, die Welt ginge unter und die Hölle sperrt ihren Rachen auf, um uns alle zu verschlingen. Es donnerte, knallte, explodierte und pfiff. Es regnete Schutt und Asche. Ein wahres Inferno! Es waren die „Flying Fortress“, die „Fliegenden Festungen“, die Teile von Weimar völlig vernichteten. Die Alliierten wollten alle Bereiche treffen, in denen für die Rüstung produziert wurde. 19 Bombardierungen fanden statt. Ein Volltreffer landete unglücklicherweise in einem Kindergarten und riss 80 Kinder in den Tod, die sich im Luftschutzkeller befanden, der ihnen aber gegen diese Todeswaffen nichts genützt hatte. Ganze Straßenzüge wurden dem Erdboden gleichgemacht. Und auch unseren schönen Goethepark hat es getroffen. Viele der großen, uralten Bäume stehen immer noch mit ihrem Stamm und ein paar dicken Ästen als Mahnmal, weil es ihre riesigen Kronen beim Bombenhagel zerfetzt hatte. Ganze Baumgruppen waren niedergemäht worden.“

Der Gärtner zeigte ihr die Schäden, die immer noch reichlich vorhanden waren, weil die Menschen sich zuerst um die Wohnungen kümmern mussten und um das Wegräumen des Schutts. Er ging mit der aufmerksamen, wissbegierigen Schülerin bis an den Fluss Ilm und zeigte ihr den romantischen Wegaufstieg am „Nadelöhr“ und die zum Bunker ausgebauten Felsenstollen. Marita kam alle paar Wochen in den Park und beide freuten sich, wenn sie sich wiedersahen. Inzwischen war der Brunnen ‚Ochsenauge‘ zu ihrem Treffpunkt geworden. Der Gärtner zeigte ihr beglückt die kleinsten Veränderungen und machte sie auch auf Tiere aufmerksam.

Jede freie Stunde nutzte Marita, um Weimar und Umgebung zu entdecken. Sie besichtigte die Gedenkstätten von Goethe und Schiller, die man zum Teil schon wieder mit der ausdrücklichen Befürwortung der Sowjets mühsam instand gesetzt oder neu aufgebaut hatte. Und was das Allerschönste war: Sie konnte jetzt von der Schule ein preiswertes Theaterabonnement erwerben und sich einmal im Monat von der Muse küssen lassen. Das Stipendium reichte zwar nicht, um diese Ausgaben sowie den Erwerb von Fachbüchern zu bestreiten, aber Marita versorgte Lehrer und Schülerinnen nach wie vor mit Naturalien, die sie zu Hause entwendet hatte. Von den 60 Mark Stipendium zahlte sie jetzt 45 Mark monatlich für Vollpension in der Mensa im Restaurant „Elefantenkeller".

Marita blühte auf. Heftige Schmerzen in der Brust kündigten nun auch das Wachstum ihrer weiblichen Attribute an. Ihr Körper rundete sich. Niemand lachte mehr über sie. Während im ersten Jahr ihre Größe und ihre Hemmungen dazu geführt hatten, dass sie sich durch eine geduckte Haltung klein und unsichtbar machen wollte, trug sie jetzt den Kopf aufrecht und den Körper gestreckt. Einmal im Monat ging sie mit den anderen Mädchen ins „Café Resi" zum Tanzen. Sie erlebte zunächst erstaunt, dass Männer sie begehrten. Aber manchmal brach ihr Selbstbewusstsein wie ein Kartenhaus wieder zusammen, wenn sie zum Tanzen aufgefordert wurde. Wenn sie ihre langen Beine unter dem Tisch verborgen hatte, konnte man ihre Größe nicht erkennen. Und es passierte immer wieder, dass sie an einen viel zu kleinen Tanzpartner geriet, der genauso erschrocken war wie sie, wenn sie sich zu voller Größe aufgerichtet hatte. Die Tanzrunde war dann wahrhaftig kein Vergnügen. Es gab aber auch kleine Männer, die geradezu erpicht darauf waren, mit so einem großen Mädchen zu tanzen. Mit der Zeit wurde ihr bewusst, dass sie beobachtet wurde. Ein Musiker der Studentenkapelle aus der Weimarer Musikhochschule, der sich im Café „Resi" wie viele andere etwas zum Stipendium hinzuverdienen wollte, verschlang sie mit den Augen. In den Pausen kam er zu ihrem Tisch, um sich mit ihr bekannt zu machen, doch als sie seine Absichten erkannte, flüchtete sie auf die Toilette und blieb dort so lange, bis die Kapelle wieder spielte. Sie konnte ihre Hemmungen nicht überwinden. Viel zu tief saßen die Stacheln ihrer Kindheit, die von Männern verursacht worden waren, wie dem Nazi-Gauleiter Sauckel, dem Ortsgruppenleiter Brinner,

den Russen und Amerikanern, die Haus und Hof überfallen
hatten! Alles Männer! Inzwischen hatte sie auch bessere männliche Vertreter kennengelernt wie ihren Vater, Bauer Jörg und
besonders Lepi; doch sie misstraute Männern nach wie vor. Der
junge Musikstudent hatte sich jedoch in eine Verliebtheit hinein-
gesteigert, die nicht zu bremsen war. Diese rothaarige, weißhäutige
Muse beflügelte sein ganzes Tun. Er hatte erkundet, dass seine
Angebetete im Weimarer Schloss studierte, und hatte herausgefunden, wo das Internat war, in dem sie wohnte. So machte er
sich jetzt zweimal in der Woche vor dem Unterricht auf und be-
scherte ihr ein musikalisches Ständchen mit seinem Cello auf der
Straße vor ihrem Internat. Ihre Zimmerkameradinnen jubelten auf
und stürzten, einige noch im Nachthemd, an das Fenster. „Wie
romantisch!", flüsterten sie, winkten ihm und wollten Marita
ans Fenster ziehen. „Machen wir's den Schwalben nach – bau'n
wir uns ein Nestchen …", sang er voller Inbrunst. Und der verliebte Musikant blickte an der Fensterreihe entlang, um die Angebetete zu entdecken und sie durch eine Verbeugung und Kuss-
händchen auszuzeichnen, doch ausgerechnet sie ließ sich nicht
blicken. Ihre Studienkameradinnen äußerten sich von fasziniert
bis höchst belustigt.

Der verliebte Sänger hielt lange durch. Die Mädchen lauerten
schon auf seine Darbietungen und standen sogar zehn Minuten
eher auf, damit sie nicht im nächtlichen Flatterhemd am offenen
Fenster lauschen mussten. Das Repertoire des jungen Mannes war
sehr abwechslungsreich, sodass sich jede von ihnen angesprochen
fühlte von der unbeschreiblichen Romantik und in Liebesgefühlen
schwelgte. Viele Mädchenseufzer schwebten zurück, und auch
ein Mitsummen und Singen bei bekannten Melodien. Und als
der Musikus eines Tages sang:
Keine Angst, ich bin kein Schwerenöter.
Keine Angst, ich bin kein Frauenheld.
Ich bin nur ein armer Jazztrompeter,
mit viel Herz und wenig Geld;
da klatschten die Mädchen begeistert und warfen von ihrem
wenigen Stipendium ein paar Münzen zu ihm hinunter. Doch das

konnte ihn nicht erfreuen. Nur ein klägliches Lächeln schickte er nach oben, denn sie, der er seinen Vortrag widmen wollte, war nicht dabei.

Marita war schüchtern. Im Mittelpunkt zu stehen war eher eine Belastung als eine Freude für sie. Sie schwieg und ließ ihren Verehrer leiden, bis er es nach einigen Wochen aufgab, mit seiner Musik ihr Herz zu erweichen.

Ein zweiter Verehrer tauchte auf, als sie ein Praktikum in der Stadt Greiz absolvierte. Ihm gestattete sie zumindest, sie von ihrem Praxiskindergarten bis in ihre Pension zu begleiten. Der Höhepunkt während der vier Wochen war ein Kinobesuch; und dabei war es tatsächlich zu einem Händchenhalten gekommen. Es war das erste Mal, dass sie die Adresse mit einem jungen Mann tauschte – leider gab sie ihm ihre Heimatadresse an, um der Neugierde ihrer Klassenkameradinnen zu entgehen. Doch es gab auch andere Neugierige, was sie aber in ihrem menschlichen Grundvertrauen nicht ahnte. Als sie dann am nächsten Wochenende nach Hause in ihr Dorf kam und ihre Post entgegennahm, bemerkte sie bei dem Brief ihres Verehrers, dass der Umschlag Risse hatte, die stümperhaft zusammengeklebt waren. Um sich das ein für alle Mal zu verbitten – so viel Mut hatte sie inzwischen – eilte sie in die Küche, um sich zu beschweren. Die Großmutter, die diesmal ein reines Gewissen hatte, blickte sofort auf Lisa. Diese leugnete es zunächst, sagte dann aber vorwurfsvoll: „Mach da doch kein Staatsdrama draus. Ich wollte doch nur wissen, wie man einen Liebesbrief schreibt. Was ist denn schon dabei?! Habt ihr euch auch schon geküsst oder sogar das Eine gemacht?"

Am liebsten hätte Marita ihre Schwester geohrfeigt.

„In Zukunft wird kein Brief, der an mich gerichtet ist, geöffnet!" Mit diesen Worten stürzte Marita hinaus. Da sie dem Frieden nicht traute, gab sie jetzt allen Bekannten immer nur ihre Internatsadresse an. Die Mädchen waren zwar auch neugierig, rätselten beim Lesen des Absenders und machten freche Bemerkungen, aber geöffnet wurden die Briefe nie.

Marita war neunzehn Jahre alt geworden. Das Kirchweihfest begann. Schon am Morgen zogen Burschen und Mädchen von Gehöft zu Gehöft und ließen sich mit Geld, Getränken und Gebäck beschenken. Die jungen Burschen hatten Mützen mit bunten Bändern auf und zogen voraus. Die jungen Mädchen waren mit bunten Schürzen und Bändern an den Hüten geschmückt und liefen den Burschen hinterher. Als sie beim Hof von Hannes ankamen, stand Lisa in ihrem neuen Kleid da. Sie lachte, schwenkte ihre Hüften und musterte verwegen die jungen Burschen. Als Marita herauskam, zeigte Lisa auf einen jungen Mann und sagte: „Den will ich haben." Marita lachte sie aus und verriet ihr, dass das der Verlobte ihrer Freundin Karin sei. „Den will ich haben!", rief die Dreizehnjährige noch einmal. „Und den bekomme ich auch!"

Marita tippte sich spöttisch an die Stirn. Sie schlossen sich den Jugendlichen an und gingen mit ihnen bis in das Kulturhaus.

Hier fand im großen Saal bereits ein lustiges Treiben statt. Die Dorfkapelle spielte auf. Die Burschen schwenkten die Mädchen herum und luden sie zum Biertrinken ein, einige mit dem Hintergedanken, die Laune der Hübschen zu verbessern und sie ein wenig gefügiger zu machen.

Nach und nach füllte sich auch die Galerie, auf welchem sich vorwiegend die älteren Frauen niederließen, die sich kaum noch erinnern konnten, warum sie selbst einmal versessen darauf gewesen waren, das Tanzbein zu schwingen. Man kam über eine Treppe eine Etage höher, wo Tische und Bänke standen und wo man einen ausgezeichneten Blick auf den Saal hatte. Nun richteten sich die Blicke der Frauen auf die Tanzenden, auf die Bar und auf alles, was rundherum geschah. Nichts entging ihren forschenden Augen. Einige wären aufgrund ihrer scharfen Beobachtungen mit Sicherheit in der Lage gewesen, die Hochzeiten und Geburtenraten für das kommende Jahr vorauszuschauen. Auch Oma Alma hatte sich aufgerafft, sich ein wenig herausgeputzt und alle Schwierigkeiten in Kauf genommen, um auf die Galerie zu gelangen. Schließlich galt es, zwei Enkeltöchter zu überwachen und notfalls vor Gefahren zu retten. Den Eltern schien es ja egal zu sein. Die hatten ja nur noch ihre Genossenschaft im Kopf.

Wohlweislich hatte Alma ihre Scham überwunden und war mit ihrem Krückstock gekommen, auf den sie bisher beim Einkauf oder beim Kirchgang verzichtet hatte, um den alten Klatschbasen keinen Anlass für Gerede zu geben. Sie hatte bei jedem notwendigen Gang Jenny oder eine ihrer Enkelinnen genötigt, sie unter dem Arm zu fassen, um sie zu stützen.

Heute musste der Stock notgedrungen seine Premiere erleben. Alma hatte keine Hemmungen und fühlte sich noch stark genug, einem allzu aufdringlichen Verehrer ihrer Mädchen mit dem Stock ein paar überzuziehen, es sei denn – der Verehrer wäre ihr genehm. Dann würde sie schon mal ein Auge zudrücken. Und jetzt sah sie etwas – beim Himmel! –, das war ihr so genehm, dass sie jetzt sogar zwei Augen zudrücken wollte! Aber dann würde sie ja nichts sehen. Und so ging ihr das Herz auf, als Bauer Jörg Marita zum Tanzen aufforderte und er sie anstrahlte, als sie mit ihm tanzte. Almas Herz jauchzte und überschlug sich. Und im Stillen gab sie dem unbeholfenen Jörg heiße Ratschläge, wie er es anstellen sollte, ihre Marita herumzukriegen. Schnell bekreuzigte sie sich, weil sie gedanklich so weit gekommen war, Jörg sogar zu empfehlen, ihr ein Kind zu machen. Das hatte schließlich immer geholfen, eine Ehe zustande zu bringen, auch wenn das Mädchen anfangs ausgesprochen störrisch war. Als Alma sah, dass Jörg Marita mit an die Bar nahm und beide mit einem Strohhalm ein Mixgetränk schlürften, war sie so freudig erregt, dass sie das Geländer umklammerte und sich ihr Gesicht rötete, als hätte sie einen Sonnenbrand. Die Nachbarin fasste besorgt nach ihr. „He, Alma, was fehlt dir? Soll ich dir ein Wasser holen?"

Alma hatte sich gefasst. Am liebsten wäre sie nach Hause zu Jenny geeilt, um die frohe Botschaft zu verkünden und bereits Pläne für die Hochzeit zu schmieden. Sie sammelte sich und sah wieder nach unten. Es war nicht schwer, ihre Mädchen zu verfolgen. Die Länge und die roten Haare der einen und das freche Gebaren der anderen erwiesen sich als gut sichtbar in der sich wälzenden Masse der Tanzenden. Die Nachbarin stieß sie wieder an und wies auf Lisa: „Deine Kleine hat ja Feuer im Arsch! Wie die die Burschen anlacht, den Hintern schwenkt und ihre kleinen

Titten zeigt! Auf die wirst du aufpassen müssen! Die hat doch jetzt schon eine heiße Pfanne!"

„Ach, um Lisen ist mir nicht bange! Die kommt mit ihrer Dummheit durch!" Alma suchte wieder Marita. Sie saß immer noch mit Jörg an der Bar. „Mein Gott!", dachte Alma erbost. „Was reden die denn dauernd? Sollen sie tanzen, sich drücken und küssen, als stundenlang zu palavern! Dazu haben sie noch genug Zeit. Neunzehn Jahre ist die nun und hat ein Temperament wie eine Auster."

Jetzt hatte die Kapelle ‚Damenwahl‘ verkündet. „Jetzt hole ihn dir", spornte Alma im Stillen ihre Marita an. „Zeig, dass du genauso viel Pfeffer im Leib hast wie deine Schwester!" Doch wo war sie denn? Natürlich! Auf das Klo war es enteilt, das feige Ding! Und Lisa? Wen hatte die sich zum Tanzen geholt? Das war doch der Martin. Aber der war verlobt mit Karin, der Freundin von Marita. Alma schnappte nach Luft – so intensiv, dass die Nachbarin wieder erschrocken nach ihr sah. Alma zwang sich zur Ruhe. Sie wollte kein Aufsehen erregen, aber was ihre Enkelinnen ihr zumuteten, war die Höhe. Doch so wahr, wie sie Alma hieß: Das hatte ein Nachspiel. Ihre Hände umkrampften den Stock neben ihr, und sie musste sich zügeln, nicht hinunterzusteigen, um die beiden zu verprügeln. Sie hatte inzwischen mitbekommen, dass Jörg beim nächsten Tanz immer noch an der Bar saß und finster in sein Glas starrte. Marita tanzte indessen mit einem Kerl, den Alma nicht kannte. Sie beugte sich so weit über das Geländer, dass die Gefahr eines Absturzes bestand und die Nachbarin sie vorsichtshalber festhielt, so intensiv beäugte Alma Maritas Tänzer. Wo kam der her?! Das war kein Bauernjunge aus dem Dorf. Das war überhaupt kein Bauernjunge! Und irgendwie wirkte er ärmlich; das sah sie gleich. Aus der Hose war er herausgewachsen, denn man sah die Socken bis zum Bund. Das Hemd war verwaschen und abgenutzt, und wenn er die Arme um Marita legte – verflucht sollte er sein! – sah sie, dass sein Hemd in der Ellenbogengegend geflickt war. Und die Schuhe waren, wie sie zu erkennen glaubte, total abgelatschte Treter, die bereits mehrere Generationen älterer Geschwister getragen haben mussten. Sie fragte die Nachbarin, doch ihr war er ebenfalls unbekannt. Der Bursche himmelte Marita an und brachte sie sogar zu einem Lächeln. Die Ausdauer der Großmutter war erschöpft. Enttäuschung und Zorn brodelten in ihr. „Ich glaube, du hast recht", wandte sie sich an die Nachbarin. „Ich scheine krank zu werden. Ich gehe nach Hause und lege mich ins Bett."

Die Nachbarin setzte ein mitfühlendes Gesicht auf, nickte und dachte: „Ich glaube, ich weiß, was dir fehlt – nämlich ein Schwiegerenkel, den ‚du' ausgesucht hast."

Alma humpelte, so rasch sie konnte, nach Hause, um Jenny die ganze Misere zu berichten. Sollte die sich doch endlich einmal um ihre Töchter kümmern. Alles überließ sie immer Alma. Seit sie in dieser Genossenschaft waren, tat Jenny, als sei sie dort der wichtigste Mensch und als ginge es ohne sie nicht. Kein Wunder, wenn der Herr Schwiegersohn, dieser Verräter, jetzt der Vorsitzende dieser Kolchose war. Und dann hatte sie mitbekommen, dass Hannes auch noch in der Bauernpartei war und als Bezirkstagsabgeordneter etwas zu sagen hatte. Dieser verfluchte Dahergelaufene! Sie hatte ihn schließlich mit aufgepäppelt, als er verlaust, verwanzt und ausgehungert aus der Gefangenschaft zurückgekommen war. Wie wichtigtuerisch sie jetzt auftraten, als ob die Bauern früher alle stumpfsinnige Trottel waren. Alma griff an ihre Kette, das einzige Andenken, das sie noch an ihren verstorbenen Mann hatte, und dachte wehmütig: „Sei froh, dass du das nicht mehr miterleben musst. Es hätte dir das Herz gebrochen." Jeden Tag, wenn das Abendbrot gemeinsam eingenommen wurde, gab es Diskussionen, die stets im Streit endeten und wo Alma trotz der Anwesenheit ihrer Enkeltöchter Schimpfwörter gebrauchte, die in die Gosse gehörten, Schimpfwörter, deren Anwendung sie selbst bisher nur dem menschlichen Abschaum zugeordnet hatte. Mit tiefstem Abscheu hätte sie sich abgewandt, wären von anderen solche Missklänge an ihr Ohr gelangt. Aber in ihrer Dauererregung war ein Beherrschen nicht mehr möglich. Als ob sie die Landwirtschaft erfunden hätten, wussten Tochter und Schwiegersohn jetzt alles besser und grinsten spöttisch über Almas lebenslange Erfahrungen. Zu schade, dass sie den Hof

Jenny gleich nach dem Krieg überschrieben hatte. Jetzt hatte sie fast keinen Einfluss mehr auf das Geschehen. Ihr blieb nur noch der Protest. Das einzig Gute war, dass die LPG-Mitglieder Kleinvieh, ein Schwein und eine Kuh im Hof zur eigenen Verwertung aufziehen konnten und dass sie Futtermittel bekamen.

Alma war viel zu aufgewühlt, als dass sie hätte schlafen können. Sie beschloss, so lange zu wachen, bis die Mädchen heimkamen. Das sollte um zwölf Uhr sein. Bei Lisa wusste sie, dass es sowieso sinnlos gewesen wäre, die Ausgehzeit auf zehn Uhr zu begrenzen, weil sie sowieso nicht gehorchte und Alma sich diesen Auseinandersetzungen kaum noch gewachsen fühlte. Und ihr lieber Schwiegersohn – Gott möge ihn seine Sünden schon auf Erden büßen lassen, damit sie, Alma, sich daran weiden konnte – dieser Verräter, dem die Russen in der Gefangenschaft bestimmt eine Gehirnwäsche verpasst hatten, der kümmerte sich um nichts, weil er nur dauernd darüber beratschlagen musste, wie man in der Kolchose mehr Ertrag erwirtschaften konnte. Alles andere war für ihn Weiberkram. Marita war zwar volljährig, aber Alma war überzeugt, dass sie, so lange sie keinen Mann ihr Eigen nannte, zu gehorchen hatte. Das war schon immer so, und an dieser Tradition würde sie festhalten.

Und Alma wartete. Als die festgelegte Zeit näher rückte, setzte sie sich im Nachthemd ans geöffnete Fenster und starrte in die Dunkelheit. Nichts! Wut stieg in ihr auf. Die ganzen Jahre hatte sie sich gerühmt, gut erzogene Enkelinnen zu haben, hatte immer nur spöttisch gegrinst, wenn andere über ihren missratenen Nachwuchs gezetert hatten. Aber das hier schlug dem Fass den Boden aus. Trotz der abendlichen Kühle wollte sie nicht vom Fenster weichen. Sie wickelte sich ein Tuch um die Schultern und bezog erneut ihren Lauschposten. Ein paar Mal hatte sie der Schlummer übermannt. Ihr Genick hatte sich bereits schmerzhaft verzogen und der Rücken tat ihr weh. Die Beine wollten gar nicht mehr gehorchen. Aber eisern blieb sie sitzen und wartete. Das sollten ihr die vermaledeiten Gören büßen!

Es war vier Uhr morgens, als ihre Kraft erschöpft war und sie sich mühsam erhob. Doch dann vernahm sie weibliches Gekicher,

Geraschel und eine Männerstimme. Ein unmäßiger Zorn stieg in Alma hoch und beflügelte erneut ihre Kräfte. Sie schnappte sich den bereitstehenden Teppichklopfer und humpelte trotz höllischer Schmerzen die Treppe hinunter bis zur Haustür. Hier blieb sie lauernd stehen. Die Tür ging auf, und Lisa erschien trällernd, die Haare zerzaust und das neue Kleid verschmutzt. Alma hob den Teppichklopfer, verzichtete trotz ihrer Wut nicht auf einen Spruch und rief: „Wenn's dem Esel zu wohl ist, geht er aufs Eis tanzen!" Dabei drosch sie auf Lisa ein, die zunächst so erschrocken war, dass sie nicht reagieren konnte. Dann entwand sie sich dem Zugriff der Großmutter und rannte schreiend durch das Haus. Sie stürzte in ihre Kammer und verriegelte sie. „Wo ist deine Schwester?", brüllte Alma. „Die kommt auch noch dran!"

Sie starrte durch die Finsternis und entdeckte tatsächlich zwei Schatten am Gartenzaun. Die Wut verlieh ihrem altersgeschwächten Körper neue Kraft. Sie schwang drohend ihr Tatwerkzeug in der Absicht, den unbekannten Galan gleich mit zu verdreschen, vor allem, wenn es der abgerissene Schurke war, den sie beim Tanzen begutachtet hatte. Marita wich erschrocken zurück, als sie die Furie auf sich zustürzen sah. Doch ihr Begleiter stutzte nur einen Augenblick. Er stammte aus einer kinderreichen Familie und musste immer mit Bedrohungen rechnen. Das hatte seine Sinne geschärft. Er begriff sofort und entriss Alma kühn die Waffe. Er warf den Teppichklopfer auf die Erde, trat darauf und zerbrach ihn mit einer kräftigen Armbewegung. Alma konnte gar nicht fassen, was hier geschah. Ihr schöner Teppichklopfer, ein gut erhaltenes Vorkriegsmodell, hatte zwar schon etwas ramponiert ausgesehen, genügte aber bisher allen Ansprüchen beim Teppichklopfen, bis hin zum Verprügeln von Kindern und Hunden. Und nun hatte dieser Mädchenschänder ihn mir nichts, dir nichts zerbrochen. Sie brüllte, so laut ihre Altweiberstimme es zuließ, und ging mit Fäusten auf den Feind los. Auf das mehrfache Geschrei hin waren die Eltern der Mädchen, gewaltsam aus dem Schlaf gerissen, in den Hof geeilt, Jenny im Nachthemd und Hannes splitternackt. Als Alma, jetzt schon außer sich und nach Luft ringend, diesen Schock, einen nackten Mann auf sich zustürzen zu sehen, auch noch über sich ergehen lassen musste, war ihre Widerstandskraft gebrochen, und sie sank zu Boden.

„Mein Gott", brummte Hannes belustigt, „ich habe zwar viele Narben, aber so hässlich bin ich doch auch wieder nicht, dass sie gleich davon in Ohnmacht fallen muss."

Jenny warf ihm einen vernichtenden Blick zu. „Trag' sie rein!", befahl sie. Und Hannes gehorchte, nicht ohne sich weiter darüber lustig zu machen – aber nur ganz im Geheimen – dass es ein schönes Bild abgeben würde, wenn man ihn nackt mit seiner Schwiegermutter auf dem Arm fotografieren würde. Dann würde er, wenn Alma mit ihm zeterte, das Bild unter ihre Nase halten und sie hoffentlich immer gleich zum Verstummen bringen. Ach, wie würden sie in der Kneipe darüber lachen, wenn er diese Story erzählte! Seine Frau riss ihn gefühllos aus den Wunschträumen. Er musste Alma aufs Bett legen. Dann wurde er aus der Kammer gescheucht. Sobald er außer Reichweite war, lachte er, bis ihm der Schweiß ausbrach. Da fiel ihm ein, dass er sich ja noch um den eigentlichen Anlass von Almas Zusammenbruch kümmern musste: um seine ‚Große', im wahrsten Sinne des Wortes. Hatte sie es tatsächlich fertiggebracht, sich mit einem Kerl einzulassen? Mit Sicherheit war es nicht Jörg, denn dann wäre Alma ins Haus geeilt und hätte beiden das Bett gerichtet. Als Hannes sich eine Hose übergezogen hatte – er wollte nicht noch einmal eine Frau in Ohnmacht fallen sehen – sah er, dass der junge Mann bereits verschwunden war und Marita der Mutter half, Alma wieder zum Leben zu erwecken. Da diese eiskalt war, füllten sie ein paar Wärmflaschen und legten sie auf Almas Körper. Marita massierte ihre Beine. Jenny holte die große Flasche Franzbranntwein, die griffbereit dastand, öffnete sie und hielt sie ihrer Mutter unter die Nase. Weil seine Frau ihn gar so vorwurfsvoll ansah, holte Hannes schweren Herzens das neue Getränk, dass die Russen bei den verschiedenen Treffen und Feiern so hemmungslos kreisen ließen: Wodka. Er opferte ein Glas davon und sie träufelten es der armen Alten in den Mund. Und es geschah ein Wunder. Alma schlug die Augen auf, was Hannes veranlasste, sofort zu flüchten. Reflexartig ergriff er die Wodkaflasche. Die Wiederauferstandene fasste sich an die Brust und spürte eine noch nie so empfundene angenehme Wärme. „Was war das für eine Medizin?", erkundigte sie sich und besann sich dabei, einen bitterbösen Blick auf Marita zu werfen. Diese tat es ihrem Vater gleich und verschwand schleunigst. Alma verlangte noch einen Schluck der Medizin, aber Jenny sah, dass die Flasche verschwunden war. Sie eilte zu ihrem Mann in die Schlafkammer und forderte ihn auf, den Wodka herauszurücken. Er weigerte sich und behauptete, das würde ihre Mutter umbringen: der Alkoholgehalt und die Tatsache, dass es ein Produkt der Russen war. Doch Jenny wollte sich durchsetzen. Sie drohte ihm mit mancherlei Dingen, die ein Mann nicht so gerne hört. Als sie dazu überging, ihre Bettdecke aus der Kammer zu schaffen, lenkte er sofort ein und goss schweren Herzens seinen Zahnputzbecher halb voll, bevor er die Flasche wieder sicher verstaute.

Jenny überreichte ihrer Mutter den Becher. Diese schüttete ihn unter heftigem Luftholen in den Schlund, ließ ein zufriedenes „Aaa" hören, sank in die Kissen und begann sofort friedlich zu schnarchen.

Marita saß unterdessen in ihrer Kammer vor dem kleinen Spiegel, den ihr Tante Ida geschenkt hatte und den sie immer vor Lisa verstecken musste.

Zum ersten Mal sah sie sich gerne an, was natürlich mit dem jungen Mann zusammenhing, der sie nach Hause begleitet hatte. Sie ließ den Abend noch einmal im Geiste vorüberziehen. Endlich hatte sie mit Bauer Jörg, ihrem seit langem werbenden Nachbarn, klare Verhältnisse geschaffen. Er war sehr enttäuscht gewesen, hatte er doch immer angenommen, ihre Unnahbarkeit und ihr Flüchten bei seinem Erscheinen wäre mädchenhafte Scheu. Nun musste er begreifen, dass sie keine gemeinsame Zukunft hatten. Er war vernünftig und würde darüber hinwegkommen. Dann hatte sich sehr intensiv ein junger Mann um sie bemüht, den sie nicht kannte. Er hatte sich stets beeilt, sie zu jedem Tanz zu holen, nicht viel geredet und sie aus blauen Augen nur bewundernd angestrahlt. In einer einfachen netten Art hatte er sie angesprochen: „Du gefällst mir so sehr. Ich möchte dich gerne richtig kennenlernen." Das war neu und schön. Wenn sie überhaupt einmal einen männlichen Kommentar hörte, dann war es nur stümperhaftes, verlegenes Gestotter oder eingeübtes, immer wieder angewandtes, abgedroschenes Gequatsche. Die Mädchen im Internat hatten die dummen Sprüche der Männer untereinander ausgetauscht und festgestellt, dass sie sich alle glichen. Das hatte zur allgemeinen Schlussfolgerung geführt, dass es nur dumme Floskeln waren. Anders war es bei ihrem Tänzer. Was er fast schüchtern hervorgebracht hatte, klang gefühlvoll und ehrlich. Als um ein Uhr nachts das Fest zu Ende war, hatte sie sich ein paar anderen Mädchen angeschlossen, die in einem Bauernhof noch ein wenig weiter feiern wollten. Sie hatten Kaffee gekocht, die Reste vom Kirmeskuchen gegessen, ein paar Schmalzbrote geschmiert und sich lachend ihre Erlebnisse erzählt. Dabei hatte Marita auch erfahren, wer ihr Tänzer war. „Der ist aus dem Nachbarort, aus einer kinderreichen Familie. Alles Jungs", hatte sie ein Mädchen informiert, das unendlich viele Leute kannte.

„Na, wer weiß, ob ich den jemals wiedersehen werde", hatte Marita gedacht. „Er war ja ganz nett, quatschte nicht so dümmlich herum wie andere und war auch nicht so aufdringlich."

Die Jugendlichen hatten gegessen, gelacht und getrunken. Sie hatten sich über den einen oder anderen Verehrer lustig gemacht.

Kurz vor vier Uhr morgens waren sie erst aufgebrochen. Marita war erschrocken. Sie war zwar volljährig und durfte sich vergnügen, so lange sie wollte, aber sie wusste, dass das Vieh auch nach einer lustigen langen Nacht früh versorgt werden musste. In zwei Stunden würden sie schon um ihr Futter brüllen. Es waren ja nur noch die Enten, Hühner, Gänse, Kaninchen, das Schwein und die eine Kuh. Trotzdem war es viel Arbeit. Mit langen, schnellen Schritten war sie dem heimatlichen Hof zugestrebt. An der Brücke angekommen, war sie kurz zusammengeschreckt. Ein Schatten hatte sich am Pfeiler gelöst und war auf sie zu zugekommen. Sie hatte ihren Tänzer erkannt, der stundenlang in der Finsternis ausgeharrt und sie dann gebeten hatte, sie noch das restliche Stück begleiten zu dürfen. Sie hatte abgewehrt: „Ich habe es ganz eilig. In zwei Stunden muss ich schon wieder beim Viehfüttern helfen."

„Ich würde dir ja gerne unter die Arme greifen; aber ob das wohl deiner Familie gefällt? Es behagt mir sowieso nicht, dass ein Mädchen wie du so schwer arbeiten muss. So etwas muss auf Händen getragen werden."

„Nun fange du nicht auch noch mit dem unerträglichen Gesülze an, wie die meisten Kerle. Das glaubt sowieso keiner."

„Wenn du wüsstest, wie ernst es mir ist. Ich kann mir zwar noch nichts leisten, weil ich gerade erst ausgelernt habe; und ich stamme aus einer armen Familie mit vielen Brüdern. Aber ich werde arbeiten und viel Geld verdienen. Dann komme ich, um dich zu holen – wenn du dich holen lässt. Aber vorher möchte ich dich ganz oft sehen und näher kennenlernen. Gibst du uns eine Chance? Oder will ein Bauernmädchen mit so einem armen Schlucker, der ich zurzeit noch bin, nichts zu tun haben?"

„Wenn du glaubst, dass ich bisher mehr Geld als du mein Eigen nenne, bist du auf dem Holzweg. Ich habe bald meine Ausbildung beendet. Dann bekomme ich zum ersten Mal selbst verdientes Geld in die Hand und bin nicht mehr von meinen, ich will mal sagen, ,sparsamen' Eltern abhängig."

Die beiden waren schon kurz vor dem Hof gewesen, als Almas Geschimpfe und Lisas Schreien an ihr Ohr gedrungen war. Höchst erschrocken hatten sie dann Alma erneut auftauchen sehen und erlebt, wie sie bedrohlich den Teppichklopfer in ihre Richtung geschwungen hatte. Und dann der nackte Vater, mit der Großmutter auf dem Arm! Das konnte einen Verehrer aber beeindrucken! Marita konnte nicht mehr feststellen, wie gefesselt ihr Begleiter von diesem Schauspiel war, weil sie sich um Alma gekümmert hatte. Es war peinlich; sie hätte versinken mögen. Nun war alles sowieso vorbei. Gewiss hatte er entsetzt die Flucht ergriffen. Nicht einmal verabschieden konnten sie sich. Schade war es trotzdem. Sie hätte es Mutter und Großmutter gegönnt, in der Angst zu schweben, dass sie sich mit einem armen Schlucker abgeben würde.

Der junge Verehrer hatte sich jedoch von dem Familienauftritt nicht abschrecken lassen. Immer wieder grinsend über das eben Vorgefallene, lief er in Richtung seines Dorfes. Er hatte ein

festes Ziel, das er sich nicht nehmen lassen würde. Und dieses Ziel
hieß Marita. Heimlich hatte er Erkundungen eingezogen und
mit Genugtuung erfahren, dass dieses Bauernmädchen keinesfalls gewillt war, sich ihren Eltern in der Landwirtschaft unter-
zuordnen, sondern ihren eigenen Weg ging. Und was Familien-
katastrophen betraf: Was er mit seinen fünf Brüdern auszufechten
hatte, war auch nicht ganz ohne. Da flogen manches Mal die Fetzen.
Und seine Mutter war zwar die Güte in Person, führte aber notgedrungen ein eisernes Regiment. Sie scheute auch nicht davor
zurück, ihr Machtwort mithilfe eines noch nicht klein gehackten
Holzscheites zu bekräftigen, wenn ihre männliche Brut ausartete
und die Hormone sie zu Machtkämpfen trieben. Das alte Gesetz
des Überlebens durch Kampf um die Vormachtstellung ihrer sechs
jungen Männer setzte sie ungeniert außer Kraft. Und bei den
älteren der Söhne kam jetzt auch noch das Brunftverhalten dazu,
welches sie dazu bewog, sich noch toller, größer und männlicher
zu fühlen. Der junge Mann schmunzelte. So leicht konnte man
ihn nicht verprellen. Das bittere Leben hatte ihn hart gemacht,
der Hunger, so widersinnig es klingen mag, hatte ihn gestärkt.
Ohne etwas zu überstürzen, ging er zielstrebig ans Werk. Bald
hatte er herausgefunden, dass seine Angebetete die Woche über
in Weimar blieb. Und an manchem Spätnachmittag begab er sich
nun ebenfalls in die Klassikerstadt, beobachtete seinen Augenstern
und näherte sich ihr Stück für Stück. Beruhigt stellte er fest, dass
keine Konkurrenz in Sicht war. Dann ergab sich eine wundervolle Gelegenheit, seine Absichten zu beschleunigen. Marita, die
jetzt durch die Abschlussprüfungen wenig Zeit zum Bummeln
gehabt hatte, wollte endlich wieder einmal den Weimarer Park
aufsuchen. Heimlich folgte ihr der Verehrer. Doch auf einmal
schienen seine ganzen Wunschträume wie ein Kartenhaus zusammenzubrechen. Seine rote Fee traf sich mit einem Mann. Sie
setzte sich neben ihn auf eine Bank. Die beiden wirkten wie Vertraute, scherzten und lachten miteinander. Gefühle der maßlosen
Enttäuschung, Wut und Trauer ließen den jungen Verfolger ins
Gras sinken. Also hatte sie doch einen anderen. Alles war umsonst
gewesen. Er hatte sich bei einem Freund Geld geliehen, um sich

ein ordentliches Hemd kaufen zu können. Er nahm nach Feierabend jede Hilfsarbeit an, die ein wenig Geld einbrachte, um sich eine Hose und vielleicht noch Schuhe kaufen zu können. Sein Lehrlingsgeld hatte er für Bahnkarten ausgegeben, hatte auf alles verzichtet, nur um seinem Wunschtraum nahe zu sein. Und jetzt? Ein Mann sollte nicht weinen, und seine Brüder hätten ihn nie so sehen dürfen. Aber er konnte seine Tränen nicht mehr herunterschlucken und schluchzte herzzerreißend. So fand ihn der Gärtner. Er setzte sich neben ihn, sagte nichts und bot ihm eine Zigarette an. Erst nach einer langen Zeit, als das Schluchzen langsam verebbt war, konnte man aus beider Kehlen ein Seufzen hören. „Eine Frau?", sagte der Gärtner nur. Der Junge nickte. „Die erste große Liebe hm?", forschte der Gärtner weiter. Wieder ein Nicken.

„War es vielleicht ein großes, rothaariges Mädchen?" Ein weiteres Nicken, welches plötzlich in eine ruckartige Bewegung überging. Erstmals sah der junge Mann auf und blickte auf den älteren, der ihn mitfühlend und freundlich ansah. „Woher?", konnte der Junge nur stammeln.

Jetzt lächelte der Alte: „Ich glaube, ich kenne deine Angebetete schon länger. Und wenn mich nicht alles täuscht, hat sie auch keinen Freund. Bisher war sie zumindest immer allein hier. Der Einzige, den sie hier im Park trifft, bin wohl ich alter Mann. Wir kennen uns seit fast drei Jahren, so lange sie an der Pädagogischen Schule studiert. Und glaube mir: Ich bin keine Konkurrenz für dich. Ich bin zwar noch nicht so weit, dass ich alles, was Frauen und ihre Anziehungskraft betrifft, vergessen habe, aber so töricht, ein so junges Mädchen anzumachen, bin ich nicht. Kaum ein Mann ist gefeit gegen die Ausstrahlung einer hübschen jungen Frau. Und falls doch, dann lasse dir von einem alten Mann folgendes sagen: in diesem Fall sind vermutlich die männlichen Hormone eingetrocknet oder sie befinden sich auf Abwegen, was ja auch vorkommen soll. Dein Schwarm hat mir hier so viele vergnügliche Stunden bereitet, sodass ich traurig bin, wenn sie nun Weimar verlassen wird, um irgendwo als Kindergärtnerin zu arbeiten. Aber du bist jung. Halte sie fest. Sie ist etwas ganz Besonderes."

„Meine Hormone sind nicht auf Abwegen, aber erlauben Sie mir, dass ich Sie umarme? Nachdem ich mich vorher dem Weltuntergang nahe gefühlt habe, bin ich nun wieder glücklich und voller Zuversicht. Ich wünsche Ihnen alles Gute und vielleicht eine würdige Nachfolgerin für meine Marita!" Mit diesen Worten sprang der junge Mann auf und stürmte davon, vom Lächeln des Gärtners begleitet.

Großmutter Alma fühlte sich nach ein paar Tagen Bettruhe fast gesund und wollte ihre Tätigkeiten im Haus wieder aufnehmen. Ihr ewig wacher Geist fühlte sich gelangweilt. Vor allem die Neugierde brachte sie schier um. Die paar Besucherinnen, die sie trotz ihrer eigenen zahlreichen Lebensjahre insgeheim alle als ‚alte Schachteln' oder gar ‚neugierige Dohlen' bezeichnete, breiteten zwar den Dorfklatsch vor ihr aus, hielten aber gewiss bestimmt Dinge über die LPG und ihren Schwiegersohn vor ihr zurück. Sie verdächtigte sogar Hannes und ihre Tochter, die Besucherinnen vorher instruiert zu haben, welche Geschehnisse sie verheimlichen sollten.

Lisa, die sie zeitweilig versorgte, ließ sich kaum auf längere Gespräche ein. Sie hatte der Großmutter die Prügel mit dem Teppichklopfer nicht verziehen, war noch frecher als sonst und gab nur schnippische Antworten. Und Marita, die ihre Versorgung am Wochenende übernahm, zuckte auf gewisse Fragen nur mit den Achseln und schwieg. Das machte Alma schwer zu schaffen. Sie quälte sich aus dem Bett, und siehe da, der Wunsch, wieder etwas zu erfahren und Einfluss zu nehmen, wirkte sich verstärkend auf ihre Körperfunktionen aus und ließ sie rasch gesunden.

Als erste wichtige Handlung nahm sie sich ihre Tochter vor. Schließlich hatte sie, wovon sie fest überzeugt war, in den Kriegsjahren die Familie vor dem Verhungern gerettet, Marita großgezogen und den Hof vor dem Ruin bewahrt. Sie waren ihr alle etwas schuldig und sollten Rücksicht auf ihr Alter nehmen. Und Tochter Jenny musste endlich mehr Verantwortung für die Mädchen übernehmen. Wie standen sie denn vor dem Dorf da, mit diesen Herumtreiberinnen? Die Große mit einem verwahrlosten, armen Schlucker und die Kleine, noch nicht einmal vierzehn, brachte Verlobungen auseinander und war frech und hemmungslos.

Doch Alma musste eine Niederlage nach der anderen hinnehmen. Ihre Jenny war nicht mehr die geduldige, genügsame und folgsame Tochter. Sie war eine selbstbewusste, lebensbejahende Frau geworden, die sich einfach nichts mehr sagen ließ. Auf die Anklagen von Alma reagierte sie zwar ruhig, wies ihre Mutter aber zurecht: „Du weißt, dass ich dir sehr dankbar bin, für alles, was du für uns getan hast. Ich habe auch nichts vergessen. Aber ich erwarte von dir, dass du dich nicht in unser Leben einmischst. Es ist eine neue Zeit. Wir helfen mit, unseren Staat aufzubauen. Es ist mir klar, dass dich das alles überfordert. Hannes ist mein Mann, er ist gescheit und fleißig. Und wenn du mit ihm nicht klar kommst, dann halte dich eben aus allen Entscheidungen heraus. Deine ewigen Beschimpfungen führen nur zu noch mehr Zwist. Und was die Mädchen angeht: Die Große ist bald mit ihrer Ausbildung fertig. Mir passt das auch nicht, dass sie wahrscheinlich nicht auf dem Hof bleiben wird. Aber dein ewiges Gezeter wird sie nur noch ganz von zu Hause vertreiben. Und Lisa? Die hat mehr starken Willen und Durchsetzungskraft als wir alle zusammen. Ihre Aktivitäten zu drosseln und ihre Frechheit auszutreiben, schaffen wir beim besten Willen nicht. Also vergnüge dich mit deinen Betschwestern, wenn du es zu Hause nicht mehr aushältst.“

Alma wurde bei diesen Worten puterrot vor Zorn und Jenny befürchtete schon einen neuen Zusammenbruch. Doch Alma war noch nicht gezügelt. „Weil du gerade meine Betschwestern verunglimpfst: Bist du jetzt auch unter die Gottlosen gegangen? Vielleicht gar eine Kommunistin geworden? Na, dann Gnade dir Gott! Beim Teufel werdet ihr landen, alle zusammen!“ Alma zeterte noch eine Weile und spuckte vor Jenny aus.

Auch in Jenny kochte es, doch sie riss sich zusammen. Trotz aller Widersprüche liebte sie ihre Mutter und wollte einen endgültigen Bruch verhindern.

„So beruhige dich wieder. Niemand will deine Verdienste schmälern. Wir brauchen dich doch. Und was die Kirche betrifft: Du hast recht. Ich habe mich wirklich nicht mehr oft dort sehen lassen und will mich bessern. Ich werde mich noch in dieser Woche im Kirchenchor anmelden.“

Alma nahm dies zweifelnd zur Kenntnis, verzichtete doch auf weitere Anschuldigungen. Sie besuchte ihre Freundinnen, um sich abzureagieren und natürlich, um Neues zu erfahren. Zur Erleichterung für ihre Familie suchte sie immer mehr Trost und Geborgenheit im Glauben. Doch etwas in ihr war gebrochen. Man hörte sie nicht mehr lachen. Nicht einmal ein Lächeln verschönerte das faltige Gesicht.

Doch bald darauf geschah ein weiteres Drama, von dem sich ihr erkranktes Gemüt nicht mehr erholte.

Almas Abschied

Der große Tag war gekommen. Marita hielt ihr Staatsexamen
in den Händen. Glücklich, alles geschafft zu haben, begann sie,
ihre paar persönlichen Dinge im Internat zu packen und sich von
den Klassenkameradinnen zu verabschieden. Alle Absolventinnen
hatten sofort einen Arbeitsvertrag bekommen. Sie hatten jedoch
kein Anrecht darauf, im gewünschten Ort eingesetzt zu werden.
Die Städte und Dörfer brauchten dringend Kindergärtnerinnen,
um ihre hohen Ziele zu erreichen. Den Frauen sollte die Berufstätigkeit ermöglicht werden. Trotzdem sollten sie nicht auf eigene
Kinder verzichten. Deshalb wurden überall Kindergärten eingerichtet und neue gebaut. Maritas erster Arbeitsplatz war in einem
Nachbarort, einige Kilometer von ihrem Dorf entfernt. Mit ge-
mischten Gefühlen traf sie zu Hause ein und legte ihr Examen
auf den Tisch, als alle zum Abendessen eintrafen. Sie war stolz,
denn alle hatten es ihr, einem Bauernmädchen, nicht zugetraut.
Die Reaktion der Familie war sehr verhalten. Lisa machte kein
Hehl aus ihrem Neid und fragte: „Wo willst du denn jetzt leben?"
Daraufhin sahen alle sie fragend an. Marita musste schlucken.
Sie kam sich auf einmal wie ein Eindringling vor. Gehörte sie etwa
nicht mehr zur Familie? Nur weil sie jetzt eine abgeschlossene
Berufsausbildung hatte? Sie bemühte sich, ihre alte Schüchternheit und ihre Skrupel, die im Nu wieder aufgetaucht waren, zu
überwinden und ihre Enttäuschung zu unterdrücken. Unwillkürlich ballte sie ihre Fäuste, sodass ihre Nägel ins Fleisch schnitten,
und Wut stellte sich ein. Sie hatte alles mit eiserner Disziplin geschafft und trotzdem noch ihre Arbeitskraft der Familie zur Verfügung gestellt. Und so teilte sie, mit den Tränen kämpfend und
ihr Zittern in Zaum haltend, ihren undankbaren Angehörigen
mit: „Ich werde weiter hier wohnen und meine Arbeit auf dem
Hof machen. Tagsüber arbeite ich jetzt in B. als Kindergärtnerin."

Sie stürzte hinaus. Der Vater legte als Zeichen der Anerkennung seine Hand noch kurz auf ihre Schulter. Damit begann ihr neuer Lebensabschnitt.

Voller Aufregung traf Marita in ihrer ersten Arbeitsstelle ein. Sie wurde so freundlich willkommen geheißen, dass sie die Gefühle über die häusliche Kälte verdrängen konnte. Bei den Kindern vergaß sie alles. In ihrer mütterlichen Art wurde sie bald von allen geliebt. Es gab immer wieder Kinder, die nachmittags nicht nach Hause gehen wollten, wenn Fräulein Marita noch da war. Oft musste sie schöne Spiele und Überraschungen für den nächsten Tag in Aussicht stellen, damit die Eltern ihre Kinder ohne böse Szenen mit nach Hause nehmen konnten. Nach der Arbeit fuhr sie mit dem Fahrrad zweiundzwanzig Kilometer in ihr Dorf zurück, um in der elterlichen Landwirtschaft ihre Aufgaben zu übernehmen. Nur am Sonnabend jeder Woche schob sie ihr Pflichtbewusstsein beiseite. Denn der Sonnabend wurde von ihr zum ‚Tag der Liebe‘ erklärt. Ihr Verehrer, der Arbeiterjunge Roland aus der kinderreichen Familie, holte sie mittags, wenn der Kindergarten geschlossen wurde, freudestrahlend ab. Er hatte sie in vielen Gesprächen davon überzeugt, dass ihr wenigstens ein halber Tag Erholung zustand. Er näherte sich ihr nur sehr vorsichtig. Obwohl seine Hormone bei ihrem Anblick und der Nähe, wenn sie neben ihm ging, ihm schier den Verstand raubten und er sie liebend gerne in den Arm gerissen hätte, um auch ihren Körper richtig kennenzulernen, zügelte er sich und unterdrückte mühsam sein Begehren. Er ahnte, dass er sie verlieren würde, wenn er gar zu forsch ans Ziel gelänge. Er liebte und verehrte sie zugleich unermesslich. Was sie wegen ihrer Familie für innere Kämpfe ausstand, vermochte er nur zu ahnen. Er durfte sie lediglich bis an den Gartenzaun bringen. Dies sagte ihm einiges über die familiären Verhältnisse aus. Er beschloss, jede freie Minute zu arbeiten, um so viel zu verdienen, dass er sie bald aus der Familie lösen konnte, um sie ganz für sich zu haben. Er unternahm mit ihr Spaziergänge, lieh sich von einem älteren Bruder ab und zu das Moped, um mit ihr nach

Apolda oder Weimar zu fahren. Manchmal gönnten sie sich einen Kinobesuch. Wenn er sie auf dem Heimweg begleitete, spürte er ihre Nähe mit allen Sinnen, und das Feuer in seinen Lenden breitete sich über den ganzen Körper aus. Dann flüsterte er ihr liebevolle Dinge ins Ohr und berührte sie sanft. Er streichelte ihre schönen Haare, die sie nur für ihn offen trug, und küsste ihren Nacken. Er knabberte verzückt am Ohrläppchen und wagte es sogar nach einiger Zeit ihren Arm langsam und zart zu streicheln. Marita war beglückt. Nie im Leben hatte sie daran geglaubt, dass ein Mann sie so schön und begehrenswert finden könnte. Schnell schob sie die Gedanken an alle Gemeinheiten, die ihr die frechen Lümmel hinterher gerufen hatten, wegen ihrer Länge, der großen Füße und ihrer roten Haare, ganz weit weg. Gewiss hatte sie schon manchmal an gewissen Stellen bei den Gedanken an Liebe ein angenehmes Kribbeln verspürt und aufmerksam den Tuscheleien der anderen Mädchen gelauscht; doch dass es so schön sein würde, von einem Mann liebkost zu werden, hatte sie nicht einmal im Traum für möglich gehalten. Zotige Reden über geschlechtliche Themen hatten sie eher abgestoßen als angeregt. Und nun war die Liebe zu ihr gekommen. Ihr Körper konnte sich entspannen, und sie spürte, wie sich ein wohliges Sehnen ausbreitete.

Wenn sie dann spät nach Hause kam, lauerte schon Alma hinter der Tür und tat, als sei es Zufall, dass sie noch wach war und eben hier vorbeikam. Sie konnte ihre Neugierde kaum zügeln. Als Marita ihr dann, noch glühend vor Glück und Erregung, erzählte, mit wem sie sich immer traf und dass sie denjenigen liebte, erkannte Alma, dass sie keinerlei Einfluss mehr hatte. Sie war empört, als sie von Nachbarinnen erfuhr, dass es sich tatsächlich um den armen Schlucker aus der kinderreichen Familie im Nachbarort handelte, der nicht einmal eine Hose besaß, die ihm bis zu den Knöcheln reichte, dessen Hemd Flickstellen aufwies und der Schuhe trug, die ein Soldat nach den Kämpfen ausrangiert hatte. Es war der herbste Schlag, den ihr das Mädchen je angetan hatte, und ihre Enttäuschung war grenzenlos und steigerte sich bis zur Wut. Wo war nur das liebe, gehorsame Mädchen geblieben, das immer alles für ihre Familie getan und das der Oma und der Mutter die Wünsche von den Augen abgelesen hatte?

Beim gemeinsamen Abendessen konnte sie sich nicht mehr zurückhalten mit der Bemerkung, dass sie ja im Leben schon einiges mitgemacht habe, aber dass man nun einer Hure Kost und Logis bot, war dann doch zu viel. Empört, mit gerötetem Gesicht, sprang Marita auf. Doch der Vater drückte sie wieder auf den Stuhl zurück. Dann sah er seine Schwiegermutter schärfer an als für gewöhnlich: „Marita ist volljährig und kann tun und lassen, was sie will. Das hier ist ihr Zuhause. Schließlich hat sie ihr Leben lang hier auch für euch gearbeitet. Und solche Bemerkungen werde ich mir hier am Tisch nicht mehr anhören!" Und zu Marita gewandt: „Stelle uns deinen Freund einmal vor. Ich bin sicher, dass du dir einen anständigen Kerl ausgesucht hast. Und wenn er den Winter übersteht, darf er im Sommer mit rein."

Trotz der ermunternden Worte des Vaters war Marita tief betroffen und keiner Worte mehr fähig. Sie konnte die Tränen nicht mehr zurückhalten. Das Wort Hure, ausgesprochen von der Großmutter, die sie einmal innig geliebt hatte, hatte sie tief verletzt. Die Mutter hatte sich bisher nicht eingemischt. Sie versuchte schon immer, die Balance in den Beziehungen zwischen Ehemann und ihrer Mutter zu halten, Streitereien zu entschärfen, den Hausfrieden so gut es ging zu wahren. Aber manchmal kam sie an die Grenzen ihrer Belastungsfähigkeit. Um ihre Mutter zu besänftigen, war sie in den Kirchenchor eingetreten und bepflanzte und pflegte selbst das Grab des gefallenen Vaters. Aber für ihren Hannes wollte sie auch immer da sein und übernahm bereitwillig alle Aufgaben im Haus und in der LPG. Es machte ihr Spaß, unter andere Leute zu kommen, Ratschläge zu erteilen, zu lernen, zu loben und zu lachen. Die Kriegs- und Nachkriegsjahre waren so hart und freudlos gewesen. Das wollte sie wie alles andere verdrängen. Sie wollte leben! Natürlich nahm sie es Marita schrecklich übel, dass sie von der Landwirtschaft nichts wissen wollte und sich augenscheinlich über sie erhob, etwas Besseres war. Aber im Leben ging eben nicht alles nach Wunsch. Marita würde schon sehen, wie sie mit dem armen Schlucker im Dreck landen würde. Da konnte man nichts machen. Vielleicht kroch sie ja eines Tages verarmt und verlassen zurück ins Elternhaus, und man konnte ihr großmütig verzeihen.

Marita war beim nächsten Treffen sehr bedrückt, was Roland sofort spürte. Als er es erfahren hatte, sagte er: „Das macht es mir viel leichter, dir etwas mitzuteilen, was uns beide betreffen könnte; natürlich nur, wenn du willst. Hast du schon einmal etwas von der Wismut gehört?"

„Ich weiß nur, dass es ein Bergbaubetrieb im Erzgebirge ist und wohl Erz gefördert wird."

Roland begann zu strahlen. „Aber seit neuerdings nicht nur im Erzgebirge, sondern auch in Thüringen. Stelle dir nur vor: Die Sowjets haben überall in ihrer besetzten Zone Bohrungen unternommen und dabei neue Vorkommen in Ostthüringen entdeckt. Es soll sogar ganz besonders wertvolles Erz sein, welches große Mengen an Uran enthält. Das Uran brauchen die Russen dringend, um Atombomben zu bauen. Sie wollen die Amerikaner, die inzwischen ihre Feinde sind und die Rüstung gewaltig vorantreiben, in Schach halten und ihrerseits bedrohen. Nun brauchen sie für die Erschließung neuer Gruben und den Abbau des Uranerzes jede Menge Arbeitskräfte. Und wie ich hörte, verdient man bei der Wismut sehr gut. Ich will mich gleich dort bewerben und wollte dich fragen, ob du mit mir kommst – natürlich als meine Frau."

Marita strahlte ihn an und brauchte nicht lange nachzudenken. Sie hatte die Demütigungen im Elternhaus satt. Und auch wenn es anfangs ärmlich zugehen würde – sie beide waren jung und tüchtig – sie würden es schaffen.

Nun musste sie es der Familie mitteilen und überlegte tagelang, wie sie es ihnen am besten beibringen könnte. Sie beobachtete Alma. Irgendwie kam ihr die Großmutter verändert vor. Wenn Marita mit ihr in der Küche war, fühlte sie sich beobachtet. Alma sah ihr aber nie mehr ins Gesicht. Trotz der bösen Worte

von der Großmutter behandelte Marita sie mit Respekt und
hätte gerne eine Versöhnung. Aber immer, wenn sie sich zum
Reden anschickte, drehte sich Alma brüsk um und verließ den
Raum. Alma schien plötzlich zu altern. Ihr Gesicht, das immer
rundlich und gerötet wie ein Apfel gewesen war, wurde spitz
und gelb. Tiefe Falten gruben sich ein. Ihr Gang wurde immer
schwerfälliger, und sie musste auch im Haus die Stöcke benutzen.
Ihr ewiger Missmut und ihr Nörgeln bremste auch jede auf-
kommende gute Laune der Familienmitglieder. Nur wenn Lisa
ihre frechen Bemerkungen losließ oder wenn sie schmeichelte,
erschien ein leichtes Lächeln in den Mundwinkeln von Alma. Vor
den Augen Maritas steckte sie dem Mädchen des Öfteren ein paar
Mark zu. Dann, eines Abends, als alle der Küche zustrebten, um
die Mahlzeit einzunehmen, humpelte Alma mit einem Packen
Zeitungen, die sie zuvor handlich zurechtgeschnitten hatte, in
Richtung des Plumpsklos. Alle hörten die merkwürdigen Worte,
die sie vor sich hinmurmelte: „Was war denn nun das Leben?
Auch weiter nichts.“

Da sie in den letzten Tagen immer Unverständliches vor sich
hingebrabbelt hatte, dachten sich die anderen nichts dabei.

Alle waren mit dem Essen fertig. Hannes, der ein recht humor-
volles Gemüt hatte, war immer bemüht, die miese Stimmung
durch ein paar Scherze aufzulockern. Oft ging es jedoch daneben,
wenn Alma die Zielscheibe war, da ihr der Humor gänzlich ab-
handengekommen war. Hannes, der sich nun wunderte, dass die
Schwiegermutter nicht vom Klo zurückkam, rief laut in diese
Richtung: „Heh! Geht wohl wieder einmal richtig schwer?! Soll
ich eine Zange oder Hammer und Meißel rein reichen?“ Er erwartete bissige Worte, zumindest aber ein Knurren. Nichts!

Jenny sprang auf und eilte zum Klo. Sie donnerte mit den
Fäusten an die Tür und rief ihre Mutter. Keine Antwort. Jenny
wurde hysterisch. Sie schrie und hämmerte gegen die Tür. Es
bewegte sich nichts. Nun kamen alle angerannt, wollten sich
gegen die Tür stemmen und sie aufdrücken. Doch Hannes hielt
sie davon ab: „Das ist noch echtes schweres Eichenholz. Wenn die
nach innen fällt, ist alles platt, auch die Mutter.“ Er holte Werk-

zeug. Es war nicht einfach, da ein großer, schwerer Riegel von innen vorgeschoben war. Jenny drängte zur Eile, und Hannes brach der Schweiß aus, als er nun mit Hammer, Meißel und Zange hantierte, um den Riegel zu bewegen oder zu entfernen. Es war alles gutes schweres Material. Nach qualvollen Minuten ließ die Tür endlich nach. Das Bild, das sich ihnen bot, blieb allen für ewig im Gedächtnis haften. Starre Augen blickten ihnen entgegen. An diesem Örtchen hatte sich Alma für immer verabschiedet. Sie steckte ein gutes Stück mit dem Hintern im Holzloch. Marita war in die Küche gerannt, um eine Decke zu holen. Jenny schlang diese um den halb entblößten Körper und wies Hannes unter Schluchzen an, den leblosen Körper herauszuheben, was dann aber nur mit Maritas Hilfe gelang, weil das Unterteil schon zu tief eingesunken war. Es gab kein Lebenszeichen mehr. Die Großmutter hatte ihre Familie auf makabre Weise verlassen.

Alma wurde in den Badezuber gelegt und von den Frauen gewaschen, was immer wieder Würgereize hervorrief, da der Geruch des unwürdigen Abganges sehr belastend war. Als sie diese Strapaze beendet hatten, sagte Jenny in strengstem Ton zu ihren Töchtern: „Ich sage das nur einmal: Über die Umstände wird nie nach außen hin ein Wort verloren!"

Marita brachte es nicht fertig, jetzt in der ersten Trauerzeit mit dem Rest der Familie zu sprechen und ihnen mitzuteilen, dass sie sie bald verlassen würde. Roland drängte. Er hatte schon den Arbeitsvertrag in der Tasche und sollte bald im Bergbau beginnen. Er begriff, dass Marita zunächst wegen der traurigen Umstände noch zu Hause bleiben musste.

„In einem Vierteljahr komme ich und hole dich. Dann musst du aber bereit sein. Ich bitte dich", beschwor er sie, sie eng umklammernd, „lasse dich von keinem anderen Mann anrühren. Ich besorge uns eine Wohnung, und wir heiraten und werden für immer glücklich." Sie versprach es.

Als Marita nicht mehr zu Verabredungen wegblieb, atmete Jenny auf.

„Scheinbar ist sie nach ihrer unwürdigen Verliebtheit nun doch zur Besinnung gekommen und bleibt hier“, dachte sie erleichtert. „Der Nachbar ist ja immer noch nicht verheiratet.“ Sie schickte ein Stoßgebet zum Himmel.

Hätte sie nur einmal versucht, sich in Marita hineinzuversetzen, hätte sie gemerkt, was in dieser vorging. Einmal schwermütig, einmal nachdenklich, dann wieder verzückt lächelnd, verrichtete sie ihre Arbeit, wenn sie nach Hause kam. Noch schwieg Marita, und Rolands Briefe ließ sie sich in den Kindergarten schicken. Sie gab nichts von dem Geld, das sie verdiente, aus. Es sollte der Start für ihr neues Leben sein.

2. TEIL

Ein neues Leben

Die Zeit des Wartens war zu Ende. Der Abschied vom Elternhaus, vom heimatlichen Dorf stand bevor. Doch vor der Aussprache, die zunächst noch stattfinden musste, grauste es Marita. Sie las den letzten Brief von Roland immer wieder durch und raffte sich schließlich auf. Nach dem gemeinsamen Abendessen bat sie die Eltern, zu bleiben.

„Ich möchte euch etwas mitteilen. Morgen möchte ich euch meinen Verlobten vorstellen. Er bleibt, bis wir alles gepackt haben. Wir ziehen gemeinsam nach Gera. Vorher wollen wir noch heiraten. Auch wenn euch meine Wahl nicht gefällt, möchte ich euch um ein gewisses Maß an Höflichkeit und Gastfreundschaft bitten."

Jenny war blass geworden, und ihr hoffnungsvolles Traumgespinst war nun endgültig zerrissen. Sie verließ schweigend die Küche. Der Vater sagte: „Es ist schade, dass du uns verlässt. Wir haben wirklich gehofft, dass du deiner Heimat und der Landwirtschaft treu bleibst. Aber so ist eben der Lauf des Lebens."

Damit verließ er ebenfalls die Küche. Lisa hatte zunächst nur eines im Kopf. Als die Eltern verschwunden waren, konnte sie sich nicht mehr zügeln: „Wenn es dein Verlobter ist, dann habt ihr es wohl schon getan? Du weißt schon: es!! War es schön oder hat es wehgetan? Schläft er mit dir in der Kammer? Ich werde es auch bald tun. Mein Dieter hat mich schon überall angefasst. Überall, verstehst du?! Es hat so gekitzelt, dass ich mir danach mit dem Finger meine Muschi reiben musste. Vielleicht ist das mit einem Mann noch besser. Du weißt es bestimmt, und wenn du nicht immer so gemein zu mir wärst, könntest du es mir erzählen. Wenn ich mich das nächste Mal mit Dieter küsse und er mich überall anfasst, dann fasse ich ihn auch an, nämlich da, wo es immer so hart ist, du weißt schon wo. Dann hebe ich meinen Rock und zeige ihm, dass ich keine Höschen anhabe. Und dann reibe ich meine Muschi an ihm. Dann wird er es schon machen. Bis jetzt wollte er es nicht, weil ich erst vierzehn bin. Aber er hat gesagt, dass er es bei unserer Cousine schon gemacht hat, als sie noch zusammen waren."

Fassungslos starrte Marita ihre Schwester an. „Das ist der Dieter von Karin? Du hast ihn ihr tatsächlich weggenommen, du boshaftes Stück?"

„Natürlich! Reg dich doch nicht gleich auf! Ich habe euch gleich von Anfang an gesagt: Den will ich! Und den krieg ich!"

„Und du hast ihn einfach so rumgekriegt?"

„Ganz so einfach war es auch nicht. Ich habe meine Bluse immer nur ein Stück zugeknöpft und ihn oben reingucken lassen. Dann habe ich ihn beim Tanzen, es war gerade Damenwahl, und ich war vor der Cousine bei ihm, da habe ich seine Hand beim Tanzen auf meine nackige Brust geschoben und gesagt: ‚Na, das ist doch etwas Besseres als bei deiner dürren Freundin. Wenn du willst, kannst du noch viel mehr haben – Liebe pur.' Da war er ganz aufgeregt und tanzte so eng mit mir, dass mir fast der Atem verging. Seitdem trafen wir uns heimlich immer wieder, und ich weiß, dass er das, was unsere frechen Jungen in der Klasse immer ficken nennen, am liebsten mit mir tun würde. Aber er wird es bald tun. Da kannst du drauf wetten!"

Marita blieb bei so viel Unverfrorenheit aus dem Mund einer Vierzehnjährigen zunächst die Sprache weg. Dann fasste sie sich und fragte: „Weiß es denn unsere Cousine?"

„Freilich! Sie hat uns einmal hinter der Hecke am Kirchhof erwischt, wie er gerade unter meinem Rock herumfummelte. Da hat doch diese eifersüchtige Ziege ihn einen Hurenbock geschimpft und ihm mit dem Schuh einen Tritt gegeben, vor lauter Neid und Zorn, ausgerechnet da vorne, du weißt schon wo! Das ist vielleicht ein Benehmen! Aber ich habe es wieder gut gemacht und ihn an der Stelle gestreichelt. Da wurde es ihm gleich wieder besser, und er hat aus lauter Dankbarkeit auch an meiner Muschi gekrabbelt."

Marita war nicht mehr fähig, auch nur ein Wort zu äußern. Deshalb hatte sich die Cousine nicht mehr am Hof blicken lassen und war auch ihr aus dem Weg gegangen.

Doch jetzt konnte sie nicht länger darüber nachdenken. Roland wollte kommen. Sie schrubbte ihre Kammer und die Küche, briet eine Pfanne voll Buletten und machte eine riesige Schüssel Kartoffelsalat. Dann brachte sie zwei Bretter mit vorbereitetem Kuchen zum Bäcker: Streuselkuchen und Zuckerkuchen. Sie verwendete sogar etwas mehr Zeit als sonst, um sich hübsch zu machen. Lisa beobachtete sie genau, enthielt sich aber gottlob jeder Bemerkung. Als Marita die Küche zusperrte, um sich zu waschen, da spähten ein paar neugierige Augen durch das Schlüsselloch. Lisa grinste dabei, weil ihre erhitzte Phantasie sich ausmalte, warum die Schwester sich überall wusch.

Dann war es so weit: Roland kam. Sie fielen sich nach der langen Zeit in die Arme, und Marita musste an sich halten, nicht vor Freude zu weinen. Er war noch schmaler geworden. Sie führte ihn, der nur einen kleinen Koffer bei sich trug, in ihre Kammer. Dann bat sie ihn, zu erzählen, wie es ihm ergangen war; denn das Briefeschreiben lag ihm nicht so. Er hatte sie in den Briefen nur immer wissen lassen, dass er sie unendlich liebte und angefragt, ob sie ihm auch treu war und auf ihn wartete.

„Ich habe eine schöne Neubauwohnung in Gera bekommen, mit drei Zimmern, Küche und Bad. In dem ganzen Viertel voller neuer Blöcke sind vorwiegend Wismuter. Ein Wismuter bin ich jetzt auch. Die Blöcke werden mit Fernwärme geheizt, und wir haben immer warmes Wasser und richtige Spültoiletten. Möbel haben wir noch keine. Aber wir werden es schon schaffen! Die Arbeit bei der Wismut ist schwer. An die durchgängigen Schichten und die Arbeit unter Tage muss man sich erst gewöhnen. Die Kumpel sind oft so erschöpft, dass sie schon im Förderkorb schlafen, wenn sie nach der Schicht nach oben gezogen werden. Und im Bus schnarchen alle, wenn sie hinfahren und wenn es heimwärts geht. Mit den Russen haben wir nicht allzu viel zu tun. Die meisten haben Leitungsposten. Unter Tage sind nur einzelne sowjetische Kumpel dabei. Wir verstehen uns gut untereinander. Die Bergleute kommen aus der gesamten südlichen DDR, viele Erfahrene aus dem Erzgebirge. Es sind auch Abenteurer und Gauner dabei. Wir verdienen fast das Doppelte als die Arbeiter in anderen Betrieben. Wir beide werden es gut haben."

Während er erzählte, hörte Marita draußen die Dielen knarren. Da wusste sie genau, dass ihre Schwester spionierte. Ihr fiel ein, dass sie selbst als kleines Kind auch immer gelauscht hatte; aber sie glaubte genau zu wissen, was Lisa erlauschen wollte.

Beim Abendessen stellte Marita ihren Freund vor. Die Begegnung fiel sehr unterschiedlich aus. Die Mutter gab ihm förmlich die Hand und murmelte nur, dass sie hoffte, es ginge ihm gut. Der Vater klopfte ihm auf die Schulter, hieß ihn kurz willkommen und redete dann, das ganze Essen vergessend, mit Roland über den Bergbau. Lisa konnte sich nicht beherrschen, auf sich aufmerksam zu machen, und sie überlegte sich, was dieser hagere Typ wohl an ihrer langweiligen, öden Schwester fand. Sie überschlug sich dabei, ihn zu bedienen, was sie sonst nie tat; dazu klimperte sie mit den Wimpern und bewegte aufreizend ihre Hüften. Wenn er etwas erzählte, lachte sie kindisch, bis es Marita auf die Nerven ging und sie ihr zu zischte: „Reiß dich endlich zusammen und benimm dich wie ein normaler Mensch! Roland kann solche ordinären Mädchen nicht ausstehen." Das wiederum glaubte Lisa nicht ganz. Sie hatte die Männer genau beobachtet und die Schlussfolgerung gezogen, dass sie für gewisse Reize fast immer empfänglich waren. Sie hielt sich aber zurück, da auch der Vater schon missbilligende Blicke auf sie warf und es nicht mehr lange dauern würde, bis er sie blamieren und aus der Küche jagen würde. Naja! Dieser dürre, ausgezehrte Kerl war sowieso nicht ihr Typ. Und bettelarm soll er auch noch sein. Dass der sich überhaupt hier herein traute!

Am nächsten Tag fuhr das junge Paar nach Apolda auf das Standesamt, um zu heiraten. Am Nachmittag war auch die kirchliche Trauung angesetzt. Marita hatte für die Hochzeitsfeier Tante Ida, Lepi und Cousine Karin eingeladen, sowie drei Brüder von Roland, die noch im Nachbarort wohnten, und die Mutter von ihm. Marita hatte gehofft, dass ihre Mutter sich an den Vorbereitungen beteiligen würde; doch diese ließ zwar alles geschehen, tat aber, als ginge es sie nichts an. Nur beim Kochen und Backen übernahm Jenny die Regie. Die Tante schenkte dem Brautpaar Geschirr. Lepi brachte ein wunderschönes Kostüm für Marita mit, das von Lisa umkreist wurde, bis sie es nicht mehr aushielt und fragte, ob sie es anprobieren dürfe. Schmollend musste sie hinnehmen, dass es ihr verwehrt wurde, und auch noch von Marita, die ihr die Schuld gab, dass die Cousine nicht gekommen war. Sogar von Rolands armer Familie hatten sie ein Geschenk bekommen. Sie hatten zusammengelegt und überreichten dem Brautpaar Bettwäsche. Als alle nun auf Jenny blickten und wissen wollten, was sie ihrer Tochter schenken würde – der drohende Blick der Tante war nicht zu übersehen – da ging Jenny schweren Herzens in ihr Schlafzimmer und brachte eine wundervolle Damasttischdecke, die sie eigentlich erworben hatte, um beim nächsten Kaffeekränzchen ihre Damen vom Kirchenchor zu beeindrucken. Jenny, in ihrer maßlosen Enttäuschung über Maritas Machenschaften, hatte geglaubt, bei der Mithilfe des gemeinsamen Essens ihre Pflicht und Schuldigkeit getan zu haben. Nun musste sie gute Miene machen, um sich nicht den Zorn der Gäste, vor allem den von Tante Ida, zuzuziehen. Hannes versuchte, die Stimmung ein wenig zu heben, indem er einige Schnorren aus dem Armeeleben und der Gefangenschaft erzählte. Rolands Familie spürte trotz der intensiven Bemühungen von Marita bald, dass sie nicht gerade willkommen war, und verabschiedete sich unter fadenscheinigen Ausflüchten. Die Schwiegermutter ließ Marita in einer einfachen, liebevollen Art wissen, dass sie immer herzlich willkommen sei. Auch die Brüder waren beeindruckt von Maritas freundlichem Wesen, von ihrer Umsicht im Haushalt und versicherten Roland neidisch, ein Wahnsinnsglück zu haben. Lisa konnte gar nicht begreifen, dass man sie trotz aller Bemühungen gar nicht so richtig zur Kenntnis nahm. Die Brüder hatten zunächst erstaunt, dann tatsächlich etwas verächtlich auf ihre Verführungskünste geguckt.

Dann kam der Abend, ein Abend, den Marita ihr ganzes Leben nicht mehr vergessen sollte. Die Gäste hatten sich alle verabschiedet. Marita hatte noch eine wichtige unaufschiebbare Aufgabe vor sich. Es hatte sich wie eine große Mauer in ihrem

Inneren aufgebaut, die es zu überwinden galt. Die Hände waren schweißnass und begannen zu zittern. Sie schluckte und räusperte sich. Dann bat sie ihre Angehörigen, wegen einer wichtigen Angelegenheit noch zu bleiben.

„Wenn wir jetzt wegziehen, haben wir zwar eine Wohnung und etwas Hausrat. Wir haben aber noch keine Möbel. Da ich ja nun nicht hierbleibe und die Landwirtschaft erbe, erwarte ich doch eine kleine Abfindung für meine jahrelange Arbeit hier auf dem Hof. Damit werden wir uns Möbel kaufen." Was sie jetzt sah, prägte sich für ewig in ihr Gedächtnis ein. Eisige Kälte schlug ihr entgegen. Der Vater schwieg, weil ihm die Landwirtschaft nicht gehörte. Die Mutter sagte förmlich: „Alles, was wir hier erwirtschaften, kommt dem Hof zugute. Das Dach muss neu gedeckt werden. Wir brauchen endlich ein Bad mit einem Spülklosett. Und für das Kleinvieh planen wir schon lange neue Ställe. So leid es mir tut – wir können nichts entbehren."

Nun gab auch noch Lisa einen tiefen Einblick in ihren Charakter preis: „Wenn ich schon den Hof übernehmen muss, dann muss auch alles mir gehören. Sonst mache ich keinen Handschlag mehr."

„Aber ich habe hier jahrelang nur für Essen und Unterkunft gearbeitet."

„Das haben wir alle. Du hast ja auch, seitdem du arbeitest, noch keinen Pfennig Miete bezahlt oder von deinem Lohn etwas in die Wirtschaft gesteckt. Du musst einsehen, dass eine finanzielle Zuwendung nicht möglich ist."

Die Familie hatte das Brautpaar allein gelassen. Roland, der nie etwas sein eigen nannte, nahm alles gelassen; doch Maritas Enttäuschung und Verbitterung war grenzenlos.

Das bisschen Eigentum war schnell gepackt. Beim Frühstück blieb Marita der Bissen im Hals stecken, als die Mutter ihr ein Blatt vorlegte, welches sie unterschreiben sollte. Es war eine Verzichtserklärung auf Haus, Hof, auf die Acker- und Wiesenflächen, sowie auf sonstige Werte und auf alle Gewinne, die die Landwirtschaft einbrachte.

Marita glühte der Kopf, und die Finger zitterten. Das konnte sie doch unmöglich unterschreiben. Doch Lisa, wegen deren Dummheit sich die Großmutter einst keine Sorgen machen wollte, weil sie sich durchsetzen würde, behielt klaren Kopf: „Wenn du nicht unterschreibst, nehme ich mir das Leben." Was für eine furchtbare Drohung! Marita sollte sich immer schuldig fühlen, ob das Unglück nun eintraf oder nicht. Nur dem Arbeiterjungen Roland schien das Ganze eine üble Bauernkomödie zu sein, welche seine proletarische Ehre verletzte. Er besaß nur das Hemd auf dem Leib, aber er besaß einen gewaltigen Stolz. Er fasste seine Frau energisch am Arm: „Lasse doch diesen Geizhälsen alles und unterschreibe. Mögen sie daran ersticken! Wir schaffen es auch alleine!"

Und Marita tat einen der größten Fehler ihres Lebens. Mit bebenden Händen unterschrieb sie; und die Tränen in ihren Augen verhinderten, dass sie das frohlockende Gesicht ihrer Schwester sah, die sich vor zwei Minuten noch umbringen wollte.

Es war eine eisige Verabschiedung, und Marita war stundenlang nicht in der Lage, sich aus ihrer Erstarrung zu lösen. Als sie sich am Tor noch einmal umblickte, um ihr vergangenes Leben endgültig hinter sich zu lassen, kam der Vater und schob ihr einen Hundertmarkschein in die Hand. Sie wollte ihn sofort fallen lassen, sah aber dann in des Vaters Gesicht den um Verzeihung bittenden Ausdruck. Blass und verstört nickte sie ihm zu und verließ die Heimat.

Ach, man braucht ja nur so wenig zum Leben! In der ersten Nacht schliefen sie in Decken gehüllt auf dem Fußboden. Dann zählten sie die Ersparnisse. Es reichte für ein einfaches Schlafzimmer. Da eine Einbauküche mit Gasherd vorhanden war, erwarben sie nur einen kleinen Tisch und zwei Stühle. Und sie waren glücklich. Er war sehr besorgt und erleichterte ihre Arbeit in allen Bereichen. So konnte sie langsam den unseligen Abschied verdrängen – vergessen würde sie ihn nie.

Marita hatte sich bei der Abteilung Volksbildung in Gera rechtzeitig für eine Stelle als Kindergärtnerin beworben. Jetzt sah sie erwartungsvoll ihrem ersten Arbeitstag entgegen. Sie musste schlucken, als sie sah, was das für ein Kindergarten war. Sie hatte bisher nur in Landkindergärten gearbeitet, die zwar oft auch mit

schneller Nadel gestrickt worden waren und wo die Erzieherinnen
viel improvisieren mussten. Aber jetzt war sie im schlechtesten
Kindergarten der Stadt gelandet, in einer Notlösung. Er bestand
aus zwei mäßig großen Räumen, einem kleinen Büro und einem
Waschraum – und das alles inmitten eines Bürogebäudes der
Deutschen Notenbank im ersten Stock. Rundherum, auch unter
dieser Einrichtung waren Bankbüros, in denen Leute rechnen,
schreiben und sich konzentrieren mussten. Die kleine Küche befand sich ein Stockwerk tiefer. In diesem Provisorium wurden
fünfundvierzig Vorschulkinder betreut. Die Verantwortlichen der
Vorschulerziehung nutzten jede Möglichkeit der Unterbringung
für Kinder, deren Mütter arbeiten wollten und sollten. Eine Frei-
fläche gab es nicht, und die Erzieherinnen mussten mitten in der
Stadt ziemlich weit gehen, bis sie zu einem Spielplatz kamen.
Dazu kam, dass die Stadtkinder bei Weitem nicht so ruhig und
ausgeglichen waren wie die Dorfkinder. Sie waren zwar geistig
sehr aufgeschlossen und belastbar, aber nervös, unruhig und streit-
süchtig. Mit starkem Herzklopfen meldete sich Marita bei der
Leiterin. Und ihr rutschte ein Stein vom Herzen. Sie wurde von
den zwei Kolleginnen sehr herzlich empfangen und fühlte sich
sofort wohl. Alle drei machten nun das Beste aus ihrer Situation.
Der Kampf um Disziplin war zwar gewaltig, aber sie gewannen
ihn trotz der belastenden Umstände. Sie erkannten, dass die Stadtkinder immer neue Aufgaben erhalten mussten, um ihre Reiz-
barkeit in Schach zu halten. Sie durften sich nie langweilen. Es
war eine anstrengende, aber wunderschöne Zeit.

Als Marita schwanger wurde, verdoppelte Roland seine Hilfe
und Zuneigung. Er erzählte ihr, dass er auf seiner Arbeit im
Bergbau wegen seiner guten Leistungen viel Anerkennung erhielt und sich dies gewiss auch bald im Lohn auswirken würde.
Marita war in großer Sorge, weil er immer sehr erschöpft war.
Sie wollte alles wissen: „Ist es denn nicht furchtbar gefährlich,
wenn in dem Erz so viel Uran steckt? Du erinnerst dich doch
noch an die amerikanischen Bomben, die über Hiroshima und
Nagasaki abgeworfen wurden? Die hatten mit ihrer Sprengkraft
alles in einem Riesenumkreis zerstört. Und die Menschen, die

leben geblieben waren, leiden bis heute an den schrecklichen Auswirkungen. Das Uran und das Radium sind doch bedrohliche Elemente."

Aber Roland winkte wichtigtuerisch ab: „Die Russen können es sich nicht leisten, uns einer Gefahr auszusetzen, denn dann würden sie keine Arbeiter mehr bekommen. Und das können sie sich nicht leisten, weil sie das Uran ganz dringend brauchen, um ebenfalls eine Menge Atombomben zu bauen, mit denen sie die Amerikaner in Schach halten und daran hindern, die verhassten Kommunisten zu vernichten."

Marita war keineswegs beruhigt. Über die Nachbarschaft und durch die Kolleginnen, die stets die politische und wirtschaftliche Lage erörterten, erfuhr sie mancherlei Geschehnisse, deren Auswirkungen sie beängstigten. Sie konnte nicht wie ihr Mann alles mit großer Geste abtun. Obwohl sie dem Sozialismus zugetan war, ängstigte sie sich oft, wenn sie die Erscheinungen des ‚Kalten Krieges' verfolgte. Sie konnte auch nicht so einfach beiseiteschieben, was im Jahr 1953 passiert war und was sich zu jeder Zeit in noch schlimmerem Ausmaß wiederholen konnte. Sie war damals noch auf dem Land, aber die Kolleginnen hatten ihr erzählt, was alles in den Städten passiert war, als die Arbeiter, von Berlin ausgehend, in der gesamten Republik streikten. Schon damals hatten Rundfunk und die Presse des westlichen Auslands sich auf jede Sensation aus dem sozialistischen Lager gestürzt. Besonders der Sender RIAS soll für eine zügige Verbreitung der Arbeiteraufstände gesorgt haben. Die DDR war inzwischen eingekreist mit Sendern und Verstärkern, die das Land rund um die Uhr beschallten. Die Ostdeutschen sogen begierig alle Nachrichten auf. Auch wenn der Wahrheitsgehalt auf ein Minimum geschrumpft wäre, hätte sich je einer der Mühe unterzogen, ihn herauszufiltern. So war es 1953 geschehen, dass innerhalb von 36 Stunden in über 700 Städten Rebellionen gegen Behörden und Besatzungsmacht entflammten. Die westlichen Medien hatten damit auch beigetragen, dass aus einer wirtschaftlichen Demonstration ein politischer Aufstand geworden war, der Todesopfer und Zuchthausinhaftierungen zur Folge hatte. Die Politiker der DDR hatten die schwierige Aufgabe, die Wogen zu glätten, den Arbeitern begreiflich zu machen, dass es doch ihr Land sei, welches sie selber gestalten sollten, dass sie sich nicht von den ‚subversiven Elementen‘ der BRD beeinflussen lassen und von ihrem sozialistischen Ziel nicht abbringen lassen sollten. Marita war auch darüber informiert, dass die Stadt Berlin seit 1953 zum Streitobjekt zwischen den Siegermächten geworden war. Die geteilte Stadt stellte die Existenz der DDR infrage. Die Menschen verfolgten hoffend die Dialogbereitschaft von Chruschtschow mit den westlichen Siegermächten. Viele Menschen erkannten auch an, dass der Zentralsekretär der SED Walter Ulbricht, der zwar immer Zielscheibe des Spottes war, lange Zeit für die Wiedervereinigung eingetreten war, natürlich unter der Bedingung, dass die Aufrechterhaltung der sozialistischen Errungenschaften garantiert wurden, was immer das zu diesem Zeitpunkt auch war.

Marita musste, auch wenn die Verarbeitung der politischen Geschehnisse oft sehr belastend und für den Laien teilweise nicht zu verstehen waren, lächeln. Die einfachen Menschen hatten auch ein friedliches Ventil für ihren Unmut und brachten mit ihren vielen Witzen immer alles wieder ins richtige Lot. Die DDR wurde zum Land der Witze. So hatte sie neulich folgendes gehört: Walter Ulbricht: „Genossen! Damit wir goldenen Zeiten entgegen gehen und erleben können, müssen wir alle den Gürtel enger schnallen!“ Sagt ein Genosse aufgeregt: „Genosse Ulbricht, wo gibt’s Gürtel?“

Oder der Witz in der Bäckerei: „Haben Sie Brötchen?“ „Nein.“ „Haben Sie Kuchen?“ „Nein!“ „Haben Sie überhaupt etwas?“ „Nein!“ „Und warum haben Sie dann vierundzwanzig Stunden geöffnet?“ „Weil wir keine Schlösser haben.“

Auf dem Dorf waren die Menschen zwar auch der ständigen Forderung nach höheren Leistungen ausgesetzt, um die Bevölkerung mit Nahrungsmitteln vor dem Hunger zu bewahren, aber hängen geblieben waren den Kindern damals nur ein paar flotte, die Streiks begleitende Sprüche, wie zum Beispiel: „Spitzbart, Bauch und Brille, sind nicht des Volkes Wille!“ oder: „Wir wollen Freiheit, Recht und Brot, sonst schlagen wir die Bonzen tot!“

Es war den Menschen auch nicht zu verdenken, dass es in ihnen immer wieder brodelte. Heimlich teilten sie sich mit, dass sie alles ausbaden müssten, mit erhöhten Arbeitsanforderungen bis zum Umfallen, unter katastrophalen Bedingungen. Es gärte immer wieder, und bösartige Gerüchte, deren Grundlagen aber durchaus der Wahrheit nahe kamen, pflanzten sich in den Betrieben fort. „Wir müssen ausgleichen, was die Russen uns rauben. Wir werden noch jahrelang unter den Reparationszahlungen leiden, während die Westdeutschen Geld aus dem Marshallplan in den Arsch geblasen kriegen! Elftausend Kilometer Schienenstränge mussten unsere Arbeiter für die Russen abbauen und in die große Sowjetunion schicken. Unsere Bahnen können ja eingleisig fahren. Wir dürfen sowieso nirgends hin. 1000 vollständige Betriebe mussten sie für die Russen demontieren und 25000 Maschinen. Alles für den großen Bruder in der SU. Auch aus der laufenden Produktion entnehmen sie rücksichtslos einen Großteil und lassen uns nur so viel, dass wir nicht sterben und weiter für sie arbeiten können. Und solche Halunken erdreisten sich, uns zu erzählen, dass sie die ‚Ausbeutung des Menschen durch den Menschen‘ abgeschafft haben.“

Marita hatte inzwischen auch Bekanntschaft mit vielen Menschen gemacht, die das neue sozialistische System vorbehaltslos begrüßten und unterstützten. Sie wollten eine neue Gesellschaftsordnung, kämpften für Gerechtigkeit, für Frieden und für die Gleichberechtigung aller. Sie hatten ihr erzählt, wie traurig sie waren, als 1953 das große kommunistische Vorbild Stalin gestorben war, der Generalissimo, ihr Väterchen. Mit heiligen Schwüren für die Fortführung seiner Ideen hatten sie seinen Abschied beweint. Es war sehr schwer, alles zu verstehen. Marita war ja in der neuen Gesellschaft zur Schule gegangen, und ihr Herz war offen für den Sozialismus. Etwas noch nie Dagewesenes in Deutschland sollte entstehen, und sie war bei den 17 Millionen, die daran mitwirken konnten, dabei. Es war traurig, wenn so viele Menschen auf der Strecke blieben und mit Angst und Hass den Aufbau bremsten, Menschen, die leider auch Ungerechtigkeiten und Bösartigkeiten ertragen mussten, weil sie wegen jeder Kritik als Feinde betrachtet und als solche auch behandelt wurden.

Marita beschloss, in ihrem Aufgabenbereich immer gerecht und verständnisvoll zu sein, egal ob sie die große Politik in ihren furchtbaren Ausmaßen immer verstehen konnte. Sie konnte die kleinen Kinder liebevoll zu gegenseitiger Freundschaft und Achtung erziehen, Kinder der Ärmsten und Kinder der Bessergestellten, und versuchen, den Eltern begreiflich zu machen, dass man im jüngsten Kindesalter den Grundstein legt für einen Menschen mit sozialistischen Eigenschaften. Späteres Umerziehen war schwer, wenn nicht gar unmöglich. Die Erwachsenen waren wahrscheinlich schon durch die Kriege und das viele Leid verdorben, und Egoismus und Selbstschutz standen im Vordergrund. Man konnte es ihnen auch oft nicht verdenken. Sie wollten, dass es ihnen jetzt und hier besser ginge und nicht in einer fernen Zukunft. Die These vom ‚Ich‘ zum ‚Wir‘ war für sie Utopie.

Marita und Roland sparten, wo sie konnten. Sie legten sich einen Garten zu, um ihren Speiseplan zu bereichern. An den Wochenenden gruben und pflanzten sie im Garten, dem es zugutekam, dass Marita aus der Landwirtschaft die erforderlichen Kenntnisse und Fertigkeiten besaß. Roland übertraf sich selbst an Fleiß bei jeder Arbeit.

Dann kam das erste Baby, ein Sohn, gleich mit einem Urwald von roten Haaren bedeckt. Roland schwoll die Brust vor Stolz. Er wollte seine Frau schonen und nahm ihr alle Arbeit ab, schmierte ihr sogar das Brot. Sie musste die Fronten klären und ihm energisch verdeutlichen, dass er seinen Verantwortungsbereich habe und sie ihren. Sie sei nicht aus Watte und sei gewohnt, immer zu arbeiten. Langeweile sei tödlich für sie. Sie war froh, nach der Babyzeit wieder arbeiten zu gehen. Es dauerte nicht lange, da erwartete sie erneut ein Kind. Das Ehepaar hatte sich inzwischen einige Möbel und Dinge für den Haushalt angeschafft, und besonders er war ausgesprochen stolz auf jeden Neuerwerb. Und immer wieder musste sie ihn bremsen, wenn er ihr das Leben erleichtern wollte. Voller Liebe und Freude schrieb er ihr fast täglich kleine Zettelchen mit lieben Worten, was sie anfangs glücklich machte und erheiterte. Aber irgendwann war sie seiner Bekundungen überdrüssig, vor

allem, weil es so gut wie immer dieselben Worte waren. Sie überlegte schon etwas boshaft, ob sie die Zettel liegen lassen sollte, damit
er keinen neuen zu schreiben brauchte. Aber ihr gutmütiges, ver-
trägliches Wesen siegte, und sie ließ ihn weiter schreiben.

Sie entschuldigte und verzieh vieles, was ihr an ihm missfiel.
Er war der erste und einzige Mensch, der immer lieb zu ihr war,
der ihr die Arbeit nicht aufbürdete, sondern abnahm; der einzige
Mensch, der zärtlich zu ihr war. Sie genoss seine Berührungen
und fühlte sich glücklich. Ein Wermutstropfen waren die Gedanken an ihre frühere Familie. Weil sie so gutmütig veranlagt
war, schob sie alles Bedrückende, alle Enttäuschungen beiseite
und hielt durch Briefe immer Kontakt. Aber es blieb eine unbeschreibliche Sehnsucht in Marita nach der dörflichen Heimat.
Sie lebte in den Träumen von den schönen Situationen. Ganz tief
im Bewusstsein sah sie die Großmutter, wie sie sich um alle Hilfe
suchenden Menschen gekümmert hatte. Ihr Herz wurde warm,
wenn sie daran dachte, wie die Großmutter mit großer Geduld
den Mädchen das Stricken und Nähen beigebracht hatte. Und
es bedrückte ihr Herz, wenn sie an die Mutter dachte, die un-
unterbrochen gearbeitet hatte. Es fielen ihr auch viele lustige Be-
gebenheiten ein, zu denen der Vater beigetragen hatte: Einmal,
nachdem der Schnee getaut war und sich die ersten Schneeglöckchen und Winterlinge durch die Erde geschoben hatten, waren
die Nachbarn alle beim Hof von Hannes stehen geblieben und
hatten bewundernd auf dessen Tulpen geschaut, die bereits in
voller Pracht blühten. Hannes, der künstliche Tulpen in die Beete
geschoben hatte, amüsierte sich königlich. Ein anderes Mal hatten
die anderen Dorfbewohner sich beklagt, dass nur so wenige und
so kleine Pfirsiche an ihren Bäumen hingen, und sie wurden von
Neid erfüllt, als sie große, pralle, goldfarbene Früchte am Baum
von Hannes entdeckten. Dieser hatte ein Kilogramm Pfirsiche in
Apolda gekauft und am Baum befestigt, um die Leute zu narren.

Das zweite Kind von Marita und Roland war ein Mädchen, ein
dunkelhaariges, braunäugiges, sehr temperamentvolles Geschöpf.
Nun war das Glück der beiden perfekt. Als die Kleine ein Jahr

alt war, beschlossen sie, in ihren Heimatdörfern die Eltern zu besuchen und die Kinder zu präsentieren. Sie hatten sich brieflich angemeldet. Zuerst trafen sie bei Maritas Eltern ein. Sie wurden zwar nicht überschwänglich aber auch nicht unfreundlich empfangen. Marita musste zunächst einmal tief schlucken. Neben dem Bauernhaus stand eine wundervolle Villa, mit allem, was dazu gehörte. Ihre Schwester Lisa führte sie voller Genugtuung durch dieses Objekt. Jedes Detail, ein Marmorbad, eine Küche, die modernsten Ansprüchen genügte, bis hin zu Türklinken aus Messing, zeugte von Geld und Geschmack. Großmutter hatte recht gehabt, als sie gesagt hatte: „Um Lisa mach ich mir keine Sorgen. Die kommt mit ihrer Dummheit durch.“ Sie hatte nichts gelernt, hatte aber mit untrüglichem Instinkt den richtigen Mann herausgefischt, der die meisten Handwerke beherrschte, ihn mit betörenden Mitteln dazu gebracht, alle ihre Wünsche zu erfüllen. Des Weiteren war es ihr gelungen, den Eltern so viel Geld abzuluchsen, dass sie eine fürstliche Einrichtung erwerben konnte. Und in dieser Villa steckte auch ihr Erbteil. Wieder musste Marita tief schlucken, sehr tief.

Es wurde Kaffee serviert. Kuchen war immer da, weil jede Woche wie üblich mehrere Bleche mit dem vorbereiteten Teig zum Bäcker gebracht wurden. Dann aber war die Gastfreundschaft irgendwie erschöpft. Sie zeigten den Kindern noch den Hof mit den Tieren, was die Kleinen begeisterte. Sie hatten den Großvater kennengelernt, und der kleine Dieter ließ sich begeistert auf das Pferd heben. Er freundete sich mit dem Hund Stalin an und versuchte alles, um seine kleine Schwester auf ihm reiten zu lassen. Als Stalin sich das gefallen ließ, jauchzte der Junge vor Freude. Aber dann geschah etwas, was niemand voraussehen konnte. Der Hund furzte wie seit seiner frühen Kindheit. Es stank so grauenvoll, dass die kleine Sabine, die auf dem Hunderücken mehr lag als saß, um sich festzuhalten, mit dem Mund in der Nähe eines Ohres von Stalin, empört aufquietschte. Der erschrockene Hund machte einen heftigen Satz, der dazu führte, dass die Kleine herunterkullerte und noch lauter schrie. Damit war der landwirtschaftliche Ausflug beendet.

Natürlich besuchten sie auch Rolands Familie im Nachbarort. Schon die Begrüßung war ein gewaltiger Unterschied zum vorangegangenen Besuch. Die Wohnung war immer noch so einfach und ärmlich ausgestattet wie beim Auszug von Roland. Nur noch zwei Söhne lebten bei der Mutter. Als die Mutter ihre beiden Enkel in die Arme schloss, lachte und weinte sie zugleich. Die kleine Sabine war darüber höchst erstaunt. Sie tastete nach den Tränen dieser Oma und plapperte: „Nass? Weint? Lacht!" Sie ließen sich Kartoffelsalat und Bockwurst schmecken, und die Kinder erhielten die einfachen Bonbons, die die Oma immer in Reserve hatte. Es gab auch eine Katze, die ganz friedlich war und sich streicheln ließ. Die Oma wunderte sich nur, dass Sabine erst ausgiebig an dem Tier schnupperte, bevor sie es anfasste. Sie lachte herzlich, als sie als Grund des Misstrauens die Geschichte über den furzenden Stalin erfuhr. Die Kinder liebten diese Oma sofort. Lautes Lachen war bei ihren Eltern eher unüblich. Mama lächelte zwar oft liebevoll, aber Papa lachte selten. Von ihm fühlten sie sich manchmal eher ausgelacht, was Dieter oft kränkte. Er wollte immer der Beste sein und alles richtig machen. Aber diese Oma konnte durch ihr Lachen glücklich machen. Auch Maritas Herz flog der Schwiegermutter zu. Sie ließ sich viele Tipps über Haushalt und Kindererziehung in der Familie geben. Da jetzt durch den Auszug einiger Söhne ein paar Betten frei waren, blieben sie eine Nacht. Am nächsten Tag gingen sie noch einmal in Maritas Heimatort. Als sie langsam an den altvertrauten Häusern entlanggingen, begegneten sie einem Mann, der Marita ansah, zu lächeln anfing und auf sie zustürzte. Ohne sich um ihre Familie zu kümmern, umarmte er sie, die ihn an den dunklen Augen, den schwarzen Haaren und dem jungenhaften Lächeln erkannte. Kalle!

„Mein Engel mit den rotgoldenen Haaren! Wie freue ich mich, dich zu sehen. Ach, hätte ich nur damals die richtige Entscheidung getroffen und um dich geworben. Aber du warst immer wie eine Schwester von mir, um die man gar nicht werben kann. Und du warst so anständig, dass ich mich gar nicht getraut hätte, mehr von dir zu wollen. Meine Hormone spielten damals so verrückt, dass ich nahm, was mir geboten wurde und gar nicht darauf geachtet habe, wer mich schließlich einfing. So eine sexuelle Welle raubt einem doch jeden Verstand. Und nun muss ich dafür geradestehen. Aber, meine Traumfee, ich sehe hier schon jemanden, dem das Messer in der Hose aufgeht und der Mordgedanken hegt. Ich sehe, dass du dich auch schon anständig vermehrt hast." Endlich löste er seine Umklammerung, und sie konnte ihre Familie vorstellen. Er lud sie in seinen Bauernhof zum Abendessen ein. „Ich bin zwar nur der arme Eingeheiratete. Aber", und er zwinkerte verschmitzt, „vor euch wird meine Frau sich schon gastfreundlich verhalten, auch wenn ich hinterher die Prügel kriege." Roland passte es gar nicht, dass sie einen alten Verehrer seiner Frau besuchen sollten, wollte sie aber schließlich nicht brüskieren und nahm die Verabredung an. Marita wollte unbedingt auch ‚ihren Lepi‘ besuchen. Sie ging zunächst allein in die Schneiderwerkstatt, die er immer noch führte. Er saß mit dem Rücken zur Tür, und weil er schon etwas schwerhörig war, merkte er gar nicht, dass jemand den Raum betreten hatte. Aber als ihn jemand von hinten umarmte, ihn, den Krüppel, da wusste er sofort, wer es war. Von keinem Menschen auf dieser Welt, außer seiner Mutter, war er je so liebevoll umarmt worden. Vor Rührung fehlten beiden die Worte. Die Augen wurden feucht, und sie sahen sich nur immer an. Bis er den Bann brach: „Wie geht es dir? Hast du deine Familie mitgebracht?" Wie auf Kommando hörte man von draußen heftiges Gebrüll. Die kleine Sabine verlangte lautstark nach ihrer Mutter. Als Marita sie hereinließ und das Geschrei kurzzeitig verstummte, flammte es erneut auf, als das Kind Lepi erblickte. Marita nahm sie auf den Arm und beruhigte sie. Lepi lachte: „Ich kannte einmal ein kleines Mädchen, das bei meinem Anblick genauso erschrocken war." Als Sabine sich beruhigt hatte, ging Lepi hinter einen kleinen Vorhang, der für seine Kundinnen zum Umziehen bei der Anprobe diente. Es raschelte geheimnisvoll, und es knurrte und bellte etwas. Die Kinder starrten wie gebannt auf den Vorhang. Ein reizender kleiner Puppenkopf lugte plötzlich hervor und begrüßte die Kinder. Sabine hüpfte und lachte. Dann plötzlich bellte etwas und ein kleiner Hund sprang auf die Puppe zu, die jetzt ganz sichtbar war. „Dalin dinkt“, piepste Sabine. Da tauchte Lepi mit den beiden Gestalten auf, die er selbst genäht und alle Details so entzückend gestaltet hatte, dass man sie für echt halten konnte. Lepi wandte sich zuerst dem Jungen zu. Er bellte: „Wau, wau! Die Puppe will mein Freund sein. Aber ich will einen richtigen Jungen als Freund. Ich bin so allein, und meine Füße tun weh, weil ich schon so lange laufe und einen Jungen suche, der mich ganz lieb hat.“ Dieter holte tief Luft. Dann stammelte er: „Ich! Ich bin der Junge.“ „Na, dann komm und hole ihn dir.“ Langsam schob sich Dieter näher. Lepi schmunzelte: „Wie einst seine Mama.“ Er gab Dieter den Hund, der sofort dessen Beine streichelte und ihn flüsternd an sich drückte. Sabine hatte mit großen Augen und aufgerissenem Mund die Szene beobachtet. Dann sah sie erschrocken, dass die Puppe zu weinen begann: „Jetzt ist auch noch mein Hundi fort. Keinen Freund habe ich. Ach, wenn mich doch auch jemand lieb haben könnte!“ Sabine hüpfte und streckte beide Ärmchen nach der Puppe aus. Ein scheuer Blick zu Lepi folgte. Er hatte die schöne Puppe und sah gar nicht mehr gefährlich aus. Er lachte sogar, und die Puppe winkte und sagte: „Willst du meine Freundin sein und mich ganz lieb haben?“ Da gab es kein Halten mehr und Sabine sprang auf die Puppe zu. Lepi drückte die Puppe noch einmal an sich und sagte: „Tschüss, meine Kleine. Geh jetzt zu Sabinchen. Die ist ganz lieb mit dir.“ Mit größter Vorsicht, was sonst gar nicht ihre Art war, nahm Sabine das Püppchen und ließ es sanft wiegend und undeutlich abwechselnd summend und murmelnd den ganzen Tag nicht mehr aus dem Arm.

Am Abend ging die junge Familie, wie verabredet, zu Kalle. Die junge Bäuerin empfing sie zurückhaltend. Marita und sie kannten sich flüchtig aus der Schulzeit. Anna war zwei Jahre älter als sie. Anna schob ihren Sohn Anton zur Begrüßung nach vorn. Er war sieben Jahre alt und war sehr verdrossen, als seine Pflicht, die Begrüßung der Gäste, noch nicht zu Ende war und er den Auftrag erhielt, sich um die kindlichen Besucher zu kümmern. Er deutete aber den drohenden Blick seiner Mutter richtig und führte die Kleinen nach draußen. Als schwanzwedelnd der Hofhund erschien, sah er verwundert, wie die kleine Sabine fragte: „Dalin dingt?“, und an ihm schnupperte. Als sie mit dem Ergebnis zufrieden war, bestand sie darauf, auf dem Hund zu reiten. Anton zweifelte daran, dass sein Hund sich dies gefallen ließ und befürchtete, er würde zuschnappen. Weil ihm die Kleine in ihrer drolligen Art auf einmal gefiel, ging er in den Stall und holte das alte Pferd heraus, etwas was er auf Anfragen nicht gedurft hätte. Die Besucher waren Feuer und Flamme. Aber Anton wusste nicht, wie die Kinder da hinaufgelangen könnten. Seine eigenen Kräfte reichten nicht aus, und die Erwachsenen würden das Abenteuer glatt verbieten. So stellte er eine kurze Leiter an die Wand der Scheune und schob das Pferd dicht heran. Er nahm zuerst Dieter und ließ ihn auf die Leiter klettern. Dann stieg er hinterher und schob ihn auf das Pferd, das sich lammfromm alles gefallen ließ. Danach nahm er Sabine und schob sie vor sich her, die Leiter hoch. Er war entzückt, wie leicht die Kleine war und wie sie fröhlich lachte. Sie kletterte furchtlos, fast allein auf das Pferd hinüber. Anton führte sie nun im Hof herum und auf die Wiese. Die Kinder strahlten und Sabine juchzte immer wieder auf. Dann hörten sie die Rufe der Eltern. Anton erschrak, führte schleunigst das Pferd zur Leiter und organisierte unter Schweißausbrüchen eilig den Abstieg. Kaum war Sabine unten, da trippelte sie schon in großer Eile in Richtung Wiese. Da Anton sich noch um den Abstieg von Dieter kümmern musste, konnte er nicht gleich hinterherrennen. Sabine hatte beim Reiten einen kleinen Ententeich entdeckt und strebte diesem zu. Sie hatte ihn erreicht und ging ohne Angst in das Wasser, um zu den Enten zu gelangen. Der Teich war nicht tief, und Sabine konnte stehen. Er war aber schlammig, und ihre körperlichen Fähigkeiten waren noch nicht so gut entwickelt. Als sie sich rutschend den Enten näherte, flatterten diese wild schreiend, davon. Das Kind fiel um und landete kopfüber im Wasser. Doch im nächsten Moment wurde sie von Anton gepackt und herausgerissen. Auf das Höchste erregt, zerrte er Sabine ans Ufer und versuchte weinend, sie durch Schütteln zum Leben zu erwecken. Als er ein wütendes „Aua! Lass mich!“ von dem schlammigen Bündel hörte, warf er sich erschöpft ins Gras. Die Erwachsenen kamen angestürzt und kümmerten sich jetzt um das Kind. Bis auf den riesigen Schreck für alle war die Sache glimpflich ausgegangen. Anton erwartete entsprechende erzieherische Maßnahmen und versteckte sich vorsichtshalber. Er hatte aber nicht damit gerechnet, dass er jetzt eine Freundin hatte. Sabine kroch durch Haus und Hof, von den Frauen verfolgt, und suchte in jedem Winkel nach ihm. Da kam er aus seinem Versteck. Die Kleine umarmte ihn mit einem erleichterten „Defunden". Alle waren so gerührt, dass er mit einer kleinen Rüge davonkam.

Am nächsten Tag fuhr die junge Familie nach Weimar. Kalle hatte Marita noch heimlich zugeflüstert: „Wenn du einmal Hilfe brauchst und den Kerl neben dir los bist, weißt du, wo du mich findest."

Marita nahm dies nicht ernst und wusste, dass er dies nur aus Verlegenheit wegen ihrer alten, vernachlässigten Freundschaft sagte. „Vielleicht brauchst du eher Hilfe als ich. Denn ich bin sicher, dass der Kerl neben mir mich liebt", murmelte sie verlegen.

Am nächsten Tag fuhren sie nach Weimar. Marita wollte ihre alte Bildungsstätte aufsuchen, und vor allem wollte sie in den Park, um zu sehen, ob es dort noch den alten Gärtner aus der Studienzeit gab. Sie hatten einen Ball und einen Reifen mitgenommen, um für die Kinder Abwechslung zu schaffen. Da sah Marita eine einsame Gestalt auf einer Bank sitzen, und sie erkannte sofort den alten Freund. Sie ließ Dieter den Reifen in seine Richtung rollen. Der Gärtner drehte sich um, und langsam glitten Zeichen des Erkennens über seine Züge. Marita rannte zu ihm hin und umarmte ihn stürmisch. Dann stellte sie erschrocken fest, wie alt und gebrechlich er geworden war. Er erzählte ihnen, dass er nicht mehr arbeiten konnte, sondern nur noch aus alter Liebe und Gewohnheit in den Park ging. Sie fuhren mit ihm in ein Restaurant und erzählten ihm bei Kaffee und Kuchen, wie es ihnen ergangen ist.

Arbeit bei
behinderten Vorschulkindern

Marita wurde von ihrer ehemaligen Kollegin Charlotte Brunn besucht. Diese bat sie, mit ihr in einem Kindergarten zu arbeiten, der für physisch-psychisch geschädigte Vorschulkinder eingerichtet worden war. Obwohl Marita keinerlei Ahnung hatte, wagte sie es, diese Aufgabe zu übernehmen. Sie bereute diesen Schritt ihr ganzes Leben lang nicht. Anfangs war sie erschrocken über das Aussehen und Verhalten dieser Kinder und über die außerordentlich schwierige Aufgabe der Elternarbeit. Alles war so neu und anders. Doch mit ihren Charaktereigenschaften, wie Geduld, Zielstrebigkeit und Einfühlungsvermögen, war sie geradezu prädestiniert für diese Arbeit. Das Arbeitsklima war trotz anfangs dürftiger materieller Bedingungen wie geschaffen für sie. Die Kolleginnen, die anfangs auch nicht mit der Materie behinderter Kinder vertraut waren, erwiesen sich als verständnisvoll, freundlich und hilfsbereit. Sie lernten voneinander und sammelten viele Erfahrungen. Marita gelang es auch, sich in die Psyche der Eltern zu versetzen, die oft gedemütigt wurden und überfordert waren. Die Auswirkungen der Nazizeit, die den Menschen den Makel des unwerten Lebens eingetrichtert hatte, waren noch lange nicht überwunden, und ein Umdenken hatte nicht in allen Köpfen stattgefunden. So wurden manche Eltern behinderter Kinder mit Überheblichkeit und sichtbaren Schuldvorwürfen konfrontiert. Die Erzieherinnen fanden bald heraus, was die Kinder zugänglich und offener machte: das Lachen, das Singen und das Bewegen beim Lernen sowie Musik im gesamten Tageslauf. Die Eltern waren froh, dass es jetzt Einrichtungen gab, die den Fähigkeiten dieser Kinder gerecht wurden, dass sie hier gleichberechtigt waren und sich nicht schämen mussten, weil sie so vieles nicht konnten und nicht wussten. Niemand lachte mehr über sie, und für einige war das ewige, gewiss gut gemeinte

„Ich helfe dir" die Bestätigung gewesen, dass sie selbst nichts konnten. Jetzt wurden sie in die Lage versetzt, ihre Aufgaben zu erfüllen. Dies führte dazu, dass die Kinder sehr an Selbstbewusstsein gewannen, was wiederum zum Ausgangspunkt wurde, vor dem Lernen nicht Angst zu haben und Aufgaben gerne zu übernehmen. Die Erzieherinnen und Eltern waren sehr erfreut über diese erfolgreiche Tendenz. Trotzdem erkannten die Erzieher mit Besorgnis, dass es Eltern gab, die selbst der Hilfe bedurften. Eine Mutter erfand täglich etwas Neues, um sich aufzuregen. „Warum tragen Sie eigentlich keine weiße Hygienekleidung in dieser Sondereinrichtung?"

„Wir sind ein Kindergarten und kein Krankenhaus."

„Wenn ich meine Doreen frage, was sie heute gelernt hat, zappelt sie mit den Fingern herum. Soll das vielleicht lernen sein?"

„Wir machen unter anderem Fingerspiele mit lustigen Texten, die die Kinder anregen, gezielt ihre Finger zu bewegen und dabei zu sprechen. Der Text soll Vorstellungen in ihrem Gehirn erzeugen und Bekanntes mit Unbekanntem verknüpfen. Es fördert Fingergeschicklichkeit und Koordinationsvermögen. Außerdem ist es lustig, und die Kinder fühlen sich nicht unter Druck gesetzt beim Lernen und können lachen."

„Meine Doreen ist beim Laufen schnell erschöpft. Da müssen Sie beim Spazierengehen einen Kinderwagen mitnehmen."

„Wir führen die Kinder Schritt für Schritt dazu, ihre körperlichen Kräfte und ihr Durchhaltevermögen zu entwickeln."

Maritas Geduld war unerschöpflich, und ihre Ruhe strahlte auf alle aus.

Sie leerte beherrscht die Hosentaschen der Kinder nach dem Aufenthalt im Freien aus und entließ Sand, Käfer und Spinnen wieder in die Freiheit. Bei einem Kind, das bei jeder geforderten Anstrengung schrie wie am Spieß, gelang es ihr, es so weit zu zähmen, dass es ihr wie ein Hündchen folgte.

Marita erwartete noch ein Kind. Eigentlich war es nicht geplant. Aber es ging vielen Familien so. Sabine und Dieter waren nun schon fünf und sieben Jahre alt und entwickelten sich prächtig. Also konnte man auch noch ein drittes verkraften. Das Neue, ein

Mädchen, war ein allerliebstes Geschöpf. Es wog bei der Geburt neun Pfund und war voll ausgereift, ohne Runzeln und Flecken. Rotblonde Locken umrahmten das Köpfchen. Während Dieter sich freute und sich rührend um das Baby kümmerte, betrachtete Sabine ihr Schwesterchen sehr missmutig. Es gefiel ihr gar nicht, dass auf einmal nicht mehr sie, sondern dieser einkackende Schreihals im Mittelpunkt stand. Sie weigerte sich standhaft, ihrer Mutter bei der Versorgung des Babys zu helfen und versuchte durch allerlei Streiche immer wieder auf sich aufmerksam zu machen. Einmal sollte sie kurz auf die kleine Susanne aufpassen. Marita, geschult durch ihre pädagogische Arbeit, entdeckte auf dem Gesicht ihrer Großen eine gewisse Verschlagenheit, die sie misstrauisch machte. Sie tat, als verließe sie das Zimmer, beobachtete aber von einer Schrankecke aus, wie Sabine langsam auf das Bettchen zuging, ihren Finger ausstreckte und auf die Augen zielte. Im letzten Moment konnte sie das Unglück verhindern, und in ihrer maßlosen Erregung zerrte sie Sabine aus dem Zimmer und verpasste ihr ein paar Klapse auf den Hintern – was sie bisher immer vermieden hatte. Sabine ließ keinen Schrei hören. Sie war so erschrocken, dass es ihr auch für die nächsten zwei Stunden die Sprache verschlagen hatte. Als sich beide wieder beruhigt hatten, sprach Marita mit dem Kind. „Du hast mich nicht mehr lieb, nur noch die", schluchzte Sabine. Da nahm Marita sie auf den Schoß, wiegte sie in den Armen und erklärte ihr, dass so ein kleines Wesen einfach mehr Fürsorge und Zuwendung braucht, weil es noch nichts kann. Und eine Mutter liebt alle ihre Kinder, sogar die, die hässlich oder missgestaltet sind. „Aber ich brauche eure Hilfe, um das Baby zu versorgen. Dann habe ich auch wieder viel mehr Zeit für euch." Sabine gab sich daraufhin wirklich Mühe; aber die Eifersucht und der Neid verfolgten sie jahrelang. Denn die kleine Susanne wurde ein ganz besonderes Kind. Sie lernte schnell und bekam im Gegensatz zu ihren Geschwistern beste Zeugnisnoten. Sie war sportlich und erzielte im Kampfsport Preise. Dazu hatte sie ein sanftes, liebes Wesen. Ab und zu konnte es sich Sabine nicht verkneifen, ein paar Bemerkungen zu machen, die zwar lustig klangen, deren Sinn aber jeder ver-

stand; wie zum Beispiel: „Ich stehe ja schon stramm vor so viel
Genie" oder „So viel Gutes ist schon wieder verdächtig." Sabine
war temperamentvoll. Sie fürchtete sich vor nichts. Sie besiegte
Jungen beim Herumbalgen, strickte oder nähte aber auch Schals
für die Fußballfans und führte freche Reden, um die Jungen
noch zusätzlich zu beeindrucken. Ihre Stärke waren vielseitige
praktische Begabungen. Aber so einer intelligenten Schwester
fühlte sie sich manchmal nicht gewachsen. Und dieser Druck
musste mitunter raus.

Dunkle Wolken

Die Erzieher des Kindergartens erhielten die frohe Botschaft, dass sie in einen anderen Kindergarten umziehen durften, da die alte Einrichtung nicht mehr den Anforderungen für Vorschulkinder genügten. Das neue Domizil war die schöne Villa eines vor Jahren in den Westen getürmten Tankstellenbesitzers. Die Erzieherinnen waren glücklich. Allerdings mussten sie die Köchinnen und eine Erzieherin übernehmen, die schon vorher in dieser Einrichtung bei normalen Kindern gearbeitet hatten. Obwohl alle jetzt viel bessere Bedingung hatten, ahnten sie nicht, dass die schönen Tage vorbei waren und ein misslicher Umstand dem anderen folgte. Und alles lag nur an einer Person – an der Erzieherin, die sie übernommen hatten: Frau Berta Biester. Anfangs hielt sich die Frau, etwas älter als die anderen, sehr zurück. Zunehmend unangenehm fühlten sich aber alle Erzieher von ihr belauert. Still und aufmerksam beobachtete die Frau das Geschehen. Unter den Erzieherinnen gab es ein Unikum, das sich in einer heiteren Art über alles lustig machte, treffende ulkige Kommentare gab und die anstrengende Arbeit mit den behinderten Kindern zur Freude aller etwas auflockerte. Das war Dorit. Sie hatte Elektriker gelernt und kannte sich demzufolge mit Männern aus, eine Erfahrung, die oft als Grundlage für ihre witzigen Bemerkungen diente. Sie arbeitete aber, seit sie eigene Kinder hatte, nicht mehr in ihrem Beruf, sondern als Erziehungshelferin. Nebenbei absolvierte sie ein Fernstudium zur Ausbildung als Kindergärtnerin. Durch Dorit war eine fröhliche Atmosphäre in der Einrichtung entstanden. Am lustigsten war es, wenn alle gemeinsam sangen. Während Frau Brunn eine hohe Stimme hatte und die Kinderlieder in der geforderten Tonhöhe für Vorschulkinder in D-Dur singen konnte, besaß Marita eine tiefe Stimme, und es kostete sie wahnsinnige Anstrengung, eine gewisse Höhe zu erreichen. Dorit hingegen erreichte alle Tonhöhen, war aber kaum in der Lage, die Melodie rein zu singen. Weil das Ergebnis kein musikalischer Genuss war, holte Frau Brunn immer häufiger das Akkordeon hervor und übertönte damit den Gesang. Das Akkordeon hatte bisher alle übertönen können. Doch jetzt gab es Frau Berta Biester. Sie besaß so eine laute, schrille Stimme mit einem Klirren, das alle frösteln machte, dass auch das Akkordeon nicht dagegen ankam. ,Wenn diese Stimme halt nur das einzige gewesen wäre, hätten wir trotzdem glücklich sein können‘, seufzte später das eingeschworene Kollektiv.

Als erste bemerkte die Leiterin, was sich in der Mimik von Frau Biester abspielte, wenn die unbefangene Dorit wieder schlagfertig eine lustige Bemerkung machte. Frau Brunn beobachtete nun gezielt die Reaktionen der neuen Kollegin. Die Erzieherinnen hatten sich vorgenommen, Frau Biester bei der für sie neuen pädagogischen Arbeit zu unterstützen und ihr Tipps und Hinweise für den Umgang mit den behinderten Kindern zu geben. Frau Biesters Charakter ließ aber nicht zu, dass ausgerechnet ihr, die älter und somit erfahrener war, Hilfe angeboten wurde. Sie lächelte spöttisch und fühlte sich gedemütigt. Sie war eine gute Erzieherin, beharrlich, exakt, mit vielen Ideen. Aber sie begriff nicht, dass ein Kind, welches rein äußerlich ohne Makel war, oft auch einfache Dinge nicht begriff oder sich kaum etwas merken konnte, wenn dies nicht ständig unter abwechslungsreichen Tätigkeiten geübt wurde.

Ein paar harmlose Worte genügten, um Frau Biester zum Kochen zu bringen. Und wenn Dorit eine humorvolle Bemerkung machte, überzogen sich Hals und Gesicht der neuen Kollegin mit roten Flecken. Als Frau Biester einen Monat lang genügend Beobachtungen gesammelt und für sich ausgewertet hatte, begann sie mit ihren Machenschaften. Sie wollte allen beweisen, dass sie auf jedem Gebiet besser war. Um nicht allein dazustehen, suchte sie nach einer Verbündeten. In der ruhigen, ausgeglichenen Marita glaubte sie diese gefunden zu haben. Nach und nach vergiftete sie das Klima. Zunächst hatte sie sich die lustige Dorit aufs Korn genommen. Sie bezichtigte sie des Diebstahls von Schokolade, des Tragens ihrer Hausschuhe, wenn sie nicht da war, und, was sie ständig betonte, das Untergraben ihrer Autorität.

Später stürzte sie sich auch auf die Leiterin. Marita war nun bestrebt, eine friedliche Atmosphäre zu schaffen und die Wogen immer wieder zu glätten. Aber dann geschah etwas, das sie zwang, ihre Aufmerksamkeit mehr und mehr ihrer eigenen Familie zuzuwenden.

Als Marita eines Tages nach Hause kam, entkorkte ihr Mann Roland eine Flasche Sekt und sah sie strahlend an. Nur mühsam konnte sie die trüben Gedanken an Frau Biester abschütteln und sich erkundigen, was es denn zu feiern gäbe. „Stelle dir vor, ich bin nun schon zum dritten Mal als ‚Aktivist der sozialistischen Arbeit‘ ausgezeichnet worden. Und heute bekam meine Brigade den Titel ‚Kollektiv der sozialistischen Arbeit‘. Das bedeutet Ferienplätze an der Ostsee.“ Roland goss die Gläser voll. Marita gratulierte freudig, kannte ihn aber gut genug, um zu spüren, dass er noch etwas auf dem Herzen hatte. „Und jetzt kommt der Höhepunkt!“, rief er, über sich selbst begeistert. „Ich bin in die Partei eingetreten. Du siehst jetzt einen frischgebackenen Genossen vor dir.“

Marita trug die Nachricht mit Fassung. Sie wusste nicht, was sie erwarten würde. Doch das erfuhr sie bald. Das Familienleben war schon ohne Partei nicht einfach. Roland arbeitete im Schichtsystem. Die drei Kinder mussten sich ein Kinderzimmer teilen, für Schularbeiten machen, zum Spielen und Schlafen. Die Kinder waren sehr groß. Sie konnten sich in dem Zimmer kaum drehen. Dazu kam, dass sie ständig zur Rücksichtnahme auf den Schichtarbeiter in der Familie gezwungen wurden und sich, weil ihr Vater tagsüber oft schlief, extrem leise verhalten mussten. Kein lautes Streiten, auch bei ordentlicher Wut kein Türenknallen. Marita lenkte alles mit ruhiger, fürsorglicher Hand. Die beiden Großen Sabine und Dieter waren viel unterwegs. Dieter war aktiv im Boxsportverein und sehr erfolgreich. Und die kesse Sabine, die sich bereits körperlich zur Frau entwickelte, spielte mit den Burschen Fußball, neckte sie und kokettierte schon mit den

weiblichen Reizen. Nur die Jüngste, Susanne, war ganz brav und
fleißig und der Augapfel der Eltern. Es begann eine schwere Zeit
für Marita. Die Großen, im sozialistischen Staat aufgewachsen,
schulisch gebildet und zu selbstständigem höherem Denken erzogen, stießen auf einmal an die Grenzen, innerhalb der sie
sich bewegen sollten. Sie entdeckten den Unterschied zwischen
Theorie und Praxis in der sozialistischen Gesellschaft. Ständig
führten sie freche, aufsässige Reden: „Keine ordentlichen Jeans
gibt es im Laden. Die Kutten sehen alle gleich langweilig aus,
sodass man denkt, wir tragen Uniformen. Stundenlang muss
man sich anstellen, wenn man einmal etwas Außergewöhnliches haben will. Für die Jugend ist doch nichts los!" Wenn der
Vater dann mit seinen Parteizielen alle zum Schweigen brachte,
wuchsen unterschwellig die Proteste zu immer größerer Unzufriedenheit aus. Sie nahmen dem Vater auch übel, dass er
dauernd die Entbehrungen aus seiner Jugendzeit hervorkehrte,
wie die Alten das alle machten, aber er besonders. Dass sie jetzt
nie mehr Hunger leiden mussten, reichte nicht, um die Ansprüche der jungen Generation zu befriedigen. Aber auch Roland
kochte oft vor Wut. Er, das Arbeiterkind aus ärmsten Verhält-
nissen, in der Kriegs- und Nachkriegszeit aufgewachsen mit fünf
Brüdern, ohne Vater, war jetzt ein anerkannter, mehrfach aus-
gezeichneter Arbeiter und Genosse in seinem Betrieb. Niemals
hätte er diese Chancen im kapitalistischen Staat gehabt. „Diese
undankbare Bagage, lebt wie die Made im Speck, hat immer
eine warme Wohnung und warmes Wasser, kriegt den ganzen
Tag ihr Essen vorgesetzt und kann kostenlos alles lernen, was
sie will. Die Partei kriecht ihnen bald in den Arsch, um sie für
wichtige Aufgaben zu gewinnen, und sie reißen dennoch ihr
unverschämtes Maul auf. Wollen alles haben, aber nichts dafür
tun! Sollen sie erst einmal selbst etwas leisten!" Es fehlte nicht
viel, und er hätte seinen gierigen Nachwuchs verprügelt. Aber
ein Blick auf den Sohn, dessen flammend roter Haarschopf den
Kopf seines Vaters schon überragte und dessen Muskeln durch
das Boxen mindestens genauso gut entwickelt waren wie die
des Hauers beim Bergbau, hielt ihn von seinem Vorhaben ab.

Als seine Brut wieder über die ‚Scheißzone‘ herzog, ließ sich Roland erneut provozieren: „Alles das, was ihr so selbstverständlich hinnehmt, wird unter Höchstanstrengungen von den Werktätigen geleistet. Und wisst ihr auch, dass nur ein starker sozialistischer Staat ein Garant für den Frieden ist. Krieg ist das Schlimmste, was Menschen je erleben können. Wenn dir alles geraubt wird und du kaum genug Kleidung hast, um deinen Körper zu bedecken, und dein Sinn strebt nur noch danach, satt zu werden, dein Körper ist durch Hunger und Kälte nur noch ein Wrack und eine Beute für alle Krankheiten; dann begreifst du, wie gut es dir jetzt geht. Ich wünsche keinem von euch das, was Millionen Menschen in den damaligen Kriegsgebieten gelitten haben und daran zugrunde gingen. Aber ihr sollt es wissen und nicht vergessen!“

Marita stand dazwischen und musste auch hier immer mehr vermitteln. Sie konnte den Mann, aber auch die Kinder verstehen. Für diese war der Krieg weit weg. Sie verstanden nicht, warum dies immer wieder ein Gegenstand der Diskussionen sein musste. Sie wollten ihr Leben genießen. Eine wesentliche Tatsache für die Unzufriedenheit der Jugendlichen war der Einfluss des Westens, der über Rundfunk und Fernsehen immer mehr in den Osten schwappte. Da entwickelten sich unzählige Bedürfnisse auf Dinge und Veranstaltungen, die man vorher gar nicht kannte und brauchte. Während die westdeutschen Medien es sehr geschickt verstanden, die Menschen in ihrem Sinne zu beeinflussen, gelang dies den ostdeutschen Meinungsmachern nur unter größten Schwierigkeiten, in einer oft plumpen, ungeschickten Weise. Manche Leute stöhnten schon auf, wenn vor dem eigentlichen Artikel eine halbe Seite der Zeitung mit den vielen Titeln der Politiker gefüllt war. Die politischen Berichte ermüdeten viele Menschen schon nach ein paar Zeilen. Referate und Diskussionen waren so langweilig, dass man immer nach Möglichkeiten suchte, ihnen zu entweichen. Marita wurde von der Leiterin informiert, dass alle Pädagogen, auch die Nichtgenossen, am Parteilehrjahr teilnehmen mussten. Das bedeutete auch das Studium der sozialistischen Theorie. Wie alle anderen erhielt Marita auch Aufgaben, in denen sie ihr

Wissen vor den anderen präsentieren musste. Sie war so froh, dass das Klima in ihrem Kindergarten bisher so locker und politisch ohne Schranken war. Ob das allerdings jetzt noch, seit es Frau Biester gab, so weiterging, wagte sie zu bezweifeln. Seit ihr Mann Genosse war, sah sie ihn öfters brütend über einer Schreibarbeit. Er wirkte so angestrengt und fast verzweifelt. Sie erkannte, dass seine Schreibfähigkeiten nicht ausreichten, um Berichte für die Partei anzufertigen. Er hatte in der Kriegszeit nur einige Jahre, mit Unterbrechungen, die Schule besucht und war diesbezüglich nie gefördert worden. Aus eigenem Antrieb zu lernen, etwa über die Kinder, ließ sein Arbeiterstolz nicht zu. Also übernahm Marita seine Schreibarbeiten. Eines Tages sollte sie dies bitter bereuen. Manchmal wusste sie, die ihr Leben lang schwer gearbeitet hatte, nicht, wie sie alles schaffen sollte. Die Belastungen in der Arbeitszeit nahmen zu. An einem Abend war Gewerkschaftsversammlung, an einem anderen Parteilehrjahr, dann Weiterbildungsveranstaltungen oder Versammlungen. Dazu kamen die Hausbesuche. Jedes Elternhaus sollte einmal im Jahr besucht werden, um die Erziehungsarbeit qualitativ zu entwickeln, indem man auf eine gute Zusammenarbeit mit den Eltern setzte. Dann kam die Schulleitung ihrer eigenen Kinder auf sie zu, und sie ließ sich überreden, im Elternaktiv mitzuarbeiten. Wenn Roland da war, zeigte er sich weiterhin lieb und fürsorglich und nahm ihr viele Arbeiten ab. Aber sie spürte, dass seine Geduld mit den beiden Großen sehr strapaziert war und es immer häufiger zu Auseinandersetzungen kam. Doch Susanne, sein Lieblingskind, entschädigte ihn für alles. Er barst fast vor Stolz, als der Familie von der Schulleitung schriftlich gratuliert wurde, weil Susanne so gute Leistungen brachte, anderen Schülern beim Lernen half und gesellschaftlich so aktiv tätig war.

Die Familie verlebte jedes Jahr einen wunderschönen Urlaub. Sogar eine Reise nach Moskau bekam Roland, als mehrfacher Aktivist und Genosse, genehmigt. Doch irgendwann entglitt Marita ihre Familie. Die beiden Großen, sexuell auf dem Zenit, blieben jetzt öfters von zuhause weg und begaben sich in Gesellschaft ebenso umtriebiger Freunde. Dieter hatte die Chance, ein taktisch sehr guter Boxer zu werden. Doch er ging häufig nicht zu dem Training, trank Alkohol und zog sich so den Unmut der Trainer zu, die sich an Marita wandten, damit sie Einfluss nehmen sollte. Es war zu spät. Der Bursche trieb sich herum und hatte nur noch im Sinn, die Mädchen ‚aufzureißen' und sexuelle Abenteuer zu erleben. Sie schaffte es gerade noch, ihn zu beeinflussen, dass er der Ausbildung als Elektriker nicht fernblieb und hier seinen Abschluss machte.

Kaum waren die beiden Großen achtzehn Jahre alt, zogen sie aus ihrem zu moralischen und politisch einseitigen Elternhaus aus, um bei Freunden zu wohnen, die schon selbstständig waren. Maritas Einfluss schwand immer mehr. Sie gab sich unendliche Mühe, alles richtig zu machen, den Kindern Gutes mit auf den Weg zu geben. Aber so vieles entglitt ihr nun.

Dann überschlugen sich die dramatischen Ereignisse und zehrten an ihrer Kraft. Tochter Sabine wurde mit 18 Jahren schwanger, trennte sich aber noch während der Schwangerschaft vom Erzeuger und zog zu einem anderen Mann. Während Marita noch darüber nachgrübelte, wie sie ihrer Tochter helfen könne, war auf einmal ihr persönliches Umfeld bedroht. Es rückte eine Gefahr näher, drohend und unaufhaltsam, von der sie nichts geahnt hatte und der sie nicht ausweichen konnte.

Es begann damit, dass Roland, der jetzt auch Abgeordneter war, einen Auftrag von der Partei bekam. Er sollte den Wohnraum der Bürger in bestimmten Wohngebieten erforschen. Die Partei hatte sich auf dem achten Parteitag die riesige Aufgabe gestellt, für ordentlichen, angemessenen Wohnraum aller Bürger zu sorgen. Als erstes musste erfasst werden, wie viel Wohnraum aktuell den Menschen zur Verfügung stand, vor allem für Familien mit mehreren Kindern.

Die Genossen mussten aus taktischen Gründen immer zu zweit an den Wohnungen klingeln. Roland wurde eine Frau zur Seite gestellt, die mit ihm zusammen diese Aufgabe übernehmen sollte.

Eines Tages brachte er diese Frau mit nach Hause und stellte sie Marita vor. Marita, die oft abends sehr müde und ausgelaugt war, bemühte sich, gastfreundlich zu sein. Aber diese Frau Förster machte ihr die Bekanntschaft leicht. Sie war umwerfend freundlich und machte Marita über alle möglichen Dinge Komplimente. Anfangs freute sie sich, dass endlich einmal jemand ihre Bemühungen zur Kenntnis nahm. Doch allmählich merkte sie, dass alles Floskeln waren. Sie hatte bisher vorwiegend gradlinige Menschen kennengelernt, die sagten, was sie dachten, die einen rücksichtslos, die anderen taktisch und behutsam, aber immer ehrlich. Doch mit Schmeichlern hatte sie keine Erfahrungen. „Ich fühle mich so wohl bei Ihnen", flötete Frau Förster. „Alles ist so gemütlich und zeugt von der fachkundigen Hausfrau. Eigentlich könnten wir uns ja duzen. Ich bin die Marga."

Marita war nicht von schnellem Entschluss. Sie dachte stets sehr gründlich über alles nach, benötigte aber etwas Zeit. Das Spontane war nicht ihre Sache. Doch als Roland ihr zulächelte und sie auffordernd in die Seite stieß, zeigte sie sich zum Duzen bereit. Roland rückte zur Bekräftigung dieser neuen Freundschaft großmütig eine Flasche Wismutschnaps heraus, der akzisenfreie Branntwein, den die Bergleute unter Tage monatlich erhielten. Sie stießen an, und Marga lachte Marita an: „Wir werden uns wunderbar verstehen."

Marita fühlte sich überrumpelt. Marga erzählte so gut gelaunt von ihren zwei Kindern, von denen die Große behindert war, dafür die Kleine umso aufgeweckter. Sie beglückwünschte Marita zu ihrem Mann und verkündete, was Marita schon ein wenig verdrießte, dass man sich ja nun wohl öfter sehen würde.

„Was ist denn das für eine Frau?", erkundigte sie sich, als Frau Förster die Wohnung verlassen hatte.

„Ach ja, die dicke Förstern", grinste er. „Nimm sie halt, wie sie ist. Nachdem die beiden Großen aus dem Haus sind, kann sie ruhig ein bisschen Leben zu uns bringen."

„Darauf kann ich gerne verzichten", murmelte sie übellaunig. „Dass dir so eine gefällt?"

„Was heißt gefällt? Ich muss mit ihr zusammenarbeiten und nehme sie halt eben, wie sie ist. Sie hat einen leitenden Posten beim DFD." Dass sie beim Demokratischen Frauenbund arbeitete,

machte sie für Marita auch nicht sympathischer. Irgendwie spürte
sie die Gefahr, die von dieser Frau ausging, konnte sie aber
nicht greifen und nicht benennen. Durch ihr gutmütiges Wesen
veranlasst, schalt sie sich aber selbst wegen ihrer Übellaunig-
keit. Diese Frau konnte doch nie im Leben für sie eine Gefahr
bedeuten, fett, wie sie war. Dazu kam noch eine ausgeprägte
Hakennase, die jedem echten Araber zur Ehre gereicht hätte. Sie
wollte ihrem Mann keine Steine in den Weg legen. Sie wusste,
dass er sie sehr liebte. Er nahm ihr viele Arbeiten ab und bemühte sich auch nachts um sie, wenn sie endlich alle Sorgen
hinter sich lassen konnten. Das Feuer der Liebesakte war zwar
inzwischen zu einem Glimmen herabgekühlt, aber sie waren
schließlich seit vielen Jahren verheiratet. Da ist nun einmal die
Sturm- und Drangzeit vorbei, und alles geht ein wenig ge-
mächlicher vor sich. Als sie die nächtlichen Szenen heraufbe-
schwor, fiel ihr ein weiterer Punkt ein, der ihr eigenes Liebes-
bedürfnis etwas mäßigte. Vermutlich war von der schweren
Bergbautätigkeit die Lunge von Roland schon angegriffen.
Wenn er sie gestreichelt hatte und dann auf ihr lag, klang sein
Atem, als wenn er riesige körperliche Anstrengungen zu voll-
ziehen hätte. Angstvoll hatte sie in letzter Zeit auf das Rasseln
in seinen Luftwegen gehört und war nicht mehr in der Lage,
sich den Gefühlen hinzugeben.

Zu Maritas Leidwesen kam die neue Freundin Marga nun
an allen Abenden, an denen sie mit Roland die Wohnraum-
erfassung durchgeführt hatte. Manchmal brachte sie sogar die
jüngere Tochter Christa mit. Marita konnte Margas Wesen nicht
begreifen. Sie war so laut, ungehemmt, von einem krankhaften
Gute-Laune-Spleen besessen, und diese ständigen körperlichen
Berührungen widerten sie an. Marga umarmte sie mehrmals
während eines Abends stürmisch, tätschelte laufend ihre Hände
und ihre Knie und lehnte sich auf dem Sofa ungebührlich an sie an.
Ihre achtjährige Tochter Christa war der Abklatsch ihrer Mutter.
Sie ging durch ihre Dreistigkeit Marita völlig auf die Nerven. Als
sich Christa dann eines Tages auf den Schoß von Roland setzte,
ihn umhalste, streichelte und rief: „Onkel Roland, du bist mein

Wunschvati!", da gab es Marita einen Stich durch das Herz. Ihr innerer Aufruhr verstärkte sich noch, als sie das selige, dümmliche Lächeln ihres Mannes sah.

Margas Auftritte wurden von Woche zu Woche penetranter. Wenn sie beim Kaffee saßen, hob sie des Öfteren theatralisch ihre Arme, raufte sich die Haare und rief in jammerndem Tonfall: „Ich habe keinen Mann! Ich habe keinen Mann!"

Es wurde noch schlimmer. Lachend und hemmungslos erzählte sie in allen Details ihre amorösen Abenteuer.

„Ach", rief sie, „mein erster Mann war ja ein exquisiter Liebhaber. Er konnte es von allen Seiten, im Liegen, Sitzen und Stehen. Selbst dem Kamasutra hätte er noch ein paar Stellungen hinzufügen können. Ich war so besessen von ihm, dass mir meine Muschi juckte, wenn ich nur an ihn dachte. Manchmal hielt ich es nicht mehr aus und ging auf seine Arbeitsstelle. Dort verdrückten wir uns auf eine Toilette, und er hing auf dem Klositz über mir. Die Sitze hielten übrigens. Na ja, gute DDR-Ware! Als ich aber schwanger wurde, kamen mir schwere Bedenken. Für die Liebe war dieser Typ ja unentbehrlich – aber ein Kind von ihm? Niemals! Warum? Weil er hässlich wie die Nacht war. Ich hatte ihm eigentlich, obwohl wir schon zwei Jahre verheiratet waren, nie richtig ins Gesicht gesehen. Mich interessierte nur der untere Bereich des Körpers. Jetzt sah ich ihn mir erstmals richtig an und stellte mir vor, was für eine unansehnliche Fratze dieses Kind haben würde. Nein! Es sollte nicht mich und die Welt erschrecken. Ich horchte mich bei anderen Frauen um und erfuhr, was man alles tun kann, um ein Kind abzutreiben. Aber ich war gesund und fruchtbar wie ein Urwald. Durch meine verschiedenen Eingriffe ist zwar das Kind nicht abgegangen, hat aber einen Gehirnschaden erlitten. Und das Komische daran: Sie ist gar nicht so hässlich. Die Behinderung habe ich inzwischen akzeptiert. Schließlich ist ja das Geld, das man dafür bekommt, auch nicht zu verachten."

Marita wühlte es vor Abscheu ihr Innerstes auf, und ihre seelische Blockade zu dieser Frau wurde immer größer.

Ein anderes Mal berichtete Marga vom Ehemann Nummer zwei.

„Er war ein schöner Mann. Nach meiner Pleite mit dem
ersten, den ich mir zwar trotz seiner abscheulichen Visage immer
wieder einmal zu gewissen Dingen ‚ranholte‘ – natürlich jetzt,
seit ich sein Gesicht kannte, nur noch im Dunkeln – musste es ein
schöner Mann sein. Ich umgarnte ihn mit allen Möglichkeiten.
Auf meinen Busen, der andere Männer verrückt macht“ – ihr
kurzer Seitenblick auf Roland entging Marita nicht – „reagierte
er überhaupt nicht. Aber auf Streicheln an gewissen Stellen sprang
er dann an. Ich musste mir sehr viel Mühe geben, bis ich ihn endlich ins Standesamt zerren konnte. Er hatte einen guten Beruf,
und ich wollte auf diese Geldquelle nicht verzichten. Dank des
ersten Mannes waren mir ja so viele Liebesvarianten bekannt,
dass ich bald herausbekam, auf was mein zweiter heftig reagierte.
Erst nachdem ich ihn nun an mich gebunden hatte, merkte ich,
dass ich bei den Liebesspielen zu kurz kam. Immer wieder versuchte ich, sein Stilett – ich sage Stilett, weil seiner so lang und
dünn war – zwischen meine Beine zu bekommen. Doch wie’s
der Teufel will: Immer wenn es in der Nähe meiner Paradies-
quelle war, sackte es wieder zusammen und kringelte sich wie
ein Regenwurm. Und das passierte ausgerechnet mir, mir, die ich
nur neben einem Mann stehen musste, um seine Hose schwellen
zu lassen. Ja, es war seine Schönheit, die meinen Verstand so verwirrt hatte, dass ich erst nach einer Woche ehelichen Missver-
gnügens entdeckt hatte, dass mein Angetrauter ein Homo war.
Den musste ich ja schnell wieder loswerden, das war klar. Aber
sein Gesicht, sein makelloser Körper und besonders seine schönen
Hände, beeindruckten mich stark. So ein Kind wollte ich haben,
makellos schön. Dann grübelte ich angestrengt nach und legte
mir einen Plan zurecht, wie ich ihm zur richtigen Zeit so viel
Lebenssaft abzapfen könnte, um mich zu schwängern. Als er im
Bett lag, näherte ich mich ...“

Marita konnte nicht mehr. Sie vernahm noch das ihr unbekannte Wort ‚Genusswurzel‘ und wandte sich voller Abscheu
der Küche zu. Vorher hatte sie noch entsetzt bemerkt, wie ihr
Mann auf die Geschichte reagiert hatte und sein schwellendes
Geschlechtsteil zwischen die Beine geklemmt hatte, um es un-

sichtbar werden zu lassen. „Diese intrigante Schlange", dachte sie. „Sie ist der blanke Abschaum!"

Jeder Tag, an dem Marga nun erschien, wurde für Marita zum Albtraum. Es war ja nicht so, dass diese Frau nur ihren Mann bezirpte. Sie rückte auch Marita immer mehr auf den Leib und erzählte Geschichten, wie sie es einmal mit einem Mann und einer Frau gemacht hatte. „Das ist ein einmaliges Erleben", schwärmte sie. „Man muss einfach nur den Mut haben, es auszuprobieren. Es ist noch köstlicher als nur mit einem Mann. Ein Orgasmus löst den anderen ab. Ich gehöre ja wahrhaftig nicht zu den Mauerblümchen. Ich muss die Liebe in all seinen Facetten ausprobieren." Marita schüttelte sich angeekelt.

Sie hatte ihrem Mann immer vertraut. Alles besprachen sie gemeinsam, alle Probleme lösten sie zusammen. Aber so nach und nach verlor Marita an Vertrauen.

Als sie ein paar Tage später die Wäsche sortierte, fand sie in seiner Hose einen Zettel. Sie faltete ihn auseinander. In der Mitte war ein flammendes Herz stümperhaft gezeichnet. Darum herum stand in einer Vielzahl der Name Marga. Marita erbleichte, und ihr Körper war ein einziger Schmerz; ein Zustand, der sie die nächste Zeit nicht mehr verließ.

Dann, eines Tages lief das Fass über. Marita machte gerade die Betten und wunderte sich ein wenig, dass die Bettdecke nicht so akkurat zurückgeschlagen war, wie sie es seit Jahren tat. Misstrauisch geworden, richtete sie ihren Blick aufmerksam auf das Laken. Da sah sie Spuren, die mit Sicherheit nicht von ihr stammten. Sie sank vor dem Bett zusammen, und ihr war, als stürze die Welt über ihr ein. Erst nach Minuten löste der Schock eine Tränenflut aus. Die Gedanken überschlugen sich, und sie suchte nach einem Weg, der sie aus dieser Finsternis bringen konnte.

Sie kam zu dem Ergebnis, dass auf jeden Fall diese Frau nicht mehr ihre Wohnung betreten durfte. Sie fieberte und zitterte gleichzeitig dem Augenblick entgegen, in welchem ihr Mann ihr in die Augen sehen musste.

Bebend vor Aufregung und Zorn stand sie vor ihm. Er ließ die Vorwürfe über sich ergehen und sagte dann nur: „Was denkst du denn von mir? Das stimmt nicht, was du dir in deiner Eifersucht ausdenkst."

„Roland, ich dachte, dass du genug Vertrauen zu mir hast, um die Wahrheit zu sagen und nicht nach Ausflüchten zu suchen. Ich dachte immer, dass wir zusammen alt werden können. So erschütternd es für mich jetzt auch ist. Ich denke, dass ich dir nach einiger Zeit verzeihen könnte. Aber ich will die Wahrheit wissen."

„Was ist nur in dich gefahren? Da war nichts. Du kannst Marga nur nicht leiden, weil sie anders und offener ist als du. Von ihr kann man viel lernen."

Schon bei dem Namen kam Marita der Ekel hoch. „Du hast wahrscheinlich von ihr schon so viel gelernt, dass dir die Lügen ungeniert über die Lippen gehen. Du bist eine einzige Enttäuschung für mich!"

Da sah er sie an, packte ein paar Sachen ein und ging, ohne noch ein Wort zu verlieren. Von ihren beiden Großen erfuhr sie am nächsten Tag, dass ihr Vater in der Gartenlaube wohnte, aus welcher er sie vertrieben hatte, als sie sich dort ein kleines Liebesnest eingerichtet hatten. Später erfuhr Marita, dass Marga ihn dort regelmäßig besuchte.

Als Marita auf ihrer Arbeit erschien, vertraute sie sich ihren Kolleginnen an. Sie war bleich und zitterte, und Tränen der Enttäuschung strömten immer wieder über ihr Gesicht. Die Kolleginnen trösteten sie so gut es ging und versicherten ihr, dass ihr Mann so eine Frau wie sie gar nicht verdient hatte und er jetzt nur bei seinesgleichen gelandet sei. Besonders Leiterin Charlotte nahm sich ihrer an. Marita konnte sich aussprechen und ihrem Schmerz freien Lauf lassen.

Es dauerte lange. Innerlich hoffte sie wahrscheinlich immer noch, er würde zu ihr zurückkehren. Aber er kam nicht. Die Tarantel Marga hatte ihn mit ihren sexuellen Freizügigkeiten und Abartigkeiten in ihr Netz gezogen und ihn eingesponnen.

Dann, als sich Maritas Nerven etwas beruhigt hatten, erhielt sie eine Mitteilung des Gerichts. Ihr Mann hatte die Scheidung eingereicht. Das riss sie zwischenzeitlich erneut in die Tiefe.

„Wieso ist das als Anklage gegen mich formuliert. Ich habe doch gar nichts verbrochen. Ich war immer treu, habe die Kinder erzogen, habe ihm bei der Schichtarbeit alle Hindernisse aus dem Weg geräumt. Nun muss ich auch noch einen teuren Rechtsanwalt bezahlen."

Nichts ahnend wurde Marita, deren Realitätssinn durch das schlimme Geschehen, etwas getrübt war, nun in ein anderes Netz gezogen. Die neue Kollegin, Frau Berta Biester, hatte sich alles mit angehört und die augenblickliche Schwäche für ihre Intrigen genutzt. Sie rückte ihr immer näher und beträufelte sie mit ihrem Gift, Stück für Stück. Aus ‚purer Freundschaft' gab sie ihr für die formelle Trennung von ihrem Mann wichtige Hinweise: „Du rückst nichts aus dem Haushalt heraus. Soll er das Auto und den Garten behalten. Du bestehst auf der Garage. Die ist mehr wert als das Auto. Die ganze Wohnungseinrichtung ist deine. Alle Wertgegenstände versteckst du. Vom Konto hebst du das meiste ab, weil du für die Kinder, die sich selbstständig machen, Möbel und Ausstattung kaufen musst. Er wird es nicht wagen, es den Kindern wieder wegzunehmen. Für die Kleine ziehst du gleich Studiengeld an Land. Diese Marga ist bestimmt gewieft – aber wir sind noch gewiefter."

Für diese Tipps war Marita ihr sehr dankbar. In ihrer Verzweiflung hätte sie sich bestimmt von ihrer Feindin Marga ausnehmen lassen. Frau Biester nutzte indessen schamlos das neue Vertrauen, um ihr einiges gegen die Kollegen, besonders gegen die lustige Dorit, einzuflüstern. Wieder einmal war Marita gezwungen, die richtige Balance zu halten. Doch ihr Vertrauen zu Leiterin Charlotte war so groß, dass sie ihr das meiste von Frau Biesters Machenschaften mitteilte. Charlotte erkannte erst nach vielem Ärger, dass Frau Biester krampfhaft versuchte, Leiterin zu werden und verbissen nach Fehlern von ihr forschte. Sie bemängelte vor allem ihre Führungsqualitäten und dass sie nicht kritisch genug sei und nichts unternahm, um andere in die Schranken zu weisen. Diese Frau rügte Charlottes Harmoniestreben. Sie äußerte: „Bei Frau Brunn ist immer alles Friede, Freude, Eierkuchen. Eine Leiterin muss auch öfters mit harter Hand durchgreifen."

Charlotte, jetzt wachsam geworden, bemühte sich vor allem, keine politischen Fehler zu begehen. Das würde von der Volksbildung schwerer geahndet als gravierende pädagogische Fehler. Denn sie ahnte, dass Frau Biester ihre Erkenntnisse nicht nur mit Marita teilte. Sie spürte, dass eine Denunziation durchaus im Bereich des Möglichen lag. Unterlief ihr also ein größerer Fehler, würde das spürbare Folgen haben. Später stellte sich heraus, dass für Frau Biester kein größerer Fehler notwendig war, um Verleumdungen in den Weg zu leiten.

Der Mensch kann viel ertragen

Marita war der Meinung, dass es schlimmer nicht kommen könnte und dass ein Mensch nicht in der Lage sei, noch mehr zu ertragen. Aber das Unglück wollte sie noch nicht verlassen.

Sie wollte ihrer Jüngsten mehr Leid ersparen, weil diese von den ganzen Umständen zutiefst erschüttert war. So war sie froh, dass ab und zu eine Freundin von Susi erschien, die sie ein wenig ablenkte. Sie hörte aus dem Kinderzimmer immer wieder einmal Lachen, was sie sehr beruhigte. Die Freundin Margit war ein zartes, aufgewecktes Ding aus einer kinderreichen Familie. Weil sie sportliche Höchstleistungen brachte und es ihr sehnlichster Wunsch war, Balletttänzerin zu werden, war sie von Schule und Sportverein gefördert worden und hatte einen Studienplatz in Dresden auf der weltbekannten Paluccaschule bekommen. Da Susanne ebenfalls in Dresden Wirtschaft studierte, hatten beide ihre Freundschaft vertieft und waren oft zusammen. Die Freizeitgestaltung spielte sich hauptsächlich in Maritas Wohnung ab, da in Margits Zuhause der Schwarm von Geschwistern das Mädchen nicht zu Atem kommen ließ. Marita mochte Margit und hielt es für einen glücklichen Umstand, dass die beiden sich so gut verstanden.

Noch immer waren ihre Nerven zerrüttet. Sie sah sich außerstande, zur Ruhe zu kommen, grübelte verzweifelt und brach immer wieder in Tränen aus. Was hatte sie verkehrt gemacht? Was reizte ihren Mann an dieser unattraktiven, verkommenen Frau? Warum stellte ein Mann wirkliche Liebe, Vertrauen und gegenseitige Achtung in den Hintergrund, wenn sexuelle, nein, perverse Reize lockten? Warum setzte er dafür alles aufs Spiel? Sie wollte alles allein tragen und nicht ihre verbliebene Susanne damit belasten. Doch dann spürte sie mit dem untrüglichen Mutterinstinkt, dass ihr jüngstes Kind immer stiller wurde, immer blass aussah und sichtlich Sorgen mit sich herumschleppte. „Ob es vielleicht der Verlust des einst so geliebten Vaters war, was ihr jetzt erst so richtig bewusst wird?", dachte Marita. „Wie kann ich ihr nur helfen?" Susanne hatte schon immer Probleme damit, sich anderen vertrauensvoll zu offenbaren. Trotz der eigenen Sorgen wollte Marita ihr Kind schützen und entlasten. Dann hielt sie es nicht mehr aus. „Was bedrückt dich denn so, mein Liebling? Ist es wegen Vati? Vermisst du ihn so sehr?"

Trotzig sah Susanne ihre Mutter an. „Nein! Diesen Mann kenne ich nicht mehr, weil er sich aus unserem Leben ausgeschlossen hat. Ich wollte es anfangs nicht wahrhaben, dass er nicht nur dich für diese Frau verlassen hat, sondern auch seine Kinder. Ich habe ihn doch so lieb gehabt und glaubte ganz fest, dass er mich auch liebte. Ich wollte ihn wieder zurückholen, helfen, euch zu versöhnen, aber er war es nicht wert."

Tränen rollten die zarte Wange herab. „Ich war mehrmals im Garten, klopfte an die Laubentür, an die Fenster und rief seinen Namen; aber es hörte niemand. Als ich mich dann bei einer Gartennachbarin erkundigte, ob sie wisse, was für eine Schicht er hatte und wann er denn da sei, sagte sie mir: ‚Ja, meine Kleine, wenn du das Codewort nicht kennst, lässt dich keiner rein. Deine Geschwister waren auch schon vergeblich da. – Aber sieh mal, da kommt jemand, der die Parole kennt.‘ Als ich mich umdrehte, sah ich diese böse Person, die uns den Vati weggenommen hat. Als sie klopfte, ging die Tür sofort auf. Kannst du dir vorstellen, wie tief mich das getroffen hat? Er hat uns abgelegt wie einen alten Schuh. Nein! Dieser Mann hat in meinem Leben nichts mehr zu suchen."

Susanne, das Nesthäkchen, musste zum ersten Mal im Leben eine große Enttäuschung verkraften. Es tat Marita so leid, und sie umarmte sie tröstend. Doch da fuhr Susanne fort: „Was mich jetzt fast noch mehr bedrückt, ist das Los von Margit."

„Was ist denn geschehen? Es klappt wohl mit der Tanzausbildung nicht?"

„Ach, sie ist am Boden zerstört. Ihr ganzes Leben wird anders verlaufen, als sie es sich erträumt hat. Stelle dir vor: Sie wurde von einem ihrer Sportförderer geschwängert, in den sich das dumme Ding verliebt hatte, der natürlich verheiratet ist und Kinder hat. Sportliche Übungen, die eigentlich der Hilfe und Sicherheit dienen sollen, nutzte er für gewisse erotische Annäherungen. Und Margit, die als Älteste der Familie so gut wie nie liebevolle körperliche Zuwendungen erhalten hatte, fiel natürlich darauf rein und glaubte an die große Liebe. Ihre Mutter hat sich nach Kenntnis der Mitteilung über die Schwangerschaft sofort distanziert und gesagt, dass sie froh sei, wenn ihre zuletzt geborenen Zwillinge aus den Windeln sind und dass sie kein Kind mehr großziehen würde, erst recht nicht so einen kleinen Bastard. Margit müsse eben ihre Tanzutopien aufgeben, was sowieso Schwachsinn gewesen sei und müsse froh sein, wenn sie in schwangerem Zustand noch eine Fließbandarbeit in der Porzellanbude bekommt. Beide, die Mutter und der Sportpädagoge, hatten ihr nahegelegt, das Kind abzutreiben, was ja jetzt legal in der Klinik gemacht werden kann. Nur dann könne sie ihre Tanzausbildung fortsetzen. Margit geht es schlecht. Sie hat Skrupel, den Embryo entfernen zu lassen; doch die Zeit drängt, da es nur bis zur zwölften Woche möglich ist. Sie ist doch so begabt und will nicht auf ihr Lebensglück verzichten: Tanzen. Nun hat sie sich entschlossen, in der Frauenklinik die Schwangerschaft abbrechen zu lassen. Ich werde erst dienstags nach Dresden fahren, damit ich morgen Margit in die Klinik begleiten kann."

Die Siebzehnjährige tat Marita Leid, und sie nahm Anteil an ihren Sorgen.

Eine Abtreibung war gewiss eine furchtbare Entscheidung und die Erinnerung daran würde sie ein Leben lang belasten.

Ein paar Wochen waren vergangen. Margit kam an fast jedem Wochenende zu Susanne. Sie war stiller geworden und berichtete, dass es ihr nach dem Eingriff gar nicht gut ginge. Auf der Tanzschule brach sie dann eines Tages bei den harten Übungen zusammen und musste klinisch behandelt werden. Als es ihr besser ging, kam sie nach Gera zurück und meldete sich völlig verstört bei Susanne. Marita spürte, dass in dem Zimmer etwas vorging, etwas Ungreifbares, Unheilvolles. Nach einer Stunde bat eine verweinte Susanne sie ins Kinderzimmer.

„Mutti! Margit ist schwanger."

„Ach, du törichtes Mädchen! Und dieser Sportpädagoge ist ein Verbrecher. Zweimal hintereinander gibt es keine Abtreibung."

Marita, deren nervliche Verfassung immer noch sehr angegriffen war, kamen die Tränen, als sie die Verzweiflung der Mädchen sah.

Margit bekannte schluchzend, dass sie nicht schon wieder schwanger war, sondern immer noch.

Marita sah sie fassungslos an. „Aber das geht doch nicht. Eine Ausschabung ist eine Ausschabung!"

„Es ist aber so. Vielleicht waren es Zwillinge, und sie haben nur eines herausgeholt."

Schweigen.

Doch dann brach es wieder aus Margit heraus: „Ich war, obwohl es mir so schlecht ging, eine der Besten auf der Schule, und eine Lehrerin sagte mir, dass ich, wenn ich weiterhin so gut lerne und trainiere, eine große Zukunft vor mir habe. Und jetzt ist alles vorbei! Aus der Traum!"

Marita tat alles so leid. Ihre Gefühle überschlugen sich, und ihre alten Vorbehalte gegen Männer bedrückten ihr Gemüt. „Ach, wenn doch nur einmal die Männer die Folgen ihrer Übergriffe tragen müssten! Da sähe die Welt gewiss ganz anders aus."

Sie konnte der Kleinen nicht helfen. Auch wenn sie das Kind in eine Wochenkrippe bringen würde, wäre vermutlich eine tänzerische Ausbildung und Karriere nicht möglich. Es waren sowieso nur wenige Jahre, die sie tanzen könnte; und von den paar Jahren würde durch ein Kind noch eine lange Zeit wegfallen. Außerdem würde auch der Körper nicht mehr der sein, der er einmal war: die Haut nicht mehr so glatt, der Bauch nicht mehr so flach, die Brust nicht mehr so straff.

Marita seufzte tief. Die Kleine tat ihr so leid.

Es vergingen ein paar Wochen. Sabine, die Große kam, um für den Vater einige seiner persönlichen Dinge zu holen. Er hatte sie aufgesucht, weil noch einiges zu regeln war. Sein Konto hatte er bzw. seine Geliebte – er war in diesen Dingen unerfahren – bereits sperren lassen. Marita hatte den Rat von Kollegin Biester befolgt und noch rechtzeitig eine Summe vom mühsam Ersparten abgehoben. Etwas zum Unterhalt von Susanne zu zahlen, war ihm nicht eingefallen; gerade jetzt, wo die Ausgaben für das Studium unübersichtliche Höhen erreichten. Marita erfuhr, dass er sich immer noch in der Gartenlaube aufhielt, aber oft bei seiner Geliebten war. Doch bald würde es kalt werden. Die Herbststürme waren jetzt schon ziemlich heftig. Dann müsste er sich eine andere Bleibe suchen. Ein wenig hoffte Marita immer noch, dass er sein Fehlverhalten einsehen würde und zu ihr zurückkäme.

Das Unglück mit Margit ließ Marita keine Ruhe. Wie war es möglich, dass der Embryo in der Gebärmutter verblieben war? Ihr kamen merkwürdige Gedanken, die sie anfangs verwarf, die sich aber nicht verdrängen ließen und sie hartnäckig verfolgten. Wollte jemand, dass sie das Kind bekam? Aber warum?

Vielleicht war es die Antwort auf ihre bohrenden Fragen: Susanne erzählte ihr, dass Margit bei der Schwangerenberatung von einer Frau, vermutlich vom Jugendamt, zu einem Gespräch gebeten wurde. Man hatte sie freundlich über ihre Verhältnisse ausgefragt und bedauert, dass sie vom Elternhaus keine Unterstützung bekam, und dass sie ihre Ausbildung in der berühmten Tanzschule aufgeben musste. Die Frau war sehr fürsorglich und nett und hatte mitfühlend geäußert, dass es doch ganz tragisch sei, wenn ein Mädchen mit solchen Talenten und solchen Zukunftsaussichten Tag und Nacht für ein Kind da sein müsse.

Dann hatte sie nebenbei geäußert, dass manche Frauen ein ganz anderes Unglück hätten. Sie würden alles tun, um ein Kind zu haben, aber die Natur versagte es ihnen. „Ist das nicht ein furchtbarer Widerspruch?", hatte die Frau hinzugefügt. „Die einen sind unglücklich, weil sie ein Kind bekommen, das ihnen alle Zukunftsaussichten verbaut und sie vielleicht immer einen

Vorwurf gegen das Kind mit sich herumtragen, unterschwellig natürlich. Die anderen sind unglücklich und verzweifelt, weil sie kein Kind bekommen können. Dabei wäre es doch möglich, dass die eine der anderen helfen könnte!" Die Frau hatte es bei diesen Worten gelassen und geäußert, dass sie bei der nächsten Beratung wieder dabei wäre, weil Margit noch nicht volljährig war und die Mutter sich nicht kümmern würde.

Marita trug jetzt diesen furchtbaren Verdacht mit sich herum. Er wollte sich nicht mehr vertreiben lassen: Junge, gesunde Mädchen, die schwanger wurden und eine Abtreibung vornehmen lassen wollten, wurden in dem Glauben gelassen, die Ausschabung sei vollzogen worden. Wenn sie ein paar Wochen später feststellten, dass sie immer noch schwanger waren, wurden sie gezwungen, das Kind auszutragen, da die Zwölfwochenfrist vorbei war. Dann wurden sie anscheinend einfühlsam auf den Weg gewiesen, ihr Kind dennoch loszuwerden und dabei noch etwas Gutes zu tun. War es so?

Marita behielt alles für sich. Es gab keinen Beweis, und sie wollte Margit nicht noch mehr belasten. Sie witterte ein Verbrechen zwischen Ärzten und Volksbildung, vor allem des Jugendamtes. Es war unfassbar.

Dann klärten sich die Dinge wie von selbst. Margit wurde von einem Monat zum anderen immer sicherer, das Kind zur Adoption freizugeben, und bekam das Gefühl vermittelt, eine andere Mutter glücklich zu machen. Alles verlief ohne Hindernisse. Ein gesundes Mädchen kam zur Welt. Margit durfte es nur einmal in den Arm nehmen und ihm als einzige liebevolle Handlung den Namen geben. Sie flüsterte dem Neugeborenen zum Abschied noch ins Ohr: „Bitte verzeih mir! Du wirst immer in Gedanken bei mir sein. Wenn ich einmal eine Tanzkarriere habe, werde ich für dich tanzen, da du es mir ermöglichst hast, mein Ziel zu erreichen. Viel Glück für dich und ganz liebe Eltern!" Dann war das Kind verschwunden, und Margit drehte sich stundenlang zur Wand und weinte. Sie fieberte und blieb lange so traurig, hin und hergerissen, ob sie es richtig gemacht hatte. Am Anfang hatte sie das werdende Leben im Bauch gehasst. Aber allmählich war es ihr so vertraut geworden, dass sie einige Male erwogen hatte, es doch nicht zur Adoption freizugeben. Aber dann war die freundliche Frau erschienen, hatte sie gestreichelt und gelobt und hatte ihr einen Vertrag überreicht, das Studium in Dresden erneut beginnen zu dürfen. Damit war ihr Lebenstraum wieder in Reichweite gerückt, und sie hatte sich gezwungen, sich von dem Kind zu lösen, damit es auch eine goldene Zukunft haben konnte.

„Bis zu sieben Wochen habe ich noch Zeit, mir alles zu überlegen und das Ganze rückgängig zu machen", teilte sie Marita unter Tränen mit. Aber nach den sieben Wochen kam nichts, keine Anfrage, keine Bestätigung der Adoption, nichts! Margit sprach nicht mehr darüber. Sie kaufte sich das Bild eines Kindes und hielt oft Fürsprache mit ihm. Mit der Zeit half ihr ihre Jugend über den Kummer und die bedrückende Last einer Schuld hinweg, und das aufregende und erfolgreiche Leben an der Tanzakademie nahm sie voll in Anspruch. Das schlimme Erlebnis hatte sie so geprägt, dass ihre Ausbilder erstaunt zur Kenntnis nahmen, dass sie trotz der kindlichen Züge, bereits die Reife und Ausdrucksform einer jungen Frau besaß. Dann war da noch die wunderschöne Kulturstadt Dresden, die alle Wünsche der Jugendlichen erfüllte, die sie sich leisten konnten. Oft trafen sich die beiden Mädchen wieder an den Wochenenden in Susannes Kinderzimmer und tuschelten wie früher ihre Geheimnisse.

Kaum hatte Marita auch dieses Geschehen einigermaßen verarbeitet, kam erneut ein psychologischer Hammerschlag. Sie war beim Entwerfen eines pädagogischen Gutachtens, als es mehrmals an der Haustüre klingelte. Als sie öffnete, stürmte ein junger Mann herein, den Susanne als Freund von ihrem älteren Bruder Dieter erkannte. Als er vor Marita stand, rief er, ohne sie zu begrüßen: „Ich wollte Ihnen nur sagen, dass Dieter im Knast sitzt."

Marita wankte und wurde kalkweiß. Der Bursche hielt sie fest und brachte sie zum Sessel. „Es ist gestern passiert. Wir haben gesoffen und auf dem Heimweg gesungen, gegrölt und geprahlt, wer der größte Haudegen sei und sich am meisten traut. Sie wissen ja, wie das so ist!" Marita wusste nicht, wie das so ist, und ihre Lebenserfahrung reichte auch nicht aus, um es sich vorzustellen.

„Da kamen wir in die Amthorstraße. Ein Soldat hielt vor dem Gefängnis wie üblich Wache. Wir alle, eine Truppe von fünf Besoffenen, pöbelten ihn voll. Er sagte immer wieder: ‚Bürger, bitte gehen Sie weiter!' Das reizte uns so zum Lachen, dass wir ihn nicht in Ruhe ließen und weiter beschimpften. Aber Dieter ließ es nicht dabei. Er wollte seine Boxkünste zur Schau stellen und schlug den Wächter mit einem Treffer nieder. Na ja, dort wird alles mit Kameras aufgezeichnet, und man hat uns erwischt und Dieter als Haupttäter eingebuchtet. Das wollte ich Ihnen nur sagen."

Sprach es und verschwand augenblicklich.

Marita schluchzte auf. Dann richtete sie ihren Blick starr auf die Wand. Susanne befürchtete das Schlimmste. So hatte sie ihre Mutter noch nie gesehen. Sie bekam Angst und bot ihr an, einen Arzt zu rufen. Aber ihre Mutter erhob sich benommen, ohne ihren starren Blick zu verändern, wankte in das Bad und schluckte zwei Schlaftabletten. Danach legte sie sich auf das Sofa und war nicht mehr ansprechbar. Susanne war aufgeregt und unglücklich. Hatte sie Mutter zu viel zugemutet, als sie die Probleme von Margit mit nach Hause brachte, obwohl sie wusste, dass sie den anderen Kummer mit Vater noch lange nicht überwunden hatte? Vielleicht wäre dann die neue Hiobsbotschaft nicht gar so niederschmetternd gewesen. Sie deckte die Mutter zu, streichelte sie und murmelte tröstende Worte. Es war Sonntag. Am nächsten Tag musste sie sehr früh aufstehen, um nach Dresden zu fahren. Auch Mutter musste wieder zur Arbeit. Würde sie es schaffen? Würde sie sich etwas antun? In der Nacht stand sie mehrmals auf, um nach der Mutter zu sehen. An Schlaf war nicht zu denken. Die kleine schriftliche Prüfung am nächsten Morgen in der Uni würde sie gewiss verhauen. Vielleicht war sie in der Lage, früh im Zug ihre Gehirnzellen noch ein wenig auf Vordermann zu bringen und zu lernen. Am nächsten Morgen fand sie ihre Mutter bleich, aber sehr gefasst, die morgendlichen Aufgaben verrichtend, vor.

Susanne war beruhigt und verabschiedete sich für eine Woche, flüsterte ihr aber noch zu, dass sie sofort in der Schule anrufen sollte, wenn sie Hilfe brauchen würde.

Marita machte ihre Arbeit mechanisch mit erstarrtem Gesicht. Die Kolleginnen ließen sie in Ruhe, und auch die Kinder spürten, dass etwas nicht stimmte, und verhielten sich abwartend und beobachtend. Am zweiten Tag vertraute sie sich der Leiterin Charlotte an, bat um Diskretion und Verständnis. Sie war so erleichtert, alles erzählen zu können, auch wenn das Schluchzen sie immer wieder übermannte. Charlotte hörte zu, versuchte sie ein wenig zu trösten, wusste aber, dass nur die Zeit und die Klärung der familiären Verhältnisse ihr helfen würden, darüber hinwegzukommen. Aber das würde dauern – sehr lange. Sie empfahl ihr, sich ganz und gar den Kindern zu widmen. Ablenkung und die vielen kleinen Freuden, die Kinder mit sich bringen, würden die seelische Heilung beschleunigen. Am Tag konnte Marita dem furchtbaren Druck ihrer Gefühle entkommen; aber abends, wenn sie allein war, kamen sie wieder, die düsteren Gedanken, die sich durch nichts abschütteln ließen, in denen sie gefangen war und keinen Ausweg fand.

Als eine Nachbarin klingelte, um den neuesten Klatsch zu erfahren und zu verbreiten, fand sie eine Frau vor, die zwar höflich, aber wie in Trance war und auf alle Versuche der Unterhaltung apathisch reagierte. Und da hätte die Nachbarin nur zu gerne gewusst, wo denn der liebe, fleißige und stets hilfsbereite Gemahl war, den sie doch schon so lange nicht gesehen hatte, und ob die ständige Besucherin, die man des Öfteren an seiner Seite sah, eine Verwandte ihres Mannes sei. Es gelang ihr nicht, ihre Neugier zu befriedigen, und sie ging nur mit der Gewissheit, dass in der Familie einiges im Argen lag und Marita aus Kummer wohl recht viel trinken würde, weil ihre Augen gar so glasig waren und sie einen nicht mehr richtig anschauen konnte.

Erst als Tochter Sabine mit dem kleinen Peter erschien, war Marita so abgelenkt, dass der niedliche kleine Kerl ein Lächeln in ihr Gesicht zaubern konnte. Doch Sabine, das temperamentvolle Mädchen, wusste zwar, dass die Mutter litt, aber sie ging mit lockeren Worten darüber hinweg. „Der Vater kommt schon wieder, wenn er genug Sex mit der Alten hatte. So lange hält der es sowieso nicht mehr durch, so wie es schon aus seiner Lunge pfeift. Und was den Dieter betrifft, so sieh die Sache doch positiv. Der Knast wird ihm schon einiges austreiben, dem alten Angeber. Auf dich und mich hat er ja schon lange nicht mehr gehört.“

„Und wie geht es euch?“, versuchte Marita von dem schrecklichen Thema abzulenken. „Was arbeitet dein Frank überhaupt? Du kannst ihn ruhig einmal herbringen.“

„Ach, Mutti, mit dem Frank ist es aus. Der will immer nur mit mir ausgehen, jeden Abend zu seinen blöden Kumpels. Er meint, dass er sich ja sonst vorkäme, als würde er unter dem Pantoffel stehen. Und es würde ihm gar nicht passen, wenn sie über ihn lachten. Ich soll mich nicht so haben und mitkommen. Das Kind würde doch schlafen, und wenn es mal schreit, wäre es auch nicht so schlimm. Das kräftigt allemal die Lunge. Er würde nicht dazu beitragen, das Kind zu verweichlichen, so gerne er ihn auch hätte. Und wenn ich abends nicht mitging, trieb er sich mit anderen Weibern ’rum. Das habe ich echt nicht nötig.“

„Dann bist du wohl wieder zu Sebastian zurückgekehrt, dem Vater des Kindes?“

„Der? Der verdient doch so wenig, dass er mir kaum die Alimente bezahlen kann. Der würde nur auf meine Kosten leben. Er hat sich den Kleinen nur einmal angesehen und dann nie wieder Interesse gezeigt. Der wäre der Letzte, zu dem ich wieder ginge. Ich wohne jetzt bei Jürgen. Der hatte schon immer etwas für mich übrig und versteht sich ausgezeichnet mit dem Kleinen.“

Marita musste tief durchatmen, um auch noch diese Aussagen zu verkraften. Sie wollte nicht mehr und schaltete ab, da sie die leichtfertigen Reden der Tochter nicht mehr in ihrem geplagten Gehirn unterbringen konnte. Sie reagierte nicht mehr und wandte sich nur noch dem Kleinen zu. Der krähte vor Freude über ihre Fingerspiele und verlangte alle Arten der Hoppe-Reiter-Bewegungen. Dem Kleinen gelang es sogar, sie zum Lachen zu bringen und Gefühle zu wecken, die ihr fremd geworden waren.

Sie klammerte sich an den kleinen Trost, dass dieses Kind gesund und schön war und die Mutter trotz ihrer oberflächlichen Art ausgesprochen tüchtig war, ihn liebte und gut für ihn sorgte. Ihre Männergeschichten musste Marita ausblenden, wenn es denn möglich war.

Als Sabine gegangen war, kreisten die Sorgen wieder wie ein Karussell in ihrem Kopf, und sie fühlte sich nicht in der Lage, diesem Treiben Einhalt zu gebieten. Sie fragte sich unaufhörlich, worin ihre Fehler lagen, womit sie dieses Unglück verdient hatte. Sie hatte sich immer bemüht, alles richtig zu machen, hatte versucht, die Kinder zu ordentlichen Menschen zu erziehen, hatte ihrem Mann Liebe, Fürsorge und ein geordnetes Familienleben gegeben. Warum musste sie alle diese Probleme ertragen, die sie doch nicht selbst verschuldet hatte?

Eine schwere Aufgabe hatte sie noch zu bestehen: ihre Scheidung.

Sie gab sich Mühe, bei Gericht gut auszusehen. Keiner sollte annehmen, dass ihr Mann sie verlassen hatte, weil sie sich äußerlich gehen ließ. Susanne kam mit, weil die Versorgungsleistungen geklärt werden mussten. Das Herz von beiden schlug ungestüm. Mit hoch erhobenem Kopf betraten sie den Gerichtssaal. Susanne sah auf den Mann, der ihr Vater war, der sich wie ein Schlappschwanz dieser Frau auslieferte, und Verachtung spiegelte sich auf ihrem Gesicht. Marita hatte mit einem Blick auf die beiden Kontrahenten erkannt, dass es nicht mehr ihr Mann war, der fest umkrallt von diesem abscheulichen Weib sie scheinbar gleichgültig ansah. Erst in diesem Augenblick wusste sie mit Gewissheit, dass sie ihn nicht mehr haben wollte. Trotzdem musste sie krampfhaft das Weinen unterdrücken, das sich anbahnte. Da saß sie nun, ihre erste und einzige große Liebe. Er hatte es vor mehr als zwanzig Jahren fertiggebracht, dass sie mit leichtem Herzen alle Ansprüche auf ihr Familienerbe aufgegeben hatte. Seine Worte klangen ihr noch im Ohr: ,Unterschreibe! Wir haben es doch nicht nötig, von diesem geizigen Bauernpack ausgehalten zu werden. Bei der Wismut verdiene ich so viel Geld, dass wir ein schönes Leben haben können und nicht auf deine Verwandtschaft angewiesen sind.' Und dann hatte er sie verraten, um einer Schlampe willen.

Die persönlichen Angaben waren verlesen. Die Rechtsanwälte hatten ihre Position dargelegt. Der Richter erklärte, dass er nicht recht erkennen könne, aus welchem Grund der Mann sich scheiden lassen wolle: „Ich lese hier nur: aus Eifersucht. Aber gesunde Eifersucht gehört fast zu einer Ehe, in der sich die Partner lieben. Man ist in Sorge, dass man den Partner an einen anderen verlieren könnte. Anders sieht es mit krankhafter Eifersucht aus. Sie kennen doch den Spruch: ‚Eifersucht ist eine Leidenschaft, die mit Eifer sucht, was Leiden schafft.‘ War es so in Ihrer Ehe? Schildern Sie uns doch einmal, welcher Anlass Ihre Frau zur Eifersucht getrieben hat.“

Verunsichert sah Roland zu seiner Geliebten. Das Reden war, wie auch das Schreiben, nicht seine Stärke.

„Wir hören“, ermunterte ihn der Richter.

„Als ich in meiner Aufgabe als Abgeordneter meiner Arbeitskollegin Rosen schenkte, war meine Frau eifersüchtig.“

„Das wäre ich aber auch“, rief eine Schöffin.

„Ich bin aber ein Kavalier“, entgegnete Roland beleidigt, „und weiß mich Damen gegenüber zu benehmen.“

„Damen!“, entfuhr es unbeabsichtigt Marita. Sie schlug sich die Hand auf den Mund, musste aber im selben Moment feststellen, dass die Sympathien des Gerichts sich ihr eindeutig zuwendeten.

„Die geschilderte Eifersucht Ihrer Ehegattin können wir kaum als Scheidungsgrund ansehen. Haben Sie noch irgendwelche Aussagen gegen Ihre Frau, an denen wir erkennen können, dass Ihre Ehe zerrüttet ist?“

„Nein. Ich hatte eine gute Frau.“

Verwunderung machte sich breit, und der Rechtsanwalt von Roland griff sich an den Kopf.

Dann wurde Marita befragt. Sie wollte der Farce ein Ende bereiten und erklärte kurz und bündig, dass sie die Moral in einer Ehe für heilig hielt und es nicht verkraften würde, dass ihr Mann ein Verhältnis mit einer fragwürdigen Person hatte. Sie blickte kurz, was sie bisher vermieden hatte, in die Richtung der Kontrahentin und sah deren frech grinsenden Blick. Das versetzte sie so in Rage, dass sie schreien wollte: ‚Dieses abgefeimte Weibsstück! Diese Hure! Diese Schlampe!‘ Aber sie beherrschte sich. Sie spürte, dass sie die Sympathien der Vertreter des Gerichtes hatte, sogar des gegnerischen Rechtsanwaltes. Das wollte sie nicht aufs Spiel setzen. Sie erklärte, dass sie ebenfalls die Scheidung wünschte.

Jetzt sollten die Versorgungsansprüche geklärt werden. Da Marita einer vollen Berufstätigkeit nachging, würde sie nach DDR-Recht nichts erhalten. Aber da war die minderjährige Tochter, die noch in der Berufsausbildung war. Der Richter trieb Roland in die Enge: „Wie viel wären Sie denn bereit, für Ihre jüngste Tochter freiwillig zu bezahlen, die ja studiert und daher einen erhöhten Anspruch hat? Sie haben sich, wie ich hier sehe, seit der Trennung vor Unterhaltszahlungen gedrückt?“

Roland fühlte sich in seiner Ehre gekränkt. Aber es ging um Geld. Er wollte sich ein neues Leben aufbauen, und seine Liebste hatte ihn vor aller Art Sentimentalitäten gewarnt und hatte ihm deutlich zu verstehen gegeben, dass sie nichts zu verschenken haben würden. Er schnaubte laut hörbar. „Ich soll für jemanden freiwillig zahlen, der mich nicht mehr als Vater ansieht, der hier tut, als wäre ich nicht vorhanden und mich offensichtlich verachtet?“

Eine verblüffte Stimmung im Gericht. Susanne spürte alle Blicke wie Dolche auf sich gerichtet. Sie starrte ihren Erzeuger an, der von jetzt an nicht mehr ihr Vater war. Wie hatte sie diesen Mann geliebt und verehrt. Er war ihr absolutes Vorbild gewesen, ihr Idol, ihr Abgott. Immer wenn er nach Hause gekommen war, hatte er ihr, seinem Liebling, seinem Engelchen, Naschereien zugesteckt. Er war als Abgeordneter oft an der Schule gewesen, was sie vor den Klassenkameradinnen mit großem Stolz erfüllt hatte. Verachtung und das Gefühl des Hasses, das sie bisher nicht gekannt hatte, wuchsen in ihr.

Der Richter, der mit allen menschlichen Abgründen vertraut war, meisterte schnell die Situation. Er zog sich mit den Verantwortlichen des Gerichtes zurück, kam nach wenigen Minuten wieder herein und teilte mit, dass die Scheidung hiermit in Kraft trat. Roland erhielt neben den Scheidungspapieren noch den Beschluss zur Zahlung der Alimente nebst dem Zwang zur Nachzahlung für ein Jahr. Die Vermögensverhältnisse wurden nicht angetastet, da beide erklärten, eine private Regelung getroffen zu haben. „Wenigstens etwas, wofür ich der Kollegin Biester dankbar sein muss", dachte Marita, als sie den Raum verließen.

Gerade, als Mutter und Tochter aufatmen wollten, geschah noch etwas Unglaubliches. Zwei Gestalten, die in einer Nische gestanden hatten, kamen auf sie zu. Es waren Roland und Marga Förster. Marita und Susannes Mienen versteinerten, und sie wollten rasch vorbeigehen. Doch Marga trat ihnen strahlend in den Weg. „Nachdem nun alles geregelt ist, könnten wir doch das Kriegsbeil begraben und wieder gute Beziehungen pflegen. Wir könnten uns in einer Gaststätte treffen und wieder Freunde werden."

Angewidert stieß Marita diese impertinente Person beiseite, fasste fest Susannes Hand und stürmte mit ihr zur Tür. Sie hörte nur noch den Satz ihrer Feindin, die mit hoher Stimme und lang gezogenen Silben rief: „Ach, du bist aber nachtragend!"

Nur langsam konnten sich Mutter und Tochter wieder dem Alltag zuwenden.

Marita sehnte sich nach einem schönen, harmonischen Familienleben. Sie glaubte, ihre Enttäuschung besser zu verkraften, wenn sie wieder einen Partner hätte, der vielleicht auch von seiner Ehe enttäuscht war, der ihr wieder Vertrauen und Zuversicht geben könnte und mit dem sie noch viele glückliche Jahre verbringen würde. Außerdem wollte sie, nachdem sie so viele Demütigungen ertragen musste, Roland zeigen, dass sie immer noch begehrenswert war und andere Männer ihre Vorzüge zu schätzen wussten. Ein Problem bei der Partnersuche stellte ihre Größe dar. Die alleinstehenden Männer, die mindestens so groß waren wie sie, waren nicht reichlich gesät. Wenn sie mit Leiterin Charlotte sprach, rissen öfters wieder die alten Wunden auf. Sie fühlte sich immer noch weggeworfen, einfach entsorgt und war voller Hoffnung, dass es für sie eine neue Liebe geben könnte. Frau Biester, die inzwischen auch geschieden war, lachte sie aus, als sie erfuhr, wie wenig Marita vom gemeinsamen Besitz behalten hatte. Sie teilte ihr mit, wie sie ihrem Mann Mark für Mark entwendet hatte. Sie war ihm nachgeschlichen und wusste, wo die Freundin wohnte. „Der hätte doch all unser Gespartes der Hexe in den Rachen geworfen, wenn ich mich nicht rechtzeitig darum gekümmert hätte. Ich habe außerhalb von Gera einige kleine Konten angelegt, von denen er nichts wusste. Alle Wertgegenstände habe ich – aber sage nichts der Leiterin – im Dachboden des Kindergartens gebunkert. Er wusste doch gar nicht, was alles wertvoll war. Wenn er nach etwas fragte, habe ich nur mit den Achseln gezuckt und gesagt: ‚Passe doch auf dein Zeug auf und mache mich nicht verantwortlich, wenn etwas fehlt.‘ Der Trottel hat nichts geahnt. Wahrscheinlich war er aus lauter Liebe zu seinem Flittchen so vernebelt, dass der Geist ausgeschaltet war. Naja, wer so intensiv und dreimal am Tag das ‚Neue Deutschland‘, das Zentralorgan der SED, liest und es immer noch nicht begriffen hat, dem ist eben nicht zu helfen. Außerdem habe ich beim Kochen drastisch seine Fleischportionen gekürzt und ihm die gesundheitlichen, manneskraftstärkenden Vorzüge von Mangold, Spinat und Wirsing aus dem Garten gepriesen. Er musste mir aber genauso viel Wirtschaftsgeld geben, als wenn ich mehrmals wöchentlich riesige Fleischportionen aufgetischt hätte. Ich verstehe gar nicht, dass dein Verflossener so billig davongekommen ist. Ein bisschen Skrupellosigkeit deinerseits wäre angebracht gewesen.“

Marita konnte es nicht mehr hören. Sie hatte immer versucht, die Stimmung zwischen den Kolleginnen auszugleichen, aber ihre Kraft war durch die persönlichen Schicksalsschläge verbraucht. Sie wollte nur noch friedlich leben. Und als Frau Biester ihre Kolleginnen beim Amt mit bösartigen Behauptungen verleumdete, beschränkte sie das Zusammensein mit Berta auf das Notwendige.

Eines Tages war sie aus ihrer Lethargie erwacht. Sie war an diesem Tag einkaufen. Da es stark regnete, beschloss sie, in ein Restaurant zu gehen und Kaffee zu trinken. Allein in ein Lokal zu gehen, hatte Überwindung gekostet. Sie wusste, dass die meisten Leute sie wegen ihrer Größe anstarrten. Aber sie musste etwas für ihr Selbstbewusstsein tun. Sie sah sich um. Es war eine angenehme Atmosphäre. Als sie ihre Bestellung aufgegeben hatte, spürte sie in ihrer sensiblen Art, dass sie beobachtet wurde, nicht so neugierig gemustert wie von den meisten Leuten, sondern intensiv begutachtet. Sie wandte sich um und sah einen Mann, etwas älter als sie, der sie jetzt freundlich anlächelte. Als sich ihre Blicke länger hinzogen als schicklich, stand er auf, ging zu ihr und stellte sich mit einer Verbeugung vor: „Bernd Schuhmann." Sie musterte ihn kurz und fand, dass er sehr gepflegt, anständig und sympathisch aussah. Er bat sie höflich, ob er sie einladen dürfe, an seinem Tisch Platz zu nehmen.

Alle Alarmglocken, die sonst schrillten, wenn ein Mann in ihre Nähe kam, versagten. Mit jeder Faser ihres Herzens spürte sie, dass dieser Mann ihr Glück sein könnte. Nach der vielen Aufregung wollte sie sich endlich etwas Gutes gönnen. Sie spürte, dass dieser Herr, mit seinen hervorragenden Manieren, klug und gebildet war. Sie lächelte und ließ sich an seinen Tisch geleiten. Es tat ihr gut, von so einem außergewöhnlichen Mann hofiert zu werden, dass sie verächtlich auf eine gewisse Erinnerung an eine Proletenseele spucken konnte. Das war doch hier etwas ganz Besonderes. Von so einem Typen umgarnt und mit schönen Worten bedacht zu werden, war mehr, als sie erhoffen konnte. Sogar einen Doktortitel hatte er, wie er ihr ganz bescheiden mitteilte. Eine wunderschöne Zeit würde sie erwarten. Hoffentlich erfuhren Roland und sein fieser weiblicher Dragoner, was sie für ein unbeschreibliches Glück hatte. Da konnte sie locker auf so einen primitiven, ausgelaugten, lungenpfeifenden Bergmannskumpel verzichten.

Sie unterhielt sich so gut, wie es ihr noch nie passiert war. Er erzählte ihr von Reisen ins Ausland, von Dingen, die sie noch nie gehört hatte. Ihr Herz flatterte mit auf seine Reisen. Glücksmomente ließen ihre Wangen erröten und ihren Körper kribbeln. Er ließ sie wissen, dass er in einem Dorf, etwa fünfundzwanzig Kilometer von Gera entfernt, ein Haus hatte, in dem seine Mutter lebte und wohin er sich verzog, wenn seine Reisen ihm erlaubten, ein paar Monate auszuruhen.

Sie verabredeten sich für schöne Spaziergänge und zum Essen an den Wochenenden in anspruchsvollen Lokalen. Marita legte jetzt mehr Wert auf ihr Äußeres. Sie betonte die schönen braunen Augen und probierte Frisuren aus. Die Kolleginnen merkten sofort, dass sich etwas Positives ereignet hatte, und gönnten es ihr von Herzen – mit einer Ausnahme. Berta Biester hatte mit ihrer anbiedernden, hinterlistigen Art einiges in Erfahrung gebracht. Boshaft neidete sie Marita ihr Glück, so einen besonderen Mann zu haben. In ihrer typischen Art, sich selbst in allen Bereichen zu überschätzen, vermutete sie, dass so ein Mann eigentlich besser zu **ihr** passen würde. Sie wäre ja auch als Leiterin um vieles besser gewesen als diese Charlotte Brunn, die auch bei schwachen Leistungen der Kolleginnen lächelte und niemandem wehtun wollte. Und Berta hatte schon jeden Fluch auf die Kreisreferentin der Vorschulerziehung und auf den Stadtschulrat geschleudert, die zu dumm waren, ihre, Bertas, einmaligen Fähigkeiten zu erkennen. Da wäre es eine Genugtuung, einen gebildeten Doktor an ihre Seite zu manövrieren. So ein Glück stand ihr jetzt einfach zu, nachdem sie ihren kleinen, dicken Wismuter, der zwar einen Ingenieursposten hatte und nicht wie ein Hauer unter der Erde kriechen musste, aber ansonsten ein ausgemachter Trottel war, mit viel Ärger und angestrengtem vorausschauendem Denken losgeworden war. Sie hatte ihm zwar tüchtig das Fell abgezogen, hätte ihn aber am liebsten noch in sein heiß geliebtes ‚Neues Deutschland‘ gewickelt und in die Elster geworfen, damit sie auch noch den Rest des Besitzes bekam und nicht seine Flamme, diese geile Schlampe. Dieser Doktor an ihrer Seite würde ihre Person aufwerten und der Grundstein für eine Beförderung sein.

Ungeniert, in ihrer selbstsüchtigen Art, warf sie ihre Angel aus und brachte einiges in Erfahrung. Sie fuhr heimlich in das Dorf, in dem die Mutter des Doktors wohnte. Mit ihrem Instinkt für materielle Dinge erfasste sie sofort, welches das schönste und gepflegteste Gebäude war. Dann befragte sie Leute, die auf ihren Grundstücken werkelten. Auch hier erkannte sie mit Kennermiene, welche der älteren Frauen schwatzhaft war und nach Neuigkeiten im langweiligen Dorfleben lechzte. Da sie von Marita den Namen des Doktors wusste, fiel es ihr nicht schwer, die Scheu und Zurückhaltung der Dorfbewohner vor Fremden, zu entkräften.

„Wie geht es denn der Frau Schuhmann?", tat sie besorgt. „Ist sie immer noch so krank?" In kurzer Zeit erfuhr sie, unter welchen Alterserscheinungen die alte Dame litt und dass sie trotz einiger Gebrechen das Haus sowie den großen Garten gut in Schuss hält. Auch sei sie noch recht aufgeweckt und klar im Kopf.

Frau Biester fackelte nicht lange. Erst umkreiste sie das betreffende Grundstück. Dann betrat sie den großen Garten und besichtigte alles ausgiebig. Sie war in bester Stimmung. Die Sonne schien seit langer Zeit wieder einmal und wärmte die Erde, die noch von der vielen Feuchtigkeit vollgesogen war. Die Blumen in den gepflegten, ordentlichen Rabatten leuchteten und wandten sich der Sonne zu. Die Blätter der Büsche glänzten, nachdem aller Staub abgewaschen war und die Helligkeit lockte. O ja! Sie hatte Sinn für diese Schönheit, und wenn sie einst diese Pracht erben sollte, würde sie noch einen Teich und unzählige lauschige Ecken mit wertvollen Skulpturen anlegen lassen. Der Doktor machte den Eindruck, als würde er recht gut verdienen.

Berta Biester ahnte nicht, dass sie bereits von einem aufmerksamen Augenpaar beobachtet wurde, wie es auf Dörfern, wo man gegen Fremde eine gewisse Neugierde und ein leichtes Misstrauen hegt, normal ist. Nachdem Frau Biesters Begutachtung des gesamten Anwesens positiv ausgefallen war und ihre Ambitionen verstärkte, klingelte sie. Die alte Dame öffnete und sagte in resolutem Ton, bevor die Besucherin reden konnte: „Dieses Haus ist nicht zu verkaufen!"

Frau Biester reagierte etwas überrascht: „Oh, wie kommen Sie denn darauf, dass ich das Haus kaufen will?"

„Sie haben alles so genau unter die Lupe genommen wie einer, der den Wert taxiert, wenn ein Haus zum Verkauf steht."

Frau Biester errötete tatsächlich ein wenig, was ihr nicht oft passierte, weil sie so schnell durchschaut worden war; aber gerissen, wie sie war, fasste sie sich gleich wieder: „Aber nein! Ich finde nur Ihren Garten und das Haus so außergewöhnlich schön, dass ich gar nicht die Augen abwenden konnte." Sie hoffte, dass die Frau ihr das abnahm, und fragte, mit aufgesetzter Freundlichkeit: „Ich wollte eigentlich nur fragen, ob Ihr Sohn da ist. Wir haben uns in Gera kennengelernt, und da wir uns so prächtig verstanden haben, wollte ich ihn einmal besuchen."

Die alte Dame, die eine gute Menschenkenntnis besaß und eine ebenso gute Beobachtungsgabe, war sehr misstrauisch. Auch wenn es eine Freundin ihres Sohnes sein sollte, war die Fremde ihr nicht ganz geheuer, von Sympathie ganz zu schweigen. Ihr Sohn hatte ihr schon einige potenzielle Schwiegertöchter präsentiert; da nahm sie das nicht mehr so wichtig und tat sich auch keinen Zwang an, übermäßig zuvorkommend zu sein. „Mein Sohn ist um diese Zeit nicht da. Das hätte er Ihnen eigentlich mitteilen können. Er ist ja manchmal so zerstreut, der Gute. Am besten ist es, wenn Sie mit ihm einen Termin vereinbaren."

„Ich könnte wohl nicht bei Ihnen so lange warten, bis er wiederkommt. Es wäre mir schon sehr wichtig."

Die Dreistigkeit dieser Frau behagte der alten Dame ganz und gar nicht.

„Ich kann Sie leider nicht hereinbitten, da ich mich nicht wohl genug fühle, um einen Gast zu haben. Außerdem weiß ich nicht, ob er heute überhaupt hier die Nacht verbringt. Sie entschuldigen mich bitte!" Mit diesen Worten schlug sie die Türe zu.

Enttäuscht und wütend stand Frau Biester da. „Dieser alte Besen hat mich ja ganz schön fies abgefertigt", dachte sie erbost. „Aber ich will ja nicht sie, sondern ihren Sohn. Und um die ungastliche Alte werde ich mich dann schon kümmern, wenn ich ihn erst mal im Netz habe."

Sie fuhr wieder zurück und dachte sich unzählige Pläne aus, wie sie es am besten anstellen könne, ihrem Idol ungezwungen zu begegnen.

Als der besagte Dr. Schuhmann bei seiner Mutter eintraf, empfing sie ihn unter heftigen Vorwürfen: „Wie kannst du mir eine völlig fremde Frau, auch noch eine, die keinen Funken Anstand besitzt, ins Haus schicken? Hast du wieder einmal eine

Verabredung vergessen? Noch habe ich dir das Haus nicht übergeben, dass du hier einquartieren kannst, wen du willst, ohne mich vorher zu fragen."

Dr. Bernd Schuhmann, der vor seiner Mutter große Ehrfurcht hegte, sah sie entgeistert an. „Ich habe niemanden herbestellt. Ich habe dir doch erzählt, dass ich eine neue Freundin habe. Aber sie ist anständig, ganz lieb, und sie gefällt mir so gut, dass ich sie einmal hierher einladen werde."

„Ich mag keine fremden Frauen hier haben, die nur nach dem Besitz gieren und sich gleich hier wie zu Hause fühlen. Du weißt, dass ich dir von Herzen eine Frau gönne und mir wünsche, dass du endlich heiratest. Aber bei deinem unsteten Leben hätte ich sie doch sowieso meistens allein hier im Haus. Da müsste es schon eine wirklich nette und tüchtige Person sein, die in Haus und Garten zugreifen kann, wenn ich einmal nicht mehr bin. Es waren ja schon einige hier, die nur darauf warteten, mich als Besitzerin abzulösen. Und jetzt auch noch so eine merkwürdige Weibsperson! Was glaubst du wohl, wie habgierig sie das Haus und das Grundstück unter die Lupe genommen hat!"

Bernd Schuhmann war verwundert und ein wenig empört. „Du tust ja gerade so, als würde ich hier einen Harem einrichten und jede Woche eine Neue angeschleppt bringen." Er ging davon aus, dass seiner Mutter kaum eine gefallen würde. Bisher hatte sie an jeder etwas auszusetzen. Aber Marita würde ihr gewiss angenehm sein. So eine Frau war ihm noch nie begegnet. Aber wer war diese unangemeldete, mysteriöse Besucherin? Es konnte nicht Marita gewesen sein. Vorsichtig tastete er sich heran, um seine Mutter nicht noch mehr zu verärgern. „Hatte die Frau rote Haare? War sie auffallend groß?"

„Diese Person war nicht viel größer als ich, und woher soll ich wissen, ob sie rote Haare hat?! Sie trug schließlich eine merkwürdige Perücke."

Bernd überlegte fieberhaft, wer die Frau gewesen sein könnte. Die Nachforschungen in seinem Wissenschaftlergehirn ergaben nichts.

An einem der folgenden Tage war er bei Marita zu Gast. Sie war eine gute Köchin – etwas, wofür sie ihren bäuerlichen Eltern dankbar war – und hatte ein besonderes Essen kreiert. Der Doktor erschien mit Blumen und einer riesigen Schachtel Pralinen. Die Wohnung duftete nach Braten, und Bernd war voller Erwartungen. Der Tisch war schön gedeckt. Der Wein und die Gläser standen bereit. Er war entzückt von ihrem Essen und stellte insgeheim fest, dass schon der Umstand, eine begnadete Köchin zur Freundin zu haben, ihm viele Pluspunkte bei seiner Mutter einbringen würde. Und wenn er sah, wie ringsumher alles sauber, ordentlich und geschmackvoll war, war er sich sicher, die richtige Wahl getroffen zu haben. Nun musste er sich noch ein wenig mehr ins rechte Licht rücken, ein wenig Flair verbreiten, um sie ganz für sich zu gewinnen.

Es versprach ein wundervoller Abend zu werden, bis – ja, bis es klingelte. Von da an wurden alle romantischen Vorstellungen entzaubert, die Idylle erhielt einen Riss, der an diesem Abend nicht mehr zu kitten war.

Marita ging wegen der unangepassten Störung schon ein wenig unmutig zur Tür. Draußen stand eine fremde Frau, die in elegante Kleidung gehüllt war – aufgetakelt, wie Marita miss- billigend feststellte. Ehe sie nach dem Begehren der Besucherin fragen konnte, fiel ihr die Person ungestüm um den Hals und rief theatralisch, in den höchsten Tönen: „Ach, wie wunderschön, dass ich dich antreffe, meine liebste Marita!“

Marita war vor Schreck nicht fähig, auch nur ein Wort zu äußern. Nachdem sie sich mühevoll von der unwillkommenen Umarmung gelöst hatte, sah sie die Frau an, und ihr Erstaunen war nicht zu überbieten. Sie konnte nur stammeln: „Berta! Du?!“

Ehe sie fragen konnte, warum Berta Biester in so ungewöhn- lichem Aufzug bei ihr erschien, obwohl sie doch wusste, dass sie Besuch erwartet hatte, rauschte Berta durch die Wohnung und rief mit gespitzten Lippen: „Ach, wie peinlich! Du hast ja Be- such.“ Sie stürzte zu Bernd, ergriff seine Hand und schüttelte sie, dass der gepflegte, nie körperlich arbeitende Doktor vor Schmerz zusammenzuckte und einen Schrei unterdrückte. Bedenkenlos stellte sie sich selbst vor und bezeichnete sich dabei als beste Freundin von Marita.

Marita brauchte ein wenig Zeit, bis sie sich von diesem Schock erholt hatte. Sie besah sich jetzt den Aufzug von Berta genauer. Dabei bemühte sie sich verzweifelt, einen Lachanfall zu unterdrücken. Die Kleidung war zwar elegant geschnitten, aber für sie ungeeignet, da sie Bertas Bauch betonte. Als diese ihre Bluse zurechtzupfte, um ihr Dekolleté zur Wirkung zu bringen, sah man schon gewisse Falten. Aber der Blick zu Bertas Gesicht verriet alles. Berta hatte sich geschminkt, obwohl sie keine Ahnung vom Schminken hatte. Sie sah aus, wie Marita sich eine billige Hure vorstellte. Grell bemalte, vergrößerte Lippen, die Augen umrandet mit Kajalstift, der auf der fettigen Haut bereits zerlief, und rot gemalte Bäckchen. Doch das Absurdeste war die Perücke. Es war ein helles Blond, mit unzähligen Löckchen, die in alle Himmelsrichtungen standen. Immer wenn Marita in Bertas Richtung sah, hätte sie vor Belustigung, aber auch Ärger kreischen können. Sie fragte sich, was sie mit diesem Aufzug bezweckte, bis ihr auf einmal dämmerte, dass Berta es auf Bernd abgesehen haben könnte. Mit spitzem Mund flötete diese Komplimente, und Marita wusste inzwischen aus Erfahrung, dass die Männer dagegen nicht ganz unempfindlich waren. „Nun", dachte sie, „wenn er tatsächlich auf Bertas Gesülze anspringt, dann werde ich ihm alles Gute wünschen, mit dem Hinweis, dass er Berta verdient. Nie wieder werde ich so viele Gefühle in eine Beziehung investieren wie bei Roland. Nie wieder wird mir jemand so wehtun können."

Ungeniert blieb Berta sitzen, trank fröhlich Wein und knabberte Nüsschen, die Marita, weil sie so selten im Konsum zu erhalten waren, durch Beziehungen ergattert hatte. Mit aufdringlichem Palaver riss Berta die Unterhaltung an sich und lachte selbst schallend über ihre witzlosen Kommentare. Marita sah mit Freude, dass Bernd die Augen verdrehte, und sie musste sich zügeln, diese Person nicht vor die Tür zu setzen. Was tat man nicht alles für ein gutes Arbeitsklima. So weit kannte sie Berta inzwischen, dass sie es für tödlich hielt, ihr Feind zu sein. Dann, als es immer später wurde, sah Bernd den Abend fast als gescheitert an. Er bedankte sich auf das Höflichste mit Handkuss bei Marita und verabschiedete sich mit lieben Worten, dabei resigniert die Schultern zuckend. Berta reagierte sofort. „Ach du liebe Zeit! Bei dem netten Geplauder mit Ihnen hätte ich beinahe nicht gemerkt, wie spät es schon ist!" Sie sah Bernd betörend in die Augen und sagte ungeniert: „Da kann ich mich Ihnen doch gleich anschließen. Dann muss ich nicht allein nach Hause gehen. Man weiß ja nie, was sich für ein Gesindel um diese Zeit draußen herumtreibt; und dann ist man froh, wenn man durch einen so netten Kavalier beschützt wird."

Sie warf sich mit erstaunlicher Geschwindigkeit den Mantel über, winkte Marita kurz zu und hakte sich bei Bernd ein, der zwar den Kopf schüttelte, aber sich widerspruchslos wegziehen ließ. Er war den Frauen sowieso nicht gewachsen, und dieser hier fühlte er sich hilflos ausgeliefert. Da er ein Naturforscher war, ordnete er sie in die Kategorie ‚Krake' ein.

Marita war zunächst wütend. Aber dann betrachtete sie die ganze Sache als Probe für Bernds Gefühle. Als sie aufräumte, wurde sie immer wieder von Lachanfällen geschüttelt. „Nein, diese Berta!", dachte sie. „So eine hinterlistige, dreiste Xanthippe! Ich hätte mir nie träumen lassen, dass es solche Frauen gibt. Wie weltfremd und einfältig bin ich doch bisher durchs Leben gegangen. Aber wie blöde sind eigentlich auch die Männer! Sich von so einer einwickeln zu lassen, nur weil es untenherum juckt. Es wäre schade, wenn es mit Bernd und mir nicht klappt. Aber er ist auch nur ein Mann." Maritas Phantasie malte sich aus, wie sich Berta an ihn drängte und ihm Komplimente zuflüsterte, und wie sie dann im Bus noch enger an seine Seite rückte und wie nebenbei die Hände an eine gewisse Stelle legte. Ob er da widerstehen konnte?

Am nächsten Tag benahm sich Berta wie immer. Aus ihrem Gruppenzimmer hörte die impulsive Dorit, wie Berta wieder versuchte, einem schwer debilen Jungen mit ihrer suggestiven Art und der hohen, klirrenden Stimme etwas beizubringen. Alle Erzieherinnen hatten mit Berta diesbezüglich viel Geduld gezeigt. Sie wollte einfach nicht begreifen, dass Kinder, die völlig normal aussahen, trotzdem einen hohen Schädigungsgrad haben konnten, und dass man beim Lernen nur in kleinen, angemessenen Schritten vorwärts gehen konnte.

Berta hatte viele Ideen und war sehr ehrgeizig. Da man aber bei den behinderten Kindern Erfolge nur langfristig erkennen konnte, schien sie frustriert zu sein. Sie wollte besondere Leistungen zeigen und demonstrieren, dass sie die Beste war. Aber zu ihrem Verdruss wollte dies trotz ihrer Mühen niemand erkennen.

In allen größeren Städten, auch in Gera, war in einer Durchführungsbestimmung nach dem Parteitag der SED beschlossen worden, Hilfsschulen zu bauen, in die ein Vorschulteil integriert war.

So wurde im Süden der Stadt die erste Schule dieser Art errichtet. Ein Teil der Kinder, die aus diesem Stadtteil kamen, verließen nun die Einrichtung, in der Marita arbeitete. Die Kreisreferentin war im Kindergarten erschienen, um Frau Brunn mitzuteilen, dass eine Kollegin wegen der dann geringeren Kinderzahl in eine andere Einrichtung gehen müsse. Sie wollte mit der Leiterin besprechen, welche Kollegin es sein sollte. Frau Brunn brauchte nicht lange zu überlegen. Sie war bereits zermürbt von den ständigen Auseinandersetzungen, die sie Tag für Tag mit Frau Biester auszustehen hatte. Sie machte ihren Vorschlag, und die Referentin, die die Probleme mit Frau Biester schon aus anderen Einrichtungen kannte, war sofort einverstanden. Berta wurde gerufen. Als sie die Referentin sah, erstrahlte sie zunächst, weil sie glaubte, dass endlich ihre herausragenden Fähigkeiten erkannt worden waren und ihr ein Posten als Leiterin angeboten werden würde. Im nächsten Moment entglitten ihre Züge. Die Referentin hatte ihr, ohne zu zaudern, den Beschluss mitgeteilt, dass sie in eine andere Einrichtung versetzt werden sollte. Berta war erstarrt. Als sie sich gefasst hatte, kamen sofort wieder ihre boshaften Eigenschaften zum Vorschein. Sie ging zum Angriff auf Frau Brunn los, getarnt als gute Empfehlungen für deren Leitungstätigkeit. Aber wider ihrer Erwartungen unterband die Referentin sofort jede Diskussion. Diese Frau hatte Hunderte

von Erzieherinnen unter ihren Fittichen und kannte alle Ab-
gründe der weiblichen Spezies. Sie teilte Berta kurz und bündig
mit, dass sie in einem Wochenheim eingesetzt würde, da sie keine
kleinen Kinder mehr zu Hause hätte und deshalb auch Nacht-
schicht machen könnte.

Ein großes Aufatmen ging durch den Kindergarten. Es war
wie ein Befreiungsschlag. Alle feierten diesen Moment mit Kaffee
und Kuchen und einem Glas Wein. Es sollten wieder schöne
Zeiten anbrechen.

Eine ganz besondere Kur

Marita hatte einen Kuraufenthalt in Marienbad in der CSSR bekommen, den sie sofort antreten sollte. Sie traf sich noch einmal mit Bernd bei einem Spaziergang. Er erzählte ihr, was ihm Berta alles angeboten und wie sie sich als gute Partie empfohlen hätte. Er bezeichnete sie als aufdringliche, impertinente Person, von der er absolut nichts wissen wollte und der er, auch wenn sie Maritas beste Freundin war, nie wieder begegnen wollte. „Stelle dir nur vor: Diese Frau hat sich vor ein paar Tagen sogar erdreistet, bei meiner Mutter auf dem Dorf zu erscheinen, um alles zu begutachten und auf mich zu warten. Meine Mutter glaubt mir bis heute noch nicht, dass ich nichts damit zu tun habe. Wenn du von der Kur zurückkommst, stelle ich dich meiner Mutter vor. Dich wird sie mit Sicherheit in ihr Herz schließen"

Im schönen tschechischen Marienbad wurden die Gäste verwöhnt. Das wussten nicht nur die DDR-Bürger richtig zu schätzen, sondern auch die Westdeutschen und die Gäste aus anderen Ländern. Es war aber von Vorteil, dass die Gäste aus der DDR und den anderen sozialistischen Staaten in der Regel nicht mitbekamen, was für ein gewaltiger Niveauunterschied zwischen ihren Unterkünften und Pflegeangeboten und denen der westlichen Besucher herrschte. Die Angestellten wuselten nur so um diese Bürger herum, sprangen doch auch des Öfteren ein paar heiß begehrte D-Mark oder Dollar dabei heraus.

Diese überaus angenehme Atmosphäre bekam auch der neu eingetroffene Gast aus Ghana sofort zu spüren. Die ehemalige Kronkolonie Ghana hatte seit der Unabhängigkeit von den Briten einige Beziehungen zu den sozialistischen Staaten aufgenommen. Sie tasteten die geschäftlichen Möglichkeiten ab und vereinbarten die ersten Wirtschaftsabkommen. Es versprachen gute

Geschäfte zu werden. Dies war bitter nötig, denn die westlichen Geldgeber waren verunsichert, da sofort nach dem Abzug der Briten aus Ghana politische Unruhen und Auseinandersetzungen um Macht und Geld stattfanden. Die westlichen Länder hatten sich abwartend zurückgezogen. Der Gast aus Ghana, Kumba Massuja, kannte sich aus. Er war ein Abkömmling der berühmt-berüchtigten Aschanti, dem reichsten und rebellischsten Volk von Ghana. Es war das Land des Goldes, was die westlichen Staaten wie die Schmeißfliegen angelockt hatte. Bereits im 15. Jahrhundert hatten die Portugiesen die Küste von Ghana als wichtigen Handelsstützpunkt genutzt. Im 17. Jahrhundert hatten sich die Holländer breitgemacht, die Ausbeutung des Goldes forciert sowie der weiteren Schätze des Landes, wie die reichen Erzvorkommen, der Überfluss an Mangan, Kupfer, Bauxit, Phosphat und wertvollen Edelhölzern. Sie hatten die Einheimischen unter katastrophalen Bedingungen in den Minen und den riesigen Kakaoplantagen arbeiten lassen und die halbe Welt mit den begehrten Luxusgütern versorgt.

Kumba Massuja musste vor Genugtuung grinsen, wenn er daran dachte, wie oft sein Volk im Gegenzug diese westlichen Verbrecher regelrecht aufs Kreuz gelegt hatte. Zum Erstaunen der Besatzer war die Oberschicht der Aschanti reich, gebildet und höchst kultiviert. Im Jahre 1850, als die Briten Ghana zur Kronkolonie proklamiert hatten, waren sie von der Wehrkraft und dem Selbstbewusstsein der Einheimischen überrascht worden. Diese hatten sie mit Forderungen konfrontiert, Angebote unterbreitet und ein Mitspracherecht sowie einen nicht geringen Anteil an jeglicher Ausbeute des Landes verlangt. Die Briten fanden es wohl gar nicht lustig, als sie feststellen mussten, dass die Aschanti nicht dumme, unterwürfige Schwarze, sondern ihnen teilweise sogar überlegen waren bei der Ausbeutung der Reichtümer und entschieden gerissener im Geschäftsgebaren. Es gab pausenlos Konflikte, Auseinandersetzungen und Aufstände, die die erfolgsverwöhnten Briten schließlich 1935 zwangen, den Aschanti ein Mitspracherecht einzuräumen. Letzteres galt natürlich nur für die gehobene Schicht der Bevölkerung, zu der er sich zählen durfte, und teilweise für die gebildete Mittelschicht. Kumba Massuja hatte kein Problem damit, dass es auch seine Familie war, die die Armen, Ungebildeten und den ganzen kriminellen Abschaum als Sklaven für die Weißen verschoben und verkauft hatte. Schließlich war sein Volk der Hauptlieferant für die englischen und holländischen Sklavenhändler. Und seine Familie hatte schon immer zu den Privilegierten gehört. So hatte Kumba Massujas Familie bei den Besatzern gute Posten und Einblicke in manche Geschäfte und Gepflogenheiten. Immer wieder hatten die Briten die Einheimischen unterschätzt, und es war ihnen entgangen, dass diese nebenbei Geschäfte von gewaltigen Ausmaßen tätigten. Im Jahr 1957, als die britischen Kolonisten abzogen, war auch seine Familie bereit und fähig, sofort in alle Geschäfte einzusteigen. Sie hatten noch den Vorteil, die englische und zum Teil auch die portugiesische und die holländische Sprache zu sprechen.

Deshalb konnte Kumba Mussuja es sich auch leisten, sich nach einem gelungenen Geschäftsabschluss in der Sowjetunion in den schönsten Urlaubsgebieten zu erholen. Sein Aufenthalt in Marienbad sollte aber nicht nur der Gesundheit und dem Wohlbefinden, sondern einem ganz bestimmten Anliegen dienen. Es sollte sozusagen ein Glanzpunkt seines Lebens werden. Davon durfte vorläufig niemand etwas erfahren. Er zählte sich von je her zu den Gewinnern und rechnete mit vollem Erfolg. Es gehörten nur Verstand, Ausdauer, gute Beobachtungsgabe und ein großes Herz dazu. Er war überzeugt, dies alles in ausreichendem Maße zu besitzen. Misserfolge gab es für ihn nicht.

Bisher war er vom Flair in Marienbad angenehm überrascht. Die Menschenfreundlichkeit hier – so deutete er das entgegenkommende, höfliche Gebaren – würde ihm bei seiner Mission gewiss von Nutzen sein. Er war stolz, klug und selbstbewusst. Er besaß riesige Ländereien und Anlagen zur Verarbeitung heimischer Güter. Seine Hauptinteressen galten der Stoffherstellung und Verarbeitung. Er war ein Ästhet, liebte das Gestalten und die Zusammenstellung von Farben. Ein wertvoller Schatz waren auch seine drei Frauen, mit denen er bereits fünf Kinder gezeugt hatte. Aber er hatte noch nicht alle seine Träume und Wünsche realisiert. Sein sehnsüchtigstes Begehren, das jetzt seine Erfüllung finden sollte, war es, eine europäische Frau kennenzulernen, und es gipfelte in dem heißen Wunsch, eines von diesen exotischen Geschöpfen mit nach Afrika zu nehmen. Das würde sein Ansehen in der Heimat noch erhöhen; und er lächelte bei dem Gedanken, wie sehr andere Großgrundbesitzer ihn darum beneiden würden. Er hatte auch eine klare Vorstellung von dem Weib seiner Träume: Auf jeden Fall sollte sie blond sein und blaue Augen haben. In seiner Vorstellung sah er auch üppige Formen, nicht dick, aber mit einem weiblichen Hintern; die Hüften nicht so schmal wie bei manchen Mädchen, die man kaum von einem Jungen unterscheiden konnte. Er war nicht darauf erpicht, eine Jungfrau zu erobern, wie so viele Männer. Nein – er begehrte eine Frau mit tiefer Sinnlichkeit und erfahrener Sensibilität, weich und anschmiegsam; eine Frau, die ihren und den männlichen Körper kannte. Er begriff nicht, warum manche Männer unbedingt Jungfrauen wollten. Er unterstellte ihnen, dass sie nicht genießen, sondern erobern wollten. Angstvolle Blicke, das Erstarren eines Mädchenkörpers und die oft damit verbundene Passivität erweckten keinesfalls sein Begehren. Außer dem äußeren Frauenbild wurde er in seiner Phantasie von einer sanften, schmeichelnden Stimme gefesselt, und er hörte sich schon, wie er ihr als erstes afrikanische Koseworte beibringen würde. Er liebte Frauenstimmen, die den gewissen erotischen Schmelz besaßen, samtige Stimmen, egal in welcher Tonhöhe, die einem einen wohligen Schauer über den Rücken jagten. Schrille, quäkende oder metallisch klingende Stimmen machten ihn frösteln und erzeugten eher aggressive Gefühle.

Er hatte schon in Moskau aufmerksam die schönen Frauen begutachtet und seine Sinne für die weiße Weiblichkeit geschärft. Allerdings wollte er keine Großstädterin. Es war fraglich, ob so eine Frau sich in seiner Heimat eingewöhnen könnte. In der Nähe seines Hauptwohnortes lag zwar die Stadt Kumasi, gewiss eine wunderschöne Stadt, aber mit der Technik, dem Verkehr und der allumfassenden Hektik einer europäischen Großstadt nicht zu vergleichen. Nun begann er in Marienbad seine Angel auszuwerfen. Dabei begnügte er sich nicht, das weibliche

Personal und die Gäste in Augenschein zu nehmen, sondern sah sich auch in der Gegend um. Er unternahm kleine Busfahrten, sprach die eine oder andere an, um sie näher kennenzulernen. Er hatte ein stilvolles Benehmen und kam bei den Damen in diesem Land, die meistens arbeiteten und oft nur das kumpelhafte Verhalten ihrer Kollegen kannten, erstaunlich gut an. Er hatte auch ein gutes Gespür, wenn sich eine Frau eher belästigt fühlte, und zog sich dann taktvoll zurück. Das allgemeine Entgegenkommen der Damen ermutigte ihn, seine Suche auszuweiten und seine Verweildauer in Marienbad zu verlängern. Er hatte bisher zwar mehrere Damen in Erwägung gezogen, war aber bei näherem Kennenlernen öfters auch ein wenig enttäuscht. So waren zum Beispiel die Haare vieler Blondinen nicht echt. Er wollte sich doch nicht täuschen lassen. Unzufrieden war er auch mit den Figuren. Keine der Gestalten hatte ihn bisher in den Bann gezogen. Er wollte weibliche Proportionen, gewiss, aber entweder waren die Damen zu dick oder bei den schlanken Frauen störten ihn die schmalen Hüften. Da wirkten die Hintern so männlich. Und ein männlicher Hintern, da war er sich sicher, würde bei ihm keine erotischen Gefühle wecken. Und noch etwas gefiel ihm nicht an den Europäerinnen. Er liebte zwar Sauberkeit und Frische; aber viele dieser Frauen, denen er sich vorsichtig genähert hatte, dufteten nicht mehr nach Frau, sondern nach allen Parfüms, die man sich vorstellen konnte. Diese Gerüche waren manchmal so aufdringlich, dass er die ersten Male sogar erschrocken zurückgewichen war. Ihm, dessen Nase geschult war, feinste Aromen und Düfte aus der Natur zu erkennen und zu unterscheiden, kam es vor wie eine Vergewaltigung seiner Geruchsorgane. Zum ersten Mal waren ihm diese aufdringlichen Düfte bei den Frauen in Moskau aufgefallen. Maiglöckchen, Rosen, Jasmin, alles wunderbare Düfte. Aber in dieser Konzentration hatten sie ihn eher vertrieben als animiert. Dabei konnte echter Frauenduft so berauschend und sexuell erregend sein. Wussten das die weißen Männer nicht? Waren sie so weit von der Natur abgekommen? Sein Sinn für Reinlichkeit war ausgeprägt, und er erwartete von einer Frau, dass sie ihr Paradiesgärtchen auch

gut wässerte, bevor es bestellt und verwöhnt wurde. Er dachte
an Bada, seine erste Frau. Sie wusch sich fast nur mit Wasser, um
Schweiß zu entfernen. Seife wurde bei Verschmutzung benutzt.
Um den natürlichen Duft ihres Körpers zu unterstützen und sich
und den Liebhaber angenehm anzuregen, verwendete sie einen
Hauch von Gewürzen und Kräutern der Heimat. In Kumba rührte
sich plötzlich ein Sehnen nach seiner Bada, und er spürte seufzend
deren Duft, der ihn einhüllte und eine Spur von Heimweh auf-
kommen ließ. Doch schnell kehrte er in die Wirklichkeit zurück.
Er würde sie finden, die Frau, die er sich vorgestellt hatte, auch
wenn er mit kleinen Einschränkungen in deren Vollkommenheit
rechnen musste. Doch dann kam noch eine bittere Erkenntnis: Es
waren die Augen der europäischen Frauen. In seinen Wunschvor-
stellungen hatte er immer ein tiefes Blau oder Grün gesehen. In
Wirklichkeit waren die meisten Augen dieser blonden Frauen so
hell und von verwaschener Farbe. Es fehlte ihnen der Ausdruck,
den er doch so liebte. Wieder dachte er an seine Frauen zuhause
in Afrika, in deren dunklen Augen er immer ihre Stimmungen
ablesen konnte. Besonders Marulas schwarze Augen sprachen
Bände, wenn sie zornig oder begeistert war. Bei den Gedanken
an Marula musste er lachen. Sie war seine zweite Frau, und als
er Riwa, die Dritte heiratete, platzte Marula fast vor Eifersucht,
und er musste Riwa vor ihr beschützen. Inzwischen hatten sich
jedoch beide gegen Bada, die Ältere, die die Hauptfrau war und
viele alleinige Rechte bei der Organisation des alltäglichen Lebens
besaß, verbündet. Und je mehr er darüber nachdachte, umso bedrohlicher erschien ihm das Leben mit seinen Frauen, wenn er
ihnen eine weißhäutige Exotin präsentierte. Alle drei würden
dann mit Sicherheit ihre bisherigen Rivalitäten beenden und sich
mit kleinen Bosheiten, die er nicht immer kontrollieren konnte,
rächen. Oh, da musste er ganz behutsam vorgehen und mit viel
Geschick alles organisieren. Es war von Vorteil, dass er mehrere
Häuser besaß. Es würde ihm gelingen einen sicheren Weg zu
finden. Jetzt wollte er in Ruhe seine Suche fortsetzen. Er hatte
Zeit und Geld. Außerdem stellte er fest, dass er sich prächtig erholte. Diese Kühle genoss er und vor allem die würzige Luft in

den Wäldern der Umgebung. Er konnte sich nicht daran erinnern, jemals so tief geatmet und dabei so ein Wohlgefühl erlebt zu haben. Er fühlte sich dadurch von einem Tatendrang beseelt, wie er ihn noch nie empfunden hatte. Die Wälder – ja sie waren beeindruckend. Er, der Farbästhet, verliebte sich in die Farbe Grün. Bisher hatte er immer angenommen, dass nichts über die Farben in Afrika ginge. Er hatte diese Farben immer geliebt und in seinen Stoffen verarbeiten lassen. Aber ihm waren noch nie so viele Grüntöne unter die Augen gekommen wie in diesem Land. Und sie taten den Augen und dem Gemüt so gut wie nie etwas zuvor. Die verschiedenen grünen Schattierungen der Bäume und Kräuter sowie deren unendlich abwechslungsreiche Düfte von lieblich bis herb, senkten sich tief in sein Empfinden. Es wurde verstärkt durch eine große Anzahl verschiedener Vögel, die im Geäst in einer unglaublichen Vielfalt zwitscherten. Diesen Eindruck würde er mit nach Ghana nehmen und in seinen Stoffen und Kunstwerken zur Vollkommenheit bringen.

Nach drei Wochen Marienbad hatte Kumba Massuja zwar drei Frauen in die engere Wahl gezogen; doch die absolute Traumfrau war nicht dabei. Deshalb war er froh, dass immer wieder Kurgäste eintrafen, die sein Gemüt belebten und seine Phantasie aufs Neue entfachten.

Beim Abendessen ließ er aufmerksam seine Blicke schweifen. Plötzlich stockte sein Atem. Da kam ein ihm bisher unbekanntes Wesen herein und steuerte auf den Nachbartisch zu. Er starrte wie hypnotisiert auf die Frau, vergaß seine gute Erziehung und merkte erst, wie unangemessen dies war, als die Frau ihn ansah und sich brüsk abwandte. Sein Herz raste. Das war ihm bei Frauen noch nie passiert. Sein letztes Herzrasen hatte er bei einem blutigen Nachbarschaftsstreit. Augenblicklich wusste er es: Seine Suche war zu Ende. Dieses Wesen war sein Idol, seine Traumfrau, das Ziel all seiner Wünsche! Weg mit allen blauäugigen Blondinen! Denn diese Frau besaß eine schneeweiße Haut, rotgoldene Haare und samtbraune Augen, eine Kombination, die ihn bis ins Innerste berührte. Wie benommen saß er da und wagte es kaum, aufzublicken. Als das Herz sich beruhigt hatte, schaltete er seinen Geist wieder ein und blickte, sie heimlich musternd, in die Runde. Was für ein Anblick! Sie trug auch noch seine Lieblingsfarben: Orange und braun, mit einem winzigen schwarzen Effekt. Dies harmonierte so umwerfend mit ihren Haaren und den Augen, dass er erneut in höchste Aufregung geriet. Erschrocken stellte er noch eine Reaktion bei sich fest, die er umgehend unter Kontrolle bringen musste, denn es wäre äußerst peinlich gewesen, wäre er mit geschwellter heller Hose durch den Raum gegangen. So drückte er verzweifelt mit den Händen sein Geschlecht nach unten, bis es wehtat. Er durfte nicht mehr auf die Angebetete blicken. Wieder in allen Körperteilen und Funktionen beruhigt, plante er nun ein geschicktes Vorgehen. Er hatte inzwischen durch seine Frauensuche ein gutes Stück Erfahrung und besaß einige Kenntnisse darüber, wie die Europäerinnen tickten. Aus dem Augenwinkel heraus wartete Kumba Massuja ab, ob ein Mann dazu gehörte. Nein! Zumindest nicht hier. Ein Pärchen hatte an ihrem Tisch Platz genommen und sich seiner Traumfrau vorgestellt. Angestrengt lauschte Kumba dem Gespräch, und wieder durchzog ihn ein freudiger Schauer bis in seine Lenden, als er ihre samtweiche, dunkle, geheimnisvolle Stimme hörte. Er lehnte sich zurück und genoss die Augenblicke. Leider wurde ihm dabei bewusst, dass er ihre Sprache nicht kannte. So keimte in ihm die Hoffnung, dass die begehrte Dame vielleicht ein wenig des Englischen mächtig war. Haargenau überlegte er sich jetzt sein Vorgehen. Dabei lauschte er mit gesenktem Kopf noch ihrer Stimme, solange sie mit den Tischpartnern sprach. So eine angenehme, gefühlvolle Stimme, mit einer Modulation, die unglaublich erotisch auf ihn wirkte. Er besaß die Fähigkeit, aus einer Stimme das Wesen, die Eigenschaften und die jeweilige Stimmung einer Person zu entschlüsseln. Das Gefühlvolle dieser Frau umschwebte ihn, wie er es sich so erhofft hatte. Es war der perfekte visuelle und auditive Genuss.

Jetzt stand die Göttliche auf und ging. Kumba Massuja wartete einen gewissen Augenblick und folgte ihr, um zu erfahren, wo sie wohnte. Er ergötzte sich an ihrem Gang und stellte mit Kennerblick fest, dass dieser Gang zu ihrer beeindruckend großen Statur und dem perfekten Hintern passte. Als ihm die Verfolgung, von ihr unbemerkt, gelang, kehrte er zurück. Er wusste, dass die Tische nummeriert waren und die Gäste sich zu den Mahlzeiten immer wieder am selben Tisch einfanden. Er holte am Buffet eine wertvolle Flasche Wein und begab sich an den Nachbartisch, wo zu seiner Freude noch das Paar saß. Mit seinen gewinnenden, gepflegten Manieren überreichte er den durchaus freundlich blickenden Menschen die Flasche. Er versuchte es mit englisch: „Würden Sie bitte so freundlich sein und mit mir für die nächste Zeit den Tisch tauschen? Ich beabsichtige, mich mit der Dame anzufreunden, die neben Ihnen saß. Ich wäre Ihnen sehr verbunden.“

Die Leute lächelten, nickten und wünschten ihm in holprigem Englisch viel Glück.

„Können Sie mir bitte sagen, welche Sprache die Dame spricht?“

„Deutsch! Lady aus Germania“, kam wieder lächelnd die Antwort.

Kumba Massuja eilte zum Kiosk und kaufte einen Touristensprachführer englisch – deutsch. Da er mehrere Sprachen und schwierige afrikanische Dialekte beherrschte, fiel ihm das Lernen von Sprachen nicht schwer. Er übte eifrig Worte und ganze Sätze in Deutsch. Dann brachte er in Erfahrung, welcher Gast ein Deutscher war und auch englisch sprechen konnte. Es gelang ihm, den Mann mit sowjetischem Champagner zu bestechen, damit er ihm beim Erlernen der Auswahl an deutscher Sprache, abhören und berichtigen konnte. Kumba Massuja übte bis in die Nacht hinein und sein Kontrolleur bestätigte ihm gute Erfolge. Trotzdem hoffte der Afrikaner, dass seine Angebetete auch englisch konnte.

Marita fühlte sich in Marienbad in der damaligen CSSR ausgesprochen wohl. Es waren internationale Kurgäste dort und das Sprachgewirr machte sie anfangs unsicher. Zum ersten Mal in ihrem Leben war es Marita möglich, so richtig zu entspannen und auf niemanden Rücksicht zu nehmen. Sie konnte die Demütigungen, die Aufregungen, die menschlichen Bosheiten hinter sich lassen. Das Leben konnte so schön sein. Ihr wurde plötzlich bewusst, dass sich, wenn sie im Club saß, einige Männer sehr für sie interessierten, besonders ausländische Kurgäste mit einer dunkleren Hautfarbe. „Bin ich im falschen Land aufgewachsen“, dachte sie, „oder suchen diese Typen nur einen Kurschatten?“ Einer, scheinbar ein Afrikaner, überhäufte sie mit Galanterie. Mehrmals musterte sie ihn heimlich. Er war ein großer, sportlicher, gepflegt aussehender Typ. Seine Haut war dunkel, aber nicht richtig schwarz, sondern glänzte braun, wie Milchschokolade im Licht. Ausdrucksvolle dunkle Augen zeugten von viel Temperament, aber auch von Wärme und Empfindsamkeit. Und es war unübersehbar, wie sehr er sich um sie bemühte. Sie kicherte innerlich, wenn sie sich ausmalte, was ihre dörfliche Verwandtschaft davon halten würde, wenn sie erfuhr, dass ein Afrikaner ihr solche Avancen machte. Sehr diskret las der Mann, der sich als Kumba Massuja vorgestellt hatte, ihr jeden Wunsch von den Augen ab – denn die Unterhaltung holperte so dahin. Er sprach englisch und noch eine andere Sprache, wahrscheinlich eine aus Afrika, und warf mit der Zeit immer mehr deutsche Worte dazwischen. Dabei gestikulierte er eifrig, wobei sie seine Geschicklichkeit bewunderte und viel erriet, was er ausdrücken wollte. Täglich stand ein Sträußchen Blumen auf dem Tisch, an dem er ihr nun gegenüber saß. Dann war es eine Tafel Schokolade, Schweizer Gebäck, ein paar Nüsse oder belgische Pralinen. Sie fuchtelte die erste Zeit abwehrend vor ihm herum. Als er aber so tat, als verstünde er sie in diesen Momenten nicht, und seine Aufmerksamkeiten immer wertvoller wurden, fand sie sich schließlich damit ab, vor allem, als sie feststellte, dass er sich ungeheure Mühe gab, Deutsch zu sprechen. Sie bewunderte ihn, wie schnell er es lernte. Er war ein wenig enttäuscht, als sie ihm gestand, dass sie kein Englisch verstand, sondern nur mit ein wenig Russisch dienen könne. Sie stieß mit ihm bei Wein und Champagner an (letzteren hatte sie noch nie getrunken), ließ sich verwöhnen, hielt aber immer ihre Sinne offen und trank nur mäßig. Er war charmant und konnte hervorragend tanzen. Sie ließ sich nach seinem langen Flehen sogar zu Spaziergängen verführen, auf denen er ihr Blumen pflückte und diese zu einem Kranz drehte, den er ihr auf den Kopf setzte. Er schnupperte an vielen Pflanzen und an den Nadeln der Tannen und rieb, wenn ihm ein Duft gefiel, ihre Hände und Arme damit ein. Dann führte er diese zu seiner Nase, atmete tief ein und begann, leicht wie ein Schmetterling, mit den Lippen darüber zu streifen. Es war neu, aufregend und wunderbar. Innerlich, nur innerlich, brach sie trotzdem immer wieder in Gelächter aus, wenn sie daran dachte, was wohl Oma Alma gesagt hätte, wenn sie gesehen hätte, wie ihre Enkelin von einem Schwarzen umgarnt, mit Düften eingerieben wurde und sich von ihm beschnuppern ließ. Gewiss hätte ihre Familie Marita gleich noch einmal enterbt.

Kumba Massuja indessen bekam einen Schweißausbruch nach dem anderen und das bei den für ihn kühlen, angenehmen Temperaturen. Er war verliebt wie noch nie in seinem Leben. Diese Frau war wie ein wertvoller Diamant, den er besitzen musste. Er konnte kaum den Blick von ihr wenden. Ihre Haare umrahmten leicht gelockt ihren Kopf. Sie waren von einem Rot, das in der Sonne wie das Rotgold, das in seiner Heimat gewonnen wurde, glänzte. Sie war groß, eindrucksvoll groß und konnte ihm, wenn sie Absätze trug, genau in die Augen sehen. Er suchte ständig ihre Nähe. An seinen Blicken konnte sie fast erkennen, was er dachte. Immer wieder sah er bewundernd auf ihre Haare. Und sie ertappte ihn auch mehrmals, wie er den Kopf senkte, um an die Stelle zwischen ihren Beinen zu starren. Wenn sie eine ärmellose Bluse trug, versuchte er, einen Blick unter die Achselhöhlen zu erhaschen, die zu dieser Zeit kaum enthaart wurden. Es war unübersehbar, und Marita stellte mit Vergnügen fest: Der Schwarze wollte sich davon überzeugen, ob diese rothaarige Germanin in diesen Bereichen auch rothaarig war. Wenn er ihr gegenüber saß, spürte sie fast körperlich, wie seine Blicke an den langen Beinen nach oben glitten und dann verharrten. Der Mann war schier besessen davon, sie zu besitzen. Er wich nicht von ihrer Seite; und wenn er neben ihr saß, rückte er so lange immer näher, bis ihn ihr tadelnder Blick traf. Fasziniert sah er auf ihre Arme mit dem rötlichen Flaum und strebte zwanghaft danach, sie zu streicheln.

Wenn sie sich zu bedrängt fühlte, schloss sie sich kleinen Sport- und Wandergruppen an, um mit ihm nicht längere Zeit allein zu sein. Sie hatte nicht direkt Angst vor dem Schwarzen, war aber durch Erziehung geprägt, die einen gewissen Abstand forderte. Trotzdem musste sie kichern, wenn sie daran dachte, dass sie als Kinder immer das Spiel gesungen hatten: „Wer fürchtet sich vorm schwarzen Mann?" Und ganz tief in ihrer Erinnerung tauchte ein Schwarzer auf, der mit der amerikanischen Armee in ihrem Bauernhof gelagert und sie zutiefst erschreckt hatte: alles schwarz! Rollende Augen und blinkende weiße Zähne. Vor Angst hatte sich unter ihr eine Pfütze gebildet.

Aber jetzt wollte sie ausnutzen, dass Männer sie begehrten, auch wenn sie vielleicht jemandem das Herz brach. Ihres hatte man schließlich auch gebrochen, und das nicht nur einmal. Sie war verletzt und gedemütigt worden, und jetzt wollte sie leben und genießen.

Kumba war so verliebt. Das Wort reichte nicht aus, um seine Gefühle zum Ausdruck zu bringen. Der Gedanke an Marita verfolgte ihn bis in den Schlaf. Er sah im Traum seine Marita in Ghana: Er hatte luxuriöse afrikanische Kleider für sie nähen lassen. Er führte sie aus und genoss es, wenn die Menschen sie anstarrten, bewunderten und ihn beneideten. Er ging mit ihr zur Prozession beim Fest der Jamsernte. Am liebsten hätte er sie auf den ‚Goldenen Thron‘ gesetzt, ein Heiligtum der Aschanti, das bei Prozessionen durch die Stadt getragen wurde. Er zeigte ihr in seinen Träumen alle Sehenswürdigkeiten seines Landes, die aus der wechselvollen Geschichte der jahrhundertelangen Kolonisierung erzählten: Der Voltastaudamm bei Akosombo, einer der größten Stauseen der Erde, der Nationalpark, der erst 1971 entstanden war, die zahlreichen Koloniegebäude und Forts an der Küstenstraße. Er wollte ihre Augen leuchten sehen, sie lieben, wie noch nie ein Mann seine Frau geliebt hatte. Sie würde für ihn die Beine öffnen. Er sah sie nackt vor sich, die langen Beine vereint bei den rotgoldenen Löckchen. Er sah sich, wie er die rosigen Pünktchen seiner Geliebten, die den komischen deutschen Namen ‚Sommersprossen‘ trugen, mit der Zunge am ganzen Körper berührte und küsste. Er sah sich prachtvolle Kinder mit ihr zeugen, einen Sohn und eine Tochter, mit dunkelroten, lockigen Haaren mit einem honigfarbenen Schimmer, den samtenen, braunen Augen der Mutter und einer hellbraunen Haut, die wie Perlmutt leuchtete. Heftige Reaktionen zwischen seinen Lenden beendeten jeweils seine Träume. Wenn sich alles wieder beruhigt hatte, begann er Pläne zu schmieden, die nicht eine himmlische Zukunft betrafen, sondern sich mit der jetzigen realen Wirklichkeit befassten. Er musste überlegt und behutsam vorgehen. Ihm war nur zu bewusst, dass diese Frau nicht leicht zu erobern war. Aber gerade das reizte und beflügelte ihn und ließ ungeahnte Energien wachsen.

Einiges, wie Blumen und kleine Geschenke, weitete er aus. Er spürte ihre Freude darüber. Als Naturkind war er in der Lage, an ihrer Stimme ihr Befinden und ihre Gefühle zu erkennen. Nach einem Abendessen, als Musik zum Tanz aufspielte und sie ein Glas Wein getrunken hatten, erkannte er, dass jetzt die Stimmung günstig wäre, Marita einen kostbaren Ring zu schenken. Er nahm ihre weißen Hände, streichelte sie sanft und registrierte befriedigt, dass dies einen Schauer bei ihr auslöste. Dann steckte er ihr vorsichtig den Ring an den schlanken, langen Finger. Sie erschrak kurz, rief: „Nein", und begann, sich den Ring wieder abzuziehen. Er hielt ihre Hände fest, sah ihr in die Augen und flüsterte: „Bitte." Und sie ließ den Ring am Finger.

Am nächsten Tag ging Kumba noch einen Schritt weiter. Er hatte vor einigen Tagen eine Anzeige gesehen, in der eine Kutschfahrt angepriesen wurde: ,Romantische Fahrt' hatte er sich übersetzen lassen. Er wollte sehen, ob dies seinen Vorstellungen entgegenkam.

Er beobachtete, wie ein Pärchen, eng umschlungen, aus diesem Gefährt stieg. Bevor der Kutscher wieder abfuhr, winkte Kumba und machte dem Mann deutlich, dass er einmal in die Kutsche schauen wollte. Der Kutscher Janosch war ein erfahrener, mit allen Wassern gewaschener Geschäftstyp, der sofort erkannte, dass dieser Mann nicht an Geldnot litt, und witterte ein gutes Geschäft. Womöglich konnte man den Preis etwas heraufschrauben.

Vielleicht konnte so ein Neger auch gar nicht richtig zählen.
Doch dann traf ihn bald der Schlag. Dieser Schwarze deutete
tatsächlich empört auf die Pferdedecke, auf die seine Göttin sich
setzen sollte. Mit dem Versprechen, eine bestimmte Geldsumme
zu überreichen, wies er Janosch an, das Fahrzeug penibel zu
reinigen, den mörderischen Gestank zu entfernen und das Innere
mit Stoffen und Kissen vom Allerfeinsten zu bestücken. Und nicht
nur das! Er teilte ihm auch seine farblichen Wünsche der Ausstattung mit. Wortlos, mit offenem Mund starrte der Kutscher
Kumba an und nickte mechanisch. Obwohl er nickte, wusste
er im selben Moment, dass er dieser Situation nicht gewachsen
war. Aber um nichts auf der Welt wollte er auf die in Aussicht
gestellte utopische Summe in Dollar verzichten. Zusammengesunken saß er auf seinem Kutschbock und verfiel eine Stunde
lang in tiefes Grübeln. Und dieses Grübeln wurde abgelöst durch
eine Phase der Depression. In so einer Überforderungssituation
hatte er sich noch nie befunden. Wie sollte man einen Geruch
entfernen, der durch die Ausdünstungen mehrerer Generationen
rauchender, schwitzender Menschen, verschütteten Alkohol und
die Aura von Pferdepisse und Pferdefürzen gereift war. Das war
eben Natur. Das war das Elementare auf dieser Welt. Was dachte
sich dieser Neger überhaupt, ihn, einen reinrassigen Tschechen,
so zu beleidigen! Das Reinrassige nahm er gedanklich wieder
zurück, da ihm einfiel, dass ein Deutscher, ausgerechnet ein
Deutscher, seinen Stammbaum verunziert hatte. Ohne dass es
ihm bewusst wurde, griff er immer wieder unter den Sitz, um
eine Flasche echtes Pilsner Bier hervorzuholen, welches er eigentlich für spendable Gäste in der Kutsche deponiert hatte, West-
gäste, die Aussicht auf ein gutes West-Trinkgeld boten. Nach dem
Schlucken des Inhaltes dreier Flaschen Pils und eines klitzekleinen
Slibowitz von 100 Gramm hatte er die rettende Idee: Lena, die
Schneiderin könnte ihm helfen. Sie war vielleicht immer noch
böse auf ihn, weil er sie wegen seiner jetzigen Frau Elvira verlassen hatte. Aber das war gute neun Jahre her. So nachtragend
konnte sie ja wohl nicht sein. Der Alkohol im Blut machte Mut
und verstärkte seine ohnehin hohe Meinung von sich selbst und

seinem Aussehen. Er befand, dass er noch ein recht ansehnlicher, ja sogar flotter Typ war. Mit ein wenig Mühe könnte er vielleicht das ehemalige Verhältnis wieder auffrischen; denn neun Jahre Ehe mit Elvira hatten ihn doch zutiefst ernüchtert. Und ein wenig Abwechslung konnte nicht schaden.

Nachdem sein Entschluss gereift war, bewaffnete er sich mit einem Blumenstrauß und betrat mit einem Lächeln, das er immer noch für so betörend hielt, dass die Frauen dahinschmolzen, die Schneiderwerkstatt. Da saß seine Ehemalige und stichelte eifrig an ihrem Nähzeug. Mit einem Blick stellte er fest, dass sie noch verdammt gut aussah. Natürlich hatte der Zahn der Zeit auch an ihr etwas genagt, beziehungsweise etwas dazu gepackt, besonders im Bereich der Hüften. Aber weiter oben: Der Busen versprach noch viel und erinnerte ihn an umwerfende Genüsse. Als er grüßte, wandte sie ihm ihr Gesicht zu. Während er erfreut erkannte, dass ihr Teint nur wenig Spuren des Alterns aufwies, und die Augen noch immer den leicht spöttischen Blick hatten, vertiefte sich dieser Spott beim Erkennen des ehemaligen Liebhabers und seines unübersehbaren Zustandes. Schon schleuderte sie ihm die passenden Worte um die Ohren: „Na, welch seltener Besuch! Das verschlägt mir glatt die Sprache, obwohl ich ja nicht an Wortfindungsstörungen leide, wie du vielleicht noch weißt. Hat der Ehefrust dich hergetrieben? Siehst auch schon ganz schön abgenagt aus! Tagaus, tagein dasselbe was? Ja, das zehrt! Na, nun guck nicht so, als wolltest du gleich wieder die Flucht ergreifen. Du erinnerst dich doch: harte Schale, weicher Kern! Also, wo drückt der Schuh?"

Der Kutscher Janosch war tatsächlich sehr verlegen, und sein sprichwörtlich betörendes Lächeln gelang ihm nur kläglich, was Lena natürlich sofort durchschaute. In so etwas waren die Weiber insgesamt den Männern total überlegen. Er riss sich zusammen, räusperte sich und übergab als erstes den Blumenstrauß.

„Dann muss es ernst sein", hörte er sie murmeln. Er war zunächst erleichtert, weil er sich noch etwas sammeln konnte, da sie, wie jede Frau, erst die Blumen versorgen musste, auch wenn wichtigere Aufgaben drängten.

„Ich habe da ein besonderes Anliegen, dem ich hilflos gegenüber stehe: Und da ich schon lange einen Grund suche, dich zu sehen“, log er jetzt, wieder mit etwas gefestigter Eitelkeit, „komme ich heute. Ich bin auf deine Hilfe angewiesen. Da ist ein reicher Afrikaner, stinkreich, sag ich dir. Dem ist meine Kutsche zu schäbig. Stelle dir diese Frechheit vor: Ein Schwarzer sagt mir, dass mein gehegtes und gepflegtes Gefährt, das sogar schon Amerikaner höchst luxuriös befördert hat, stinkt. Er wünscht eine rigorose Reinigung. Wenn meine Kutsche rigoros gereinigt wird, fällt sie doch auseinander. Dann verlangt er noch eine Ausgestaltung mit verschiedenen Stoffen besonders ausgewählter Farben. Vorherrschend darf nur braun und orange sein. Es darf überhaupt kein blau, violett, rosa oder rot dabei sein, höchstens ein Minimum an gelb, beige, grün und schwarz. Liebe Lena, bitte hilf mir! Ich habe vor Verzweiflung schon ein Kilogramm abgenommen.“

Lenas erster Blick galt dem noch recht runden Bauch von Janosch; doch seine kummervollen Worte rührten an ihr Herz. Sie genoss es, so flehentlich gebeten zu werden und auch noch von Janosch, ihrer ersten großen Liebe, die sie zwar verdrängt, aber nicht vergessen hatte. Leichte Wehmut bemächtigte sich ihrer und ihr nach Liebe hungernder Körper regte sich irgendwie angenehm. Doch rigoros drängte sie die Gefühle beiseite. Hier gab es eine ganz besondere Aufgabe, nicht das tägliche Einerlei, wie Röcke weitermachen, Kleider länger oder kürzer nähen, alles Dinge, die viel zu profan waren und nicht im geringsten ihren Fähigkeiten entsprachen. Endlich sollte ihre Näh- und Gestaltungskunst einen Glanzpunkt erleben. Sie wusste, dass sie nicht nur eine Schneiderin war, sondern eine höchst kreative Künstlerin. Das wollte sie jetzt beweisen.

„Na, dann komm mal mit“, forderte sie den erwartungsvoll blickenden Janosch auf. Sie begaben sich in einen Raum, in welchem die Stoffe von Jahrzehnte langem Sammeln aufgetürmt waren. Während Janosch ratlos und verwirrt auf das Chaos blickte, reiften in Lena schon die Ideen. Sie kümmerte sich nicht mehr um den ehemaligen Geliebten. Sie zog Stoffballen heraus, verglich, schob sie wieder weg und merkte nicht, dass Janosch entnervt auf einen Hocker sank und sich den Schweiß von der Stirn wischte. Sein Stöhnen unterbrach ihre lebhafte Tätigkeit. „Ach, du bist noch hier", sagte sie, ihn bewusst damit ärgernd, dass sie so tat, als ob seine Anwesenheit ihr schnuppe war. „Tu doch auch mal was. Gehe raus zu deiner Kalesche und messe das gesamte Innenteil, das einmal ein Fahrgastraum werden soll, aus. Dann gehst du in die Drogerie und besorgst Geruchskiller, Parfüm und einen Zerstäuber, so groß wie möglich."

Lena weidete sich am entgeisterten Blick des Mannes. „Und dann erscheinst du gleich wieder hier, bringst die Maße und alles, was ich dir aufgetragen habe."

Janosch ärgerte sich darüber, dass er sich von einer Frau zum Lakaien machen musste und das auch noch von einer Frau, die einmal aus Liebe alles für ihn getan hatte. Was war das für eine verkehrte Welt? Gleichzeitig bewunderte er, wie umsichtig und intelligent sie die Lösungen für sein Problem in Angriff nahm. War da vielleicht doch noch etwas Zuneigung, begann er zu hoffen. Er warf einen letzten Blick auf Lenas, ihm immer begehrenswerter erscheinenden, Körper, murmelte eine Zustimmung und eilte in ungewohnter Geschwindigkeit davon, um alle Instruktionen richtig auszuführen. Kurz danach dachte er noch, was für ein ausgemachter Trottel er doch war, gleich nach der Pfeife einer Frau zu tanzen, verwarf es aber sofort wieder, wenn er daran dachte, was für Geld und später vielleicht auch erotische Wonnen ihn erwarteten. Während des Messens dachte er an seine Frau Elvira und glaubte zu erkennen, wie träge und nachlässig diese doch geworden war und ob es nicht vielleicht der größte Fehler seines Lebens gewesen war, sie zu heiraten, nur, weil sie von ihm schwanger geworden war. Er hatte sich deshalb immer für einen Ehrenmann gehalten. Womöglich war er nur ein Idiot. Aber da war das Kind, die kleine Katja, die er sehr liebte.

Hin und her gerissen erledigte er alle Aufgaben und strahlte wie ein Schuljunge, als Lena alles für richtig befand. Aber sie war kühler, als er sich erhofft hatte. War ihre frühere Leidenschaft gestorben? Empfand sie gar nichts mehr für ihn? Nein, gewiss nicht! Mit den Worten „Du kannst gehen. Komme morgen um acht Uhr zur Anprobe in der Kutsche" hatte sie ihn ausgesprochen rüde verabschiedet.

Auf der Heimfahrt stürzte seine Erwartungshaltung in ein Tief. Manchmal, wenn sie gelächelt hatte, hatte er auch bei ihr an ein Wiedererwachen der großen Liebe geglaubt. Aber dann hatte ihn ihre energische Art wieder in Zweifel gestürzt. Zu seinem Erschrecken erkannte er, dass seine Liebe, die bis jetzt nur wie ein Funke geglimmt hatte, wieder emporzüngelte. Was war mit ihm geschehen? Seine Welt schien zusammenzubrechen. Er, der jahrelang so ausgeglichen war, den kaum etwas aus der Ruhe brachte, außer einem ordentlichen Trinkgeld, spürte wieder einen Vulkan in sich. Ihn packte das Sehnen nach Lena, und das nicht nur im Herzen, sondern auch in all seinen männlichen Organen. Er wusste nicht, was er tun sollte. „Dieser vermaledeite Neger", dachte er. „Der ist an allem schuld. Nur weil der seine Liebste beeindrucken will, hat er mich in solche Nöte gestürzt. Vorher war meine Welt in Ordnung. – Aber was für eine Ordnung! Die pure Langeweile, Öde, Einerlei! Doch das hatte ich vorher ja nicht gemerkt. Ach, was ist das doch für eine verdammte Scheiße!"

Als er nach Hause kam, wirkte er so verstört, dass es sogar Elvira, die sonst zwar seine Anwesenheit zur Kenntnis nahm, ihn aber eigentlich gar nicht bemerkte, auffiel. Sie, die immer durch ihn hindurchblickte, wenn sie in seine Richtung sah, wich durch die Worte „Is was?" vom geregelten Ablauf ab. Er war zu keiner Erklärung fähig, ging wieder und setzte sich in die Kutsche, in der er auch die Nacht verbrachte. Das Erwachen war furchtbar. Der Kopf dröhnte, und er entdeckte am Körper keine Stelle, die ihm nicht wehtat. Er ging ins Haus und wusch sich ausgiebig, was ein Stirnrunzeln und Kopfschütteln seiner Frau hervorrief, weil es mitten in der Woche war. Das Frühstück ließ er stehen und verließ nur mit einem undeutlichen Gemurmel den Raum.

Als er die Schneiderwerkstatt betrat, war Lena schon eifrig beim Messen und Heften. Sie streifte ihn mit einem Blick, den er nicht deuten konnte, und sagte: „Du hast dich wohl über Nacht mit der Ausgestaltung deiner Kutsche befasst, weil du gar so abgearbeitet aussiehst, oder hat Elvira dich im Bett so in Atem gehalten?"

Wütend und enttäuscht, dass nicht ein kleines Wörtchen ehemaliger Zuneigung aus ihrem Mund kam, schniefte er nur. Sie lächelte in sich hinein. So leicht wollte sie es ihm keineswegs machen.

Dann erhob sie sich mit einem Bündel von Stoff, drückte es ihm in die Arme, was ihn noch hilfloser machte, und dirigierte ihn vor die Tür zur Kutsche. Nun nahm sie wortlos Teil um Teil der Stoffe und kleidete das Innere der Kutsche nach ihren Vorstellungen aus. Ihm blieb vor Bewunderung der Mund offen. War das noch seine Kutsche? Ein kurzer Blick auf Janosch überzeugte Lena davon, dass sie ihn beeindruckt hatte.

Sie nahm den Stoff wieder ab und befahl ihm, dass er das Innere der Kutsche pedantisch waschen und dann mit Geruchskiller bearbeiten solle. Sie verschwand in der Schneiderei und kam kurz darauf mit einer Schüssel voll duftendem Wasser wieder heraus. Eigentlich hatte sie Parfüm versprühen wollen, es aber schließlich für unpassend gefunden. Beim Baden abends war sie angeregt worden, vom Fichtennadelduft des Badeschaums ‚Badusan‘, einem Erzeugnis aus der DDR.

„Wenn du fertig bist, wischst du mit dieser Lösung alles ab."
Janosch hatte mit zwiespältigen Gefühlen den Geruchskiller versprüht. Eigentlich war es seine Absicht gewesen, vor Lena als Kavalier aufzutreten. Nun hatte sie ihn zum Putzer gemacht. Als er dann aber gesehen hatte, dass beim Putzen Farbe zum Vorschein an seiner Kutsche kam, deren Vorhandensein ihm gar nicht mehr bewusst war, war er doch sehr verwundert und positiv überrascht. Dann hatte er, wie angeordnet, die Badusan-Lösung verteilt; und das Ergebnis hatte ihn zutiefst beeindruckt. Es hatte so überwältigend geduftet, dass er gleich den Drang verspürt hatte, sich mit Lena in den Wald zu verdrücken, um sich auf dem Moos der Liebe hinzugeben. Doch Lena hatte ihn spröde aus seinen Träumereien gerissen.

„Das muss jetzt an der Luft trocknen. Niemand darf sich rein-
setzen. Morgen kleide ich es dann mit dem Stoff aus."

Mit diesen Worten fühlte er sich entlassen.

Am nächsten Tag kleidete er sich mit besonderer Sorgfalt an,
so ordentlich, dass seiner Frau Elvira der Mund offenblieb und
sie eine spitze Bemerkung machte, ob er so einen Aufwand be-
treibe, um besonders reichen Damen im Kurhaus zu imponieren.
Er ignorierte es und ging noch in den Keller, um eine Flasche
ungarischen Rotwein zu holen, welche ihm auch ein Gast spendiert
hatte. Dann fand die große Ausgestaltung der Kutsche statt. Lena
hatte sich selbst übertroffen. Die herrlichen Stoffe waren von ihr
gesteckt, gefältelt, gerafft und geklebt worden. Das Ergebnis war
so großartig geworden, dass er überwältigt war. Er hatte seinen
Rotwein geholt und zog die glückliche Lena in ihre Räume, um
ihr nach allen Regeln der Kunst zu danken.

Nach dem Abendessen hatte sich Marita in ihr Zimmer zurückgezogen, um sich frisch für die Abendveranstaltung zu machen. Es
klopfte, kaum dass sie fertig war. Als sie öffnete, stand sie einem
riesigen Rosenstrauß gegenüber und vernahm die schmeichelnde
Stimme von Kumba: „Rosen für meine Königin." Er trat ein,
wie gewöhnlich perfekt gekleidet.

Als er mit einer Verbeugung die Blumen überreicht hatte,
sah sie, dass er noch eine Flasche besten Weines dabei hatte und
zwei Gläser. Er bat sie, vor der Veranstaltung noch ein Glas mit
ihm zu trinken.

„Bitte sagen ja! Morgen, wir fahren Kutsche, wenn Frühstück vorbei."

„Wir beide alleine?"

„Oh nein! Kutscher auch."

Wie konnte sie da widerstehen? Sie nickte und lächelte ihn an,
was ihn gleich dazu animierte, sie in die Arme zu nehmen und
zu küssen. Marita war inzwischen sein dunkles Gesicht in den
verschiedenen Stimmungen vertraut. Manchmal, wenn er über
ernste Themen sprach oder zu grübeln schien, war sein Gesicht
wie gemeißelt. Wenn er glücklich war, wie jetzt, leuchteten die

Augen und breiteten sich feine Fältchen in den Winkeln aus. Nur an die dicken Lippen konnte sie sich noch nicht gewöhnen. Im Internat hatten die Mädchen immer behauptet, dass ein Mann schmale Lippen haben müsste – warum auch immer. Roland, ihr Verflossener, hatte schmale Lippen. Und was hatte ihr dies gebracht? Dieser Mann hier, von dem sie sich wider Erwarten küssen ließ, fing an, sie trotz dieser Lippen zu beeindrucken. Der Kuss war so sanft, so sinnlich und vermittelte ein Gefühl der Geborgenheit.

So glücklich Kumba auch war, so unsicher fühlte er sich an diesem Abend. Bisher hatte er nur immer Marita angesehen und die Umwelt gar nicht mehr richtig zur Kenntnis genommen. Doch plötzlich, als ihn durch Maritas Zusage eine Art Besitzerstolz erfasst hatte, argwöhnte er allerlei Gefahren. Die erste Gefahr war Josef, der Kellner. Als dieser die Getränke brachte, scherzte er mit Kumbas Geliebter und machte ihr Komplimente. Kumba hätte sich am liebsten auf ihn gestürzt. Er beherrschte sich aber und atmete tief. Dann kam ein männlicher Kurgast, ein gut aussehender Kurgast, musste Kumba missmutig feststellen, und forderte **seine** Marita zum Tanzen auf. Und sie tanzte auch noch mit ihm. Er verfolgte das hübsche Paar mit eifersüchtigen Blicken. Und damit nicht genug, kamen jetzt zwei Männer und luden Marita zu einer Wanderung in zwei Tagen ein. Auch hier stellte sie ihre Teilnahme in Aussicht. In Kumba kochte und brodelte die Eifersucht. Marita sollte ihm gehören. Er spürte eine Spannung in seinem Körper, die ihn schier zum Platzen brachte. Doch er wusste, dass er sich beherrschen musste. Er hatte erkannt, dass die Frauen in den sozialistischen Ländern sich in keiner Weise als Besitztum des Mannes betrachteten, sondern weitgehend über sich selbst bestimmten. Da sie meistens ausgebildet und berufstätig waren, konnten sie auch finanziell selbstständig entscheiden und waren nicht von den Männern abhängig. Er war sich sicher, dass Marita für ihn verloren war, wenn er sie zu sehr einengen würde. Durch Maritas Feingefühl und ihre Beobachtungsgabe blieb ihr nicht verborgen, dass Kumba innerliche Kämpfe zu bestehen hatte. Sie wollte ihn nicht reizen; denn er war so eine angenehme Gesellschaft, wie sie sich nur wünschen konnte. Keine dreiste Anmache, kein dummes Gequatsche, wie sie es von vielen Männern kannte, besonders wenn durch den Alkohol deren Selbsterkenntnis und Eigenliebe so verstärkt und auch verfälscht wurde, dass sie sich für unwiderstehlich hielten. So blieb Marita allen gegenüber liebenswürdig, aber in ihren Aussagen nicht zu missverstehen.

Dann kam der Tag der Kutschfahrt. Kumba hatte, als das Gefährt heranrollte, sofort eine Inspektion vorgenommen. – Und er war hingerissen von dem, was er da sah und was seine Geruchssinne betörte. Es übertraf alle Erwartungen, und er war sich jetzt sicher, dass dies entscheidend dazu beitragen würde, Marita ganz für sich zu gewinnen. Er händigte dem vor Stolz strahlenden Janosch mehr Geld aus, als verabredet war, und drückte ihm seinen besonderen Dank aus. Dann geleitete er seine Angebetete in die Kutsche und ergötzte sich an ihrer Überraschung und an ihrer Freude. Bevor sie losfuhren, erschien noch Josef, der Kellner, mit einem großen Korb, welchen Kumba in der Kutsche verstaute. Kumba überhörte auch bewusst die Komplimente, die Josef wieder an Marita verschwendete. Schließlich fuhr Marita mit **ihm** aus und nicht mit Josef.

Es wurde ein wundervoller Tag. Kumba erfreute sich daran, wie die Farben der Kutsche mit den Farben von Marita harmonierten und der Duft der Stoffe den Zauber vervollständigte. Er fühlte sich wie im Paradies, als ein Sonnenstrahl ins Innere der Kutsche traf und auf Maritas Haare einen Honigschimmer zauberte und die Stoffe ihrer Kleidung und der Kutsche zum Leuchten brachte. Befriedigt nahm er zur Kenntnis, dass auch ihre braunen Augen goldig glänzten. Es war ein Traum. Alles würde gut gehen. Sie ließ ihm ihre Hand und hatte nichts dagegen, dass er sie immer wieder streichelte und ihre Taille umfasste. Als er sie küsste und seine Hände über ihre Brüste wanderten, ließ sie es auch nach kurzem Zögern geschehen. Es kostete ihn übermenschliche Kraft, sein Temperament und seine Triebe zu beherrschen und sich nicht auf sie zu stürzen. Marita ahnte, was in ihm vorging, und sie war in großer Sorge. Um ihn abzulenken, wies sie immer wieder auf landschaftliche Sehenswürdigkeiten hin.

Dann hielt die Kutsche, und Kumba nahm seine Fee in die Arme und hob sie heraus. Janosch, der sich im Traum von dem vielen Geld schon ausgefallene Wünsche erfüllt hatte, befleißigte sich, den Korb mit den feinen Delikatessen hinterher zu tragen. Auf einer Lichtung breitete Kumba eine Decke aus. Das Picknick konnte beginnen.

Janosch wurde verabschiedet und hatte vier Stunden Freizeit.

Marita war erneut tief gerührt. Ein Tischtuch mit farblich passenden Servietten hätte eine fürstliche Tafel schmücken können. Der Mann neben ihr suchte Leckerbissen aus und fütterte sie. Sie tranken Wein und kamen sich immer näher, so nahe, wie sie es eigentlich nicht wollte. Doch was hatten ihr Anstand und Zurückhaltung bisher gebracht? Nur Kummer, Enttäuschungen und das Gefühl, als Besitztum des Mannes zu gelten. Was schadete es, wenn sie jetzt den Gefühlen und Bedürfnissen nachgab? Dass vielleicht zuhause ein Mann auf sie wartete, auch wenn er ein gebildeter Doktor war, schien jetzt nicht wichtig.

Kumba atmete tief ein. Diesen Duft des europäischen Waldes würde er mit nach Ghana nehmen, und wenn alles weiter so gut klappte, wäre auch eine germanische Blume mit dabei. Er tastete nach der Hand von Marita und streichelte sie. Als er merkte, dass sie die Hand nicht gleich wieder wegzog, legte er vorsichtig den Arm um sie. Marita, der es anfangs geradezu unheimlich war, von einem dunkelhäutigen Mann berührt zu werden, fand jetzt nichts mehr dabei. Im Gegenteil: Noch nie war sie mit so viel Zärtlichkeit verwöhnt worden. So gelöst und entspannt hatte sie sich niemals gefühlt. Die Kindheit und Jugend abstreifend, in der es nur Arbeit, Normen und starre Regeln gab, wo Sexualität ein einziges Tabu war, genoss sie diese einmaligen Augenblicke. Sie lächelte, wenn sie daran dachte, wie verrückt er nach ihren Sommersprossen war, diese lästigen Flecken, die sonst immer den Anlass für dumme Sprüche gaben.

Kumba war so glücklich wie nie in seinem Leben. Neu erlernte Worte, wie ‚Schönste, Liebe, Küsse, Traumfrau, Liebste‘, kamen von seinen Lippen und wurden lächelnd von der Angebeteten entgegengenommen. Dann begann er, ihre Sommersprossen sanft zu berühren, und seine Zunge tanzte auf ihnen herum. Er, der Frauenkenner, bemerkte mit Freude und Erleichterung, wie sich ihre Anspannung löste und sie den angenehmen Gefühlen nachgab. Sie genossen mit allen Sinnen, Körper an Körper geschmiegt, das Glück dieser ungewöhnlichen Zweisamkeit.

Janosch indessen schlief auf seinem Kutschbock und träumte köstlich nur noch von Lena, ihren vielen Stoffen und ihrem verführerischen Körper. Er bettete sie auf die Stoffe und zeigte ihr, dass er immer noch ein begnadeter Liebhaber war.

Auf der Heimfahrt erzählte Kumba seiner Liebsten, so gut er es sprachlich vermochte, von seiner Heimat.

„Ich, Kumba Massuja, bin vom Stamm Aschanti. Nicht ganz schwarz: Portugiesen und Briten auch in mein Blut. Alles mischen, gute Rasse! Familie sehr, sehr reich. Können alles kaufen." Sein begehrlicher Blick traf sie. „Land anders, aber wunderschön. Farben von Ghana wunderschön! Ghana Republik, aber Regierung wie Monarchie. Feiern wunderschöne Feste. Große Fest, wir tragen große aschantische Heiligtum durch Straßen: ‚Goldener Stuhl'. Er Symbol für Seele von Volk." Kumba machte eine Kreisbewegung. „Lebende und Tote verbunden. Auch König verboten, auf ‚Goldene Stuhl' setzen. Unsere alten Götter haben wir mit Allah und Christengott einig gemacht. Jeder betet zu Gott, dem er vertraut. Dazu kommen viele Geister von Ahnen. Wir ehren alle; dann keiner böse. Und jeder helfen, wenn gerufen wird."

Marita fand das alles sehr interessant und geheimnisvoll. Das war doch einmal eine sehr ungewöhnliche Sicht auf die Existenz eines oder mehrerer göttlicher Wesen. Und die Toleranz, die darin verborgen war, schien ihr bewundernswert. Wenn sie sich vor Augen führte, wie viele Kriege um einen oder mehrerer Götter willen seit Jahrhunderten geführt worden waren, wuchs ihre Sympathie für diese Lebensanschauung. Sie, die in den letzten Jahren fast ausschließlich mit Atheisten zu tun hatte, die alles vom Standpunkt der Wissenschaft sahen und die nüchterne Wirklichkeit verkörperten, ließ sich verträumt in eine geheimnisvolle Märchenwelt versetzen. Doch als dann Kumba wieder näher an sie heranrückte und flüsterte, dass er sich alles kaufen konnte, ihm aber noch etwas zu seinem Glück fehlte, fühlte sie sich plötzlich sehr ernüchtert. Sie hatte sich vom Gefühlstaumel hinreißen lassen, und sie würde nichts bereuen, weil es einmalig und unendlich schön gewesen war. Sie hatte Geheimnisse des Körpers entdeckt, die ihr bisher verschlossen waren. Sie hatte Gefühle verspürt, die neu und unglaublich intensiv waren, die den Körper und die Seele verwöhnt hatten. Doch ihr wurde klar, dass sie für Kumba nicht nur ein gewöhnlicher Kurschatten war, von dem er in seinem Land erzählen und prahlen könnte. Oh nein! Schlagartig wurde ihr bewusst, dass er sie so sehr liebte und begehrte, dass er sie mit in sein Land nehmen wollte. Er würde alle Hindernisse überwinden, auch die sozialistischen Hürden in der DDR. Er hatte Geld genug, um sie sogar freikaufen zu können. Marita zwang sich dazu, sich ihre Verstörtheit nicht anmerken zu lassen. Sie wusste, dass sie schnellstens handeln musste, bevor er Schritte einleitete, die sie nicht wollte. Er würde ihr zwar das Leben einer Königin bieten, aber diese Entwurzelung würde sie nicht lange überleben. Er hatte schon Frauen und Kinder. Sie wusste zu wenig über dieses Land und seine Mentalität. Nein! Lieber ein hartes, aber gesichertes, von ihr selbst bestimmtes Leben. In der DDR waren die Frauen berufstätig und dadurch finanziell unabhängig von den Männern. Nein! Sie würde keine Frau in Ghana werden. Sie riss sich zusammen, sammelte allen Mut. Jetzt hieß es zu schauspielern. Sie wollte ihn nicht mit einer nüchternen Absage verletzen. Es würde, das ahnte sie, in einem Drama enden. Sie wollte dies nicht miterleben. Und er, der sonst die kleinsten Gefühlsschwankungen an der Stimme und an Mimik und Gestik erkennen konnte, war so überwältigt von seinem Glück, dass ihm ihre Absichten verborgen blieben und seine ganze Menschenkenntnis versagte.

Im Kurheim begann sie sofort, alles für ihre heimliche Abfahrt vorzubereiten.

Kumba, der im Allgemeinen so geschäftstüchtig und realistisch war, dessen scharfer Verstand ihn in allen Situationen überlegen machte, ahnte in seiner Verliebtheit nichts und träumte mit offenen Augen.

Am nächsten Morgen bestieg Marita ein Taxi, das sie zum ersten Zug in Richtung DDR brachte.

Als Kumba beschwingt zum Frühstück erschien, blieb der Platz neben ihm leer. Nach geraumer Wartezeit eilte er zu ihrem Zimmer, mit der schrecklichen Vermutung, dass sie krank sei, sich vielleicht beim Picknick erkältet hatte. Das Zimmer war nicht verschlossen. Er trat ein – sie war nicht da. Auf dem Tisch lag ein Brief, an ihn gerichtet, mit einem Ring darauf. Er brauchte ihre Zeilen nicht zu lesen. Erstarrt in ohnmächtiger Verzweiflung, sank er in einen Sessel und weinte, zum ersten Mal seit seiner frühen Kindheit. Am nächsten Tag befand er sich auf der Heimreise nach Afrika.

Männer,
ein unbegreifliches Terrain

Marita kam gut erholt, mit frischem Selbstbewusstsein, zwar mit etwas schlechtem Gewissen, doch ansonsten unbeschadet nach Hause zurück. Es war an einem Sonnabend. Sie freute sich wieder auf ihr gemütliches Zuhause, auf ihre Susanne und ein ganz klein wenig auf Bernd. Sie würde ihm von Kumba erzählen, zwar nicht alles, aber doch von einigen Raffinessen, aus denen der eher steife Herr Doktor vielleicht etwas lernen konnte. Ausgestattet mit der neuen Stärke und dem Wissen, dass sie Männern gefiel, wollte sie riskieren, dass er sie enger Beziehungen zu einem Kurschatten verdächtigte.

Als ihr Susanne die Tür öffnete, wirkte sie sehr verstört. Wie ein Blitz jagte es Marita durch den Kopf: „Sie wird doch nicht einen Jungen hier versteckt haben, solange ich weg war?" Aber Susanne guckte keineswegs schuldbewusst, sondern einfach überfordert.

„Was ist los?", fragte Marita beunruhigt. Sie wollte ihre Reisetaschen abstellen, bemerkte aber mit Erschrecken, dass gar kein Platz zum Abstellen war. Erst jetzt sah sie mit zunehmender Verwunderung, dass der ganze Flur vollgestellt war. Wortlos bahnte sie sich einen Weg zum Wohnzimmer. Aber auch dieses war mit aufgetürmten Möbeln vollgestopft. Mit fragendem Blick wandte sie sich ihrer Tochter zu. Diese wirkte zwar sehr verunsichert, erklärte aber sofort, dass sie nichts dafür könnte. „Mama, er ist einfach mit den Möbeln vorgefahren und hat sie abladen und reinbringen lassen. Ich musste ja annehmen, dass das mit dir abgesprochen war."

„Mein Gott! Lass es nicht wahr sein!", dachte Marita, die gleich annahm, ihr Geschiedener wäre zurückgekehrt.

„Wer?", fuhr ihre Stimme schneidend durch die Luft.

„Na, Doktor Schuhmann. Er sagte, du wüsstest Bescheid." Susanne kamen die Tränen, und Marita blieb vor Schreck der Mund offen. Sie fand keinen freien Stuhl, auf dem sie sich niederlassen konnte. Obwohl ihr im Allgemeinen die Spontanität fehlte, war sie jetzt sofort auf dem Sprung zur Verteidigung ihres Reviers. „So eine Unverschämtheit! Er hat mich während meiner Abwesenheit einfach überrumpelt. Aber nicht mehr mit mir!" Sie rannte die Treppen hoch zu Familie Schmidt. Sie waren die einzigen im Block, die ein Telefon hatten. Sie bat sie um das Telefonbuch, fand eine Firma für Möbeltransporte und rief diese an.

„Bitte holen Sie sofort eine Ladung Möbel von der Ringstraße ab und liefern Sie sie nach L… Nr 17."

„Wenn es eilig ist, kostet es aber Expressaufschlag."

„Ja, das wird alles am Zielort bezahlt. Schlagen Sie ordentlich drauf! Aber kommen Sie so schnell wie möglich!"

Und sie kamen, luden auf, und fort war der ganze Zauber. Als die Anspannung vorbei war, kamen den beiden erst mal Tränen der Erleichterung. Es wurde Kaffee gekocht und ausführlich über diese zweieinhalb Wochen erzählt.

Der normale Alltag ging weiter. Der Herr Doktor hatte sich nicht wieder gemeldet. „Was soll's!", dachte Marita. „So lange ich Chancen bei Afrikanern und anderen Ausländern habe! Ich darf nicht mehr so gutmütig sein. Zu viel Gutmütigkeit ist Dummheit. Da wird man einfach ausgenutzt."

Ein paar Wochen waren vergangen.

Die Kolleginnen im Kindergarten merkten, dass mit Marita wieder eine Veränderung vor sich ging. Die braunen Augen glänzten und waren mit Kajal etwas betont. Ihre Heiterkeit war ansteckend.

„Na? Haben wir einen guten Fang gemacht? Wer ist denn der Auserwählte?"

Nur allmählich konnten sie Marita ihr Geheimnis entlocken. „Wenn ihr wüsstet", deutete sie genießerisch an. So nach und nach ließ sie immer mehr Einzelheiten fallen. „Er arbeitet bei einer Zeitung. Er lebt in meinem Wohngebiet. Er findet mich sexy. Er hat eine schöne große Wohnung, die ist toll möbliert. Sogar sein Freund findet, dass wir gut zueinander passen. Selten habe ich so viele Komplimente gehört, zumindest hier in der DDR."

Dorit mahnte wie üblich zur Vorsicht: „Bei den Komplimenten sehr kritisch sein! Ein Mann muss Komplimente machen; das gehört heute zur Jagd dazu. Er kann dich ja nicht mit einem Stück Wildschwein locken wie zur Steinzeit. Wie sonst soll es ihm gelingen, eine Frau auf sich aufmerksam zu machen und sie für sich einzunehmen? Ich habe jahrelang unter Männern gearbeitet und weiß, wie sie ticken. Sie haben ein ganzes Arsenal von Komplimenten, die sie bei Bedarf hervorzaubern. Gönne dir wunderschöne Stunden, so lange seine Werbung noch nicht verpufft und ausgeleiert ist. Aber immer Augen und Ohren aufhalten!"

Marita hielt sich daran. Sie verlebte schöne Stunden mit ihrem Zeitungsmann Dietmar, nahm begeistert an Veranstaltungen und Treffen teil. Aber sie hielt ihre Sinne wach. Sie war schon zweimal tief enttäuscht worden, weil sie zu sehr vertraut hatte. Mit der Zeit merkte Leiterin Charlotte, dass das Hochgefühl ihrer Kollegin Marita abflaute. Erbost vertraute sich ihr Marita eines Tages an: „Ich wusste, dass Dietmar geschieden ist. Das ist nicht unbedingt ein Makel. Schließlich bin ich das auch. Dietmar hatte immer davon geschwärmt, dass seine Frau eine Ärztin war, hat mir aber nicht gesagt, aus welchem Grund sie ihn verlassen hat. Neulich bereiteten wir ein Treffen mit seinen Bekannten vor. Da fiel ihm plötzlich ein, dass er vergessen hatte, beim Fleischer den bestellten Schinken abzuholen. Er wollte dies umgehend nachholen. Während er unterwegs war, suchte ich nach Servietten und Tischdecken. Da entdeckte ich in einer Ecke eine Menge leerer Flaschen. Die meisten davon waren Schnapsflaschen. ‚Die Männer sind doch schlampige Gesellen‘, dachte ich. ‚Wie die Kinder! Sie denken, wenn sie alles in eine Ecke schieben, ist es aufgeräumt.‘ Ich packte die Flaschen in einen Riesenbeutel. Da in unmittelbarer Nähe des Hauses ein Glascontainer war, brachte ich sie gleich weg, um sie zu entsorgen. Da der Dienst von Dietmar sehr unregelmäßig war, hatte er mir einen Schlüssel gegeben, damit ich, wenn wir verabredet waren, nicht vor der Tür stehen musste. Ich war wieder einmal allein in der Wohnung, um auf ihn zu warten. Da entdeckte ich in derselben Ecke wiederum leere Schnapsflaschen. Misstrauisch geworden machte ich mich auf die Suche und fand noch einige Verstecke. Mir dämmerte, dass mein Freund ein Trinker war. Doch nach einer Weile des Nachdenkens zweifelte ich wieder an meiner Vermutung. Er war so ein intelligenter Mann, war beneidenswert redegewandt und so aufmerksam und liebenswürdig zu mir, ohne das übliche Schmalz, in das die Männer beim Werbeverhalten verfallen. Nichts deutete auf einen Trinker hin. Vielleicht feierte er nur recht oft mit seinen Kollegen von der Zeitung oder den Hausnachbarn. Ich ärgerte mich über mein Misstrauen und sah meinen Freund Dietmar wieder als den begehrenswerten Menschen, der er war. Auch mein Körper, mit all den geheimnisvollen Gebieten, von denen ich vor Kumba Massuja kaum etwas gewusst habe, spiegelte mir vor, dass so ein rücksichtsvoller, aber ungeheuer erfinderischer Liebhaber kein Trinker sein konnte. Ich will ja nicht ins Detail gehen und dich vielleicht neidisch stimmen, aber der machte Sachen mit mir – da jagen mir jetzt noch bei den Gedanken daran Schauer heiß über den Rücken und über andere Bereiche. Nein! Wo dieser Mann überall erogene Zonen aufspürte! Kein Wunder, dass da meine leichtsinnigen Begierden das Misstrauen überdeckten! – Hätte ich doch nur auf meine ersten Vermutungen gehört! Zuerst hatte sich nur ein leichter Schatten auf meine Seele gelegt. Dieser führte aber dazu, dass meine Aufmerksamkeit geschärft war. Ich hatte zwar schon mit Besoffenen, aber noch nie mit richtigen Trinkern zu tun gehabt. Meine Erfahrungen hatten nicht ausgereicht, um dies eher zu erkennen. Nachdem bei einer Feier die Gäste verabschiedet waren, sagte ich ihm wie beiläufig, dass ich schon mehrmals Flaschen weggeschafft habe. Glaubst du vielleicht, dass er nun verlegen war und sich ertappt fühlte? Scheinbar verwundert fragte er mich, ob das vielleicht eine Marotte von mir sei, Flaschen wegzuschaffen. Ich wollte ihn nicht verurteilen, bevor ich es nicht genau wusste. Also machte ich immer wieder mal Stippvisiten und fand immer wieder Schnapsflaschen. Nun war ich mir sicher. Ich hatte meine Zuneigung an einen Trinker vergeudet. Meine Enttäuschung war grenzenlos. Ich wollte doch nur wieder eine richtige Familie und hatte mir wirklich meine

Zukunft mit ihm so schön vorgestellt. Aber mit einem Trinker? Dazu fehlt mir nach meinem harten Leben die Kraft. Und ich sehe nicht ein, dass ich mich immer für andere aufopfern soll. Als wir uns wieder trafen, habe ich ihm meine Meinung gesagt und mich kurzerhand von ihm getrennt."

Im Kindergarten, in dem Marita arbeitete, war keine Kollegin in der Partei. Parteilosigkeit kam nur bei kleinen Kindergärten vor. Bei den großen kombinierten Einrichtungen war in der Regel die Leiterin Genossin oder die Volksbildung siedelte eine Fachberaterin an, die in der Partei war. Aber auch die kleinen Einrichtungen konnten der aktiven Politik nicht entrinnen. Für alle Pädagogen war das Parteilehrjahr mit festgelegtem Studienmaterial Pflicht. Abwechselnd erhielten alle den Auftrag, sich zu bestimmten Themen vorzubereiten und dies mit den anderen Teilnehmern zu diskutieren. Alle waren dadurch so gut über das politische Geschehen informiert, dass sie auch in den Mittagspausen und in der Schlafwache über manches diskutierten. Ob es über Friedensinitiativen oder Solidaritätsleistungen ging, alles kam zur Sprache. Manchmal waren sie froh, dass keine Genossin unter ihnen war. Zum Beispiel lachten alle, als der Slogan herauskam: ‚Die Partei hat immer recht.' Dieser Text wurde sogar gesungen. Sehr ernst und teilweise ungehalten wurden die Frauen, wenn das Thema ‚Westen' auf die Tagesordnung kam. Fast alle informierten sich im Ost- und Westfernsehen. Jeder kritisch Denkende konnte gut Wahrheiten, Halbwahrheiten und Unwahrheiten unterscheiden. Die Fronten zwischen dem kapitalistischen und dem sozialistischen Lager verhärteten sich besorgniserregend. Die von Walter Ulbricht eingeleitete Liberalisierung war endgültig vorbei. Keiner glaubte mehr an eine Wiedervereinigung. Noch 1969 hatte Ulbricht die friedliche Koexistenz vorgeschlagen, wenn eine völkerrechtliche Anerkennung der DDR stattfinden würde. Die Frauen hatten den Verdacht, dass weder die Sowjets, noch die anderen Siegermächte daran interessiert waren. Jetzt Mitte der 70ger Jahre war bereits ein eisiger Wind zu spüren, der von Breschnew über Erich Honecker die DDR gefangen hielt. Die

Berliner Mauer und die deutsch-deutsche Grenze verhinderten jegliche Annäherung. Fluchtversuche wurden streng geahndet. Manches spitzte sich so zu, dass die Menschen sich gar nicht mehr trauten, offen ihre Meinung kundzutun, obwohl staatlicherseits immer gefordert wurde, Meinungen zu äußern. Doch viele Menschen wussten inzwischen aus Erfahrung, dass eine ehrliche Meinungsäußerung bewirken konnte, dass man zum Feind des Sozialismus wurde, was mit Schikanen verbunden war. Also verlangte der Selbsterhaltungstrieb ein geschicktes Manövrieren oder gar Heucheln. Trotzdem waren die meisten Menschen mit ihrer Situation zufrieden. Sie fühlten sich miteinander verbunden. Durch die annähernd gleichen Vermögensverhältnisse fehlten sozialer Neid und das Abschotten höher Gestellter. Sie hatten eine Arbeit, die ihnen keiner nehmen konnte. Sie hatten das gute Gefühl, gebraucht zu werden. Die arbeitende Bevölkerung, vom Schichtarbeiter bis zum Betriebsdirektor, wurde dazu angehalten, ja geradezu gedrängt, sich kostenlos weiterzubilden. Die Familie hatte einen großen Stellenwert. Die Kinder konnten von klein auf in gut funktionierende Einrichtungen gebracht werden. An den polytechnischen Oberschulen wurde für eine gute Beschulung gesorgt. Die Kinder und Jugendlichen bekamen Milch und ein preiswertes Essen, in eigenen Küchen hergestellt. In den Polykliniken wurde man gut versorgt und konnte von einem Facharzt zum anderen gehen. Die berufstätigen Frauen bekamen monatlich einen Haushaltstag. Es fehlte zwar insgesamt die große Freiheit, aber sie hatten unzählige kleine Freiheiten, um die sie selbst der Westen beneidete. Es gab enge Reglementierungen, aber das Gefühl, dringend gebraucht zu werden, verschaffte Würde und das Bewusstsein, wichtig zu sein.

Natürlich blieben Marita und ihre Kolleginnen von der westlichen Einflussnahme nicht unberührt. Manchmal waren sie tief betrübt, weil die Mode in der DDR immer nachhinkte. Sie behalfen sich damit, die begehrten Kleidungsstücke selbst anzufertigen und entwickelten wahre Meisterschaften beim Nähen. Durch ihre Männer erfuhren sie, dass es in den Betrieben ähnlich zuging. Die Wirtschaftslage verschlechterte sich sichtbar.

Die Regierung unternahm verzweifelte Anstrengungen, um die Situation zu verbessern. Es kam zu peinlichen Versorgungslücken, da durch die Enteignungen gerade die Waren der kleinen Hersteller fehlten. Diese Lücken sollten nun von den Großbetrieben und den Kombinaten ausgefüllt werden. Diese erhielten kurzum den Auftrag, die begehrten Konsumgüter neben ihrer ursprünglichen Produktion herzustellen. Das erforderte von den Betrieben einen ungeheuren Aufwand; und nicht selten führte diese Nebenproduktion dazu, dass der Erlös für diese Waren die finanziellen Kosten für den Aufwand nicht deckte, also ein erhebliches Verlustgeschäft war. Mit der Sowjetunion und den anderen sozialistischen Staaten wurden Abkommen geschlossen, um den Aufbau der sozialistischen Gesellschaft voranzutreiben. Manchmal fürchteten die Pädagogen den gesellschaftlichen Auftrag, vor allem die Lehrer und Erzieher, die eine pazifistische Einstellung hatten; denn die Richtlinie der Partei war immer mehr von Hass und Drohungen diktiert. Mit Erleichterung registrierten alle dagegen, dass durch das lückenlose Überwachungsnetz, Verbrechern aller Art wenige Chancen geboten wurden. Ganoven jeden Kalibers wurde es ungemein erschwert, sich durch Wirtschaftsverbrechen, Geiselnahmen oder Drogenhandel zu bereichern. In dieser Beziehung konnten die DDR-Bürger hämisch gen Westen grinsen. Kleinere Delikte, die natürlich nicht ausblieben, wurden sehr hart geahndet. In einigen Städten, die Ausländer beschäftigten, gab es manchmal Situationen, die manchen DDR-Bürgern nicht behagten, aber auch für viel Abwechslung sorgten. Gerade temperamentvolle Fremdarbeiter südlichen Ursprungs mussten öfters Prügel einstecken, weil sie die einheimischen Mädchen gar so sehr bedrängten. Für die Ausländer war es wichtig, sich wegen ihrer Einsamkeit eine Frau zuzulegen, und es war ihnen auch oft egal, wessen Geistes Kind diese Frau war. Da sie ihren Ansprüchen manchmal mit dem Messer Nachdruck verhalfen, war es dann keine Seltenheit, wenn sie augenblicklich von den Behörden in ihre Heimat abgeschoben wurden. In manchen Wohnunterkünften war bei einer staatlichen Kontrolle festgestellt worden, dass die gesamte bewegliche Inneneinrichtung verschwunden war. Die Arbeiter hatten alles verkauft, um zu mehr Geld zu kommen. Im Allgemeinen spielte das Thema Ausländer keine Rolle. Nur die Vietnamesen stellten eine Ausnahme dar. Sie wurden von der Bevölkerung, besonders von den Frauen, anerkannt und gemocht. Sie waren fleißig und lächelten viel. Sie besorgten sich westliche Werbeaufnäher für Kleidungsstücke, nähten Jeans und verwandelten diese in echte Markenkleidung. Wegen ihrer geringen Körpergröße hatten sie selbst Schwierigkeiten, sich in der DDR einzukleiden. Besonders bei den Schuhen war der Kummer groß. Es blieb ihnen nichts weiter übrig, als die zwar billigen, aber höchst unmodernen Kinderschuhe zu tragen, oder passende Schuhe in Westberlin – diese Möglichkeit stand ihnen offen – zu erwerben.

Bei all dem schönen Zusammenleben gab es aber auch oft Ärger.

Beim letzten Parteilehrjahr mussten die Erzieherinnen schwer schlucken, als sie folgende These vorgesetzt bekamen: ‚Die BRD ist ein Staat der Unmenschlichkeit, der geistigen Unfreiheit und der Unterdrückung des fortschrittlichen Denkens. In diesem Staat werden ständig grundlegende Rechte und Freiheiten des Menschen verletzt, um die kapitalistische Klassenherrschaft zu erhalten.‘ Nun wäre diese These ja nicht so schlimm, wenn dieses Land weit weg gewesen wäre und eine fremde Sprache hätte. Man hätte es hinnehmen, vielleicht sogar glauben können. Aber in ihrer Lage? Trotz dieser furchtbaren Grenze war eine Verbundenheit da. Es war die deutsche Sprache, von der man unentwegt berieselt wurde. An der deutsch-deutschen Grenze standen auf westlicher Seite unzählige Sendeeinrichtungen und Verstärker für die Medien Rundfunk und Fernsehen, die den meisten DDR-Bürger zugänglich waren. Fast alle hatten Verwandte in der BRD und wollten oft die Beziehungen nicht abbrechen. Die staatlichen Maßnahmen zielten jedoch darauf ab, jedes westgerichtete Begehren zu unterdrücken. Und dabei ging es nicht nur um die beliebten Westpakete. Manchmal wurden die Bürger in Konflikte gestürzt, die nicht so ohne Weiteres geklärt werden konnten.

Marita hatte es noch nicht aufgegeben, den Partner fürs Leben zu finden.

Im Kollegium hatten sich alle auf die Heiratsannoncen in den Zeitungen gestürzt und machten ihr mehr Angebote, als ihr lieb war. Sie hatte bereits auf eine Anzeige geantwortet, die ihr so aufrichtig erschienen war und ihr Herz berührt hatte: ‚Einsamer Mann, 50 Jahre, stattlich, gesund und humorvoll, möchte nach zermürbender Einsamkeit wieder aktiv am Leben teilnehmen. Er ist offen für Kunst und Kultur und auch für die Hobbys und Ansichten einer lieben Partnerin.‘

Das würde er sein: ein mitfühlender, wunderbarer Mensch. Aufgeregt bastelte sie an schönen Worten und schrieb ihm. Erwartungsvoll erhielt sie bald eine Antwort, mit dem geäußerten Wunsch, sich umgehend zu treffen. In einem schönen Kaffee wollte man sich kennenlernen. Doch schon als der Mann hereinkam, wollte Marita die Flucht ergreifen. Sie war bei der Annonce dem Begriff ‚stattlich‘ zum Opfer gefallen. Dieser Mann war zwar stämmig, aber einen Kopf kleiner als sie. Sie hatten sich in dem Kaffee gut unterhalten und waren sich auch sympathisch, aber Marita hatte ihn nicht im Unklaren darüber gelassen, dass sie ein allzu komisches Pärchen abgeben würden und alles abbrechen sollten, ehe es richtig begonnen hatte. Der Mann hatte es sehr bedauert und fand den Größenunterschied nicht so schlimm; aber Marita hatte ihr ganzes Leben lang Spott und dumme Bemerkungen wegen ihrer Größe über sich ergehen lassen müssen, dass ihr Bedarf bei Weitem gedeckt war.

Die Kolleginnen legten ihr nahe, es doch einmal in einem ‚Club der Alleinstehenden‘ oder ‚Club der einsamen Herzen‘ zu versuchen. Marita überwand ihre Bedenken, machte sich hübsch zurecht und besuchte solch eine Zusammenkunft.

„Und?“, fragten die Kolleginnen am nächsten Morgen erwartungsvoll. „Hast du was Schnuggeliges gefunden?“

Marita wehrte ab, und Enttäuschung war ihrem Gesicht abzulesen. „Alles kaputte Typen! Vom Leben ausgelaugt und zerfressen! Einer jammerte mir eine Stunde lang sein Unglück vor. Ein anderer machte aus seinem Frauenhass kein Hehl. Dann war da noch ein Stiller, dem man jedes Wort aus der Nase ziehen musste und der einen ansah, als hätte er noch nie eine Frau gesehen oder als käme man von einem fremden Stern. Der Nächste quasselte ohne Pause und versuchte, besonders witzig zu sein, was ihm aber gründlich misslang. Er lachte unentwegt über sich und störte sich nicht daran, wenn die anderen seinen Humor nicht mit ihm zu teilen vermochten. Die meisten waren sowieso viel zu klein für mich. Mit einem von den Letzteren – ich glaube, er hieß Günter – habe ich mich wenigstens ein wenig unterhalten können. Er war klein und furchtbar dünn, und ich habe ihn heimlich ‚Birnmännl‘ getauft. Aber zwei nette Frauen habe ich kennengelernt. Wir wollen uns jetzt privat treffen und uns anfreunden. Wenigstens ist das dabei herausgekommen. Die Sache mit den Männern im Club ist mir zu sinnlos und nervenaufreibend. Da sehen sie mich nie wieder.“

Einige Tage später, sie war gerade dabei, ihr Abendbrot zuzubereiten, klingelte es. Sie war müde von der Arbeit, sehnte sich nach Entspannung und war nicht sehr erfreut, gestört zu werden. Als sie die Tür öffnete, stand da ein Mann, mit einem großen Beutel in den Händen, den sie im ersten Moment nicht erkannte. Als er zu sprechen begann, wusste sie, wer er war: Günter, das Birnmännl. Sie wunderte sich, wie er an ihre Adresse gekommen war. Ihr Erstaunen über diesen späten Gast erhöhte sich noch, als dieser höflich darum bat, eingelassen zu werden. Sie ließ ihn zwar etwas widerstrebend, aber der Gastfreundschaft gehorchend ein und bot ihm einen Platz an. Das verstärkte sichtlich das Selbstbewusstsein von Günter. „Du warst mir von Anfang an so sympathisch. Weil du so eine liebe Frau bist, habe ich gedacht, dass ich bei dir baden könnte, da ich zuhause doch keine Wanne habe. Ich habe auch alles mitgebracht. Du brauchst mir kein Handtuch und keinen Waschlappen zu geben, nur die Seife und ein wenig Haarwaschmittel.“

Er zog seinen Beutel mit den Badeutensilien hervor und sah sie mit gewinnendem Lächeln an. Marita hatte es zunächst die Sprache verschlagen. Sie war durch ihre Arbeit an die Dreistigkeit mancher Mitbürger gewöhnt, aber so eine Unverschämtheit von diesem Kerl, als Fremder nach ein paar Minuten Gespräch in diesem Club zu ihr zum Baden zu kommen, das war doch an Frechheit nicht zu überbieten. Sie wusste nicht, ob sie lachen oder schreien sollte. Nachdem sie sich wieder gefasst hatte, sah sie ihm streng wie eine Mutter in die Augen. „Soll ich vielleicht noch deinen Rücken schrubben, und verlangt es dich eventuell nach einer kleinen erotischen Massage?" Ihre Stimme wurde drohend: „Nimm deinen Badebeutel und verzieh dich, ehe mich die Wut packt und ich dich eigenhändig vor die Tür werfe. Und lasse dich nie wieder hier blicken!"

Fassungslos über diese rüde Art schlich der kleine Günter gebeugt zur Tür hinaus. Nachdem sich Marita beruhigt hatte, begann sie zu lachen, bis ihr die Tränen kamen und der Körper schmerzte. Sie richtete ihre Gedanken auf ihren Exmann Roland und murmelte: „Danke, dass du mich verlassen hast. Nie im Leben hätte ich an deiner Seite so viele Begegnungen und Erlebnisse gehabt. Ich wünsche dir und dem geilen Drachen an deiner Seite trotzdem eine Strafe, an der ich mich ergötzen könnte!"

Als hätte sie mit diesen Gedanken den Geist von ihrem Ehemaligen heraufbeschworen, passierte am nächsten Nachmittag folgendes: Sie war gerade von der Arbeit heimgekehrt, als es klingelte. Sie wollte schon rufen: „Das Bad ist auch heute nicht geöffnet!" Da entschloss sie sich, einen Blick aus dem Fenster zu werfen. Vor dem Eingang stand ein Taxi. „Vielleicht ist es Susanne", dachte sie erschrocken. „Sie wird krank sein, oder es ist an der Schule etwas Schlimmes passiert."

Sie öffnete die Tür und erstarrte. Da stand ein Mann, vermutlich der Taxifahrer, und hatte eine andere männliche Gestalt, die sich in einem bedauernswerten Zustand befand und abartig nach Alkohol stank, mühsam stützend unter den Arm geklemmt. Als dieses Wrack angestrengt den Kopf hob, war Marita einer Ohnmacht nahe. Es war ihr Ex Roland, den sie erst gestern gedanklich mit nicht so frommen Wünschen bedacht hatte. Es gelang ihr schließlich, sich zu sammeln: „Der wohnt nicht hier. Bringen Sie den versoffenen Kerl sofort wieder aus meiner Nähe!"

„Aber er hat diese Adresse angegeben."

„Das ist mir völlig egal! Der wohnt nicht hier. Schaffen Sie ihn in die Leimstraße 8. Da freut sich vielleicht jemand auf so eine miese Jammergestalt."

„Aber wer bezahlt mir das hier alles?"

„In seinen Taschen werden Sie nichts finden. Mich wundert es schon, dass er genügend Taschengeld bekommen hat, um sich so betrinken zu können. Machen Sie einfach seiner Hure eine ordentliche Rechnung!"

Schimpfend schleppte der Fahrer das versoffene Stück Mensch wieder nach unten und verstaute es in seinem Taxi.

Eine Stunde später klingelte es erneut. Ihre ältere Tochter Sabine wollte ihrer Mutter die neuesten Nachrichten bringen. Sabine war mit dem Kellner befreundet, der bei Roland und seiner Marga Förster in deren Gaststätte arbeitete.

„Stelle dir vor, Mutti: Der Kellner hat mir erzählt, dass unser Vater völlig besoffen mit einer Taxe kam. Die Förstern hat getobt, als sie mithelfen musste, ihn ins Haus zu schleppen. Dann musste sie auch noch eine gewaltige Rechnung bezahlen, wegen der Umwege und weil er das Taxi vollgekotzt hatte. Das Witzige an der ganzen Sache ist, dass der Vater ein paar Wochen weg war zu einer Alkoholentziehungskur. Auf der Heimfahrt in der Bahn fing er mit einem Kumpel, der ebenfalls aus dieser Klinik entlassen worden war, vor lauter Freude, dass die Kur beendet war, an zu trinken. Als der Zug ankam, war die Freude immer noch so groß, dass sie in der Bahnhofsgaststätte weiter gesoffen haben, bis der Wirt ein Taxi rief."

Marita war es inzwischen möglich, darüber zu lachen und dem Schicksal zu danken, dass sie ihn ein für alle Mal los war.

Als Marita diese beiden Geschichten ihren Kolleginnen erzählte, ging ein entzücktes Kreischen los. Das war doch mal ein wenig Abwechslung im grauen Alltag. Doch dann stellten sie fest, dass nun die Suche nach einem passenden Mann für Marita weiterging.

Zunächst entstand noch eine Situation, die Marita nicht heraufbeschworen hatte. Im Haus zog ein neuer Mieter ein. Das passierte jetzt öfters, da die jugendlichen Kinder der alten Mieter ihren eigenen Haushalt gründeten und daraufhin die Eltern in eine kleinere Wohnung umzogen. Der Neue war ein höflicher Mann, ein Gentleman, wie die weiblichen Bewohner sich bewundernd gegenseitig mitteilten. Er klingelte überall und stellte sich als Herr Engel vor. Alle Mieter wollten natürlich als erstes wissen, was er für einen Beruf hatte. Man brauchte immer fähige Leute, die das eine oder andere Handwerk beherrschten, da man, wenn die eigenen Fähigkeiten nicht ausreichten, in der DDR kaum einen Handwerker bekam. Beziehungen waren alles. Der Staat förderte dies unter dem Namen ‚Sozialistische Hilfe‘. Enttäuscht wandten sich die Bewohner ab, als sie hörten, dass der Neue ein Schriftsteller war. Wozu konnte man den schon gebrauchen! „Ach“, lachte Frau Schmidt, „der könnte ja unsere Einkaufszettel in Versform schreiben. Vielleicht würden sich dann unsere Chancen erhöhen, etwas von der ‚Bück-dich-Ware‘ unter dem Ladentisch zu bekommen.“

Als Herr Engel sich bei Marita vorstellte, fand sie ihn recht sympathisch. Und an seinem Blick erkannte sie, dass er sie anziehend fand. Er war auch clever, denn er erkundigte sich, ob er ihren Mann ebenfalls begrüßen dürfe. Ihre Antwort, nichts dergleichen ihr Eigen zu nennen, erfreute ihn sichtlich; und er äußerte die Hoffnung, sich eventuell öfters sehen zu können. Da er vorwiegend zuhause arbeitete, fand er schnell heraus, wann Marita nach der Arbeit heimkam. Was er nun tat, nannte Marita ‚immer ein Bewerbchen haben‘. Fast täglich lauerte er ihr auf und fragte, ob sie einen guten Bäcker empfehlen könne, wo es die beste Wurst gäbe und wo die Post war. Er fragte, welches Reinigungsmittel er für welche Tätigkeit benötigte und ob sie wüsste, wie lange man dieses oder jenes Gemüse kochen müsste. Marita war sich sicher, dass er sich auf diese Weise mit ihr anfreunden wollte, hatte aber den Verdacht, dass er erheblich realitätsfern und dem normalen Leben nicht gewachsen war. Sie dachte: „Aber gar so sehr muss er es nun auch nicht mit seinen Bewerbchen übertreiben.“ Nach drei Wochen widmete er ihr das erste Gedicht. Er verglich sie mit der Weimarer Herzogin Anna Amalia, der Klugen, der Wissbegierigen, der berühmten Gesellschafterin, die die Geistreichen des Landes Sachsen-Weimar, egal ob Adlige oder höchst Gebildete des Bürgertums, in ihrem Salon versammelte. Durch diese regelmäßigen Treffen der Elite hatte sie entscheidend dazu beigetragen, gesellschaftliche Umwälzungen in Gang zu setzen und Weimar zur deutschen Kulturmetropole zu krönen, eine außergewöhnliche Frau, die selbst einen Goethe in Bann gezogen hatte.

„Hoffentlich hält er sich jetzt nicht für den zweiten Goethe und erwartet, dass ich bei mir auch einen literarischen Salon eröffne, wie jene Anna Amalia, und ihm, Herrn Engel, als schriftstellerische Größe oder gar als Genie wie Goethe im Kreis der Damen huldige", dachte Marita und wusste nicht, ob sie dies ernst oder lustig finden sollte. Als sie dann das fünfte Gedicht, von Bewunderung und Liebe triefend, erhalten hatte, lud er sie zum Kaffee in seine Wohnung ein. Sie war etwas erschüttert, dass er dies wagte; denn seine Wohnung sah aus, als wäre er erst seit zwei Tagen eingezogen. In den Ecken und an einer Wand standen Kartons, von denen einige noch voll waren. Auf einem Bord lagen stapelweise Blätter. Dafür standen bemerkenswerte Kunstgegenstände herum, die aber nicht in das dürftig möblierte Zimmer passten, die auch nach ihrem Geschmack nirgendwohin passen würden. Sie wollte tolerant sein, aber mit ihrem Ordnungssinn und ihren festen Prinzipien konnte sie die Atmosphäre der Wohnung kaum ertragen – Kunst hin oder her. Er wies stolz auf die künstlerischen Erwerbungen hin und teilte ihr mit, welchen Aufwand er betreiben musste, um so etwas Außergewöhnliches und Originelles zu ergattern. „Du bist die Erste, die diesen Anblick genießen darf, da ich dich als Seelenverwandte erkenne." Marita wusste nicht, wodurch sie diese Auszeichnung verdient hatte. Sie stand auch den Kunstwerken recht verständnislos gegenüber, getraute sich aber nicht zu fragen, was sie darstellen sollten. Als sie ihren Sinn entschlüsseln wollte und die Statuen umkreiste und von allen Seiten begutachtete, hielt Herr Engel dies für seltenen Sachverstand und beglückwünschte sich selbst, so eine Frau entdeckt zu haben.

Marita, die naserümpfend festgestellt hatte, dass außer den Kunstwerken alles im Staub versunken war, begriff, dass dieser Mann dringend eine Frau benötigte, die mit beiden Beinen im

Leben stand und außergewöhnliche Nerven oder absolute Gleich-
gültigkeit besaß, dass **sie** aber nicht diejenige sein würde. Liebes-
gedichte hin oder her! Natürlich hatte sie sich anfangs gefreut.
Vielleicht war sie sogar errötet. Sie hatte sich ausgezeichnet, verstanden und begehrt gefühlt und wollte diesen Zustand erhalten.
Doch was sollte sie mit einem Poet, der in höheren Regionen
schwebte – sein Name Engel erwies sich als passend –, bei dem
nicht einmal eine Zehe den Boden der Wirklichkeit berührte. Mit
erwachtem psychologischem Interesse, die Gefühlsanwandlungen
unterdrückend, beobachtete sie nun aufmerksam sein Gebaren
und zog ihre Schlüsse: Noch nie war ihr ein Mann im Alter von
50 Jahren begegnet, der so realitätsfern war. Bei den normalsten
Themen, und sei es das Allerweltgespräch über das Wetter, verließ er nach wenigen Minuten die Wirklichkeit und spann sich
eine mystische, ferne Welt zurecht. Dann fand er den Weg nicht
mehr zurück ins aufdringliche, ordinäre Leben und verharrte auf
den Wolken seiner Phantasie.

„Ich kann Verehrer haben“, dachte sie noch recht verstört.
„Vom Proletarier zu einem Muttersöhnchen von Doktor, einen
afrikanischen Großgrundbesitzer, von einem Säufer zum badewütigen Birnmännl, und nun ein lebensunfähiger Phantast, der
seinen Namen Engel in Stein hauen lassen sollte. Ob ich noch
irgendwann einmal an einen normalen Mann gerate?“

Es war gut, dass sie nicht in die Zukunft sehen konnte – sehr
gut! Als ihr Gastgeber ihr in höchst geschraubten Worten zu verstehen gab, dass er sie auf seine phantastischen Höhenflüge mitzunehmen gedenke, da stürzte sie ihn mitleidslos auf den Boden
der Tatsachen.

„Da Sie neu in dieser Gegend und diesem Haus waren, hielt
ich es als meine Nachbarschaftspflicht, Ihnen in verschiedenen
Situationen behilflich zu sein. Ich glaube, dass Sie jetzt so weit
sind, allein zurechtzukommen. Ich danke für die Einladung und
für die schönen Briefe und wünschen Ihnen von Herzen Glück!“

Sie wusste, dass sie ihn brutal vor den Kopf gestoßen hatte
und dass ihre Worte auf sein totales Unverständnis stießen und
er vielleicht zum Selbstschutz eine längere Zeit in seine mystische

Welt flüchten müsste, um die seelischen Qualen zu mindern. Er passte sie nie wieder im Treppenhaus ab. Nie wieder erhielt sie schmachtende Briefe oder musste gar seltsame Kunstwerke in ärmlichen Zimmern betrachten. Aber Herr Engel ließ seinen Schmerz in seinen lyrischen Werken aus und fand in der Welt der Poesie durchaus seine Anhänger, ja Bewunderer. Es gab gottlob mehr Menschen mit phantastischen Ambitionen und Verständnis, als sie dachte.

Indessen waren die Kolleginnen nicht untätig geblieben. Hilfsbereit und unverdrossen durchstöberten sie die Zeitungsannoncen. Sie machten Vorschläge, lachten über manche Offenbarung, vor allem, wenn die Männer auf Mitleid aus waren oder wenn sie ihre Vorzüge gar zu sehr in den Vordergrund rückten. Oft waren es auch anscheinend überaus gebildete Männer, die durch extrem gehobene Wortwahl vermutlich die einfacher gestrickten Frauen von vornherein abschrecken wollten, indem sie auf ihr eigenes besonders hohes Niveau hinwiesen. Doch schon bald hatte Marita mit untrüglichem Instinkt ihre Anzeige herausgefischt. Sie lautete: ‚Witwer, in den 50gern, 1,86 Meter groß, schlank, leichte Behinderung, mit einer Tochter, eigenes Haus, vielseitige Interessen an Theater, Musik, Fotografie und Kunst aller Art, sucht liebevolle Frau, die seine Freizeitgestaltung mit ihm teilt und vielleicht bei ihm leben möchte.‘

Der war es! Marita war nicht zu bremsen. Sie gab sich große Mühe, beim Schreiben des Briefes die treffenden Worte zu wählen. Es war ihr gelungen, gleich eine positive Antwort zu erhalten. Schon ein paar Tage später traf sie sich mit Eberhard bei einem Kaffee. Sie waren sich sympathisch, und daraufhin lud Eberhard sie in seine Wohnung ein. Es war ein kleines Haus mit einem kleinen Garten, das er mit seiner Tochter Inge bewohnte. Marita war ganz zufrieden mit allem, was sie sah. Sie ahnte nicht, was ihr in dieser kleinen Familie alles widerfahren würde. Sie konnte nicht voraussehen, dass ihre ganze Lebensphilosophie nebst allen Erfahrungen auf den Kopf gestellt wurde. Alles offenbarte sich nur ganz langsam, fast schleichend. Zunächst war sie erst einmal glücklich, jemanden gefunden zu haben, der ihre Interessen teilte. Außerdem war der Mann groß und hatte ein annehmbares Aussehen. Zufrieden stellte sie fest, dass sie ein schönes Pärchen waren. Bei der ‚leichten Behinderung‘ musste sie erst einmal schlucken, gewöhnte sich aber schnell daran, dass ihr Auserwählter eine Darmverlegung hatte. Es gab schließlich schlimmere Behinderungen. Sie dachte an ihren schwerbehinderten Lepi aus der alten Heimat, den sie so geliebt hatte. Und sie war im Begriff, auch diesen Mann lieb zu gewinnen, wenn er es verdiente. Diese Einschränkung machte sie inzwischen. Es gab keine Bedingungslosigkeit mehr. Doch das neue Leben hielt ihr zunächst alle Türen offen. Sie wurde ins Theater ausgeführt und war selig. An jedem Wochenende, wenn sie kaum die nötigsten Reinigungsarbeiten bewältigt hatte, waren im Kopf von Eberhard bereits viele Pläne gereift. Bald zog Marita in seine Wohnung, da man sich dadurch für die Unternehmungen viel Zeit sparte. Sie nahm nur wenige Dinge mit. Eberhard bat sie inständig, ihre Wohnung aufzugeben, was doch eine ungeheure Geldersparnis wäre. Er hatte aber nicht angedeutet, für wen die Ersparnis sein würde. Doch inzwischen waren Maritas Erfahrungen mit Männern soweit gediehen und Schlussfolgerungen gereift, dass bei allen Aktivitäten eine gewisse Vorsicht vorhanden war. Sie erzählte jetzt auch ihren Kolleginnen, die sie bisher so gut beraten hatten, von ihrem neuen Leben. Die Frauen freuten sich für sie, warnten sie aber gleichzeitig, zu viel aufzugeben.

„Behalte um Himmels willen deine Wohnung! Die 60 Mark Mietersparnis machen euch nicht reich. Dann hast du immer ein Rückzugsgebiet, sollte es trotz der positiven Aussichten einmal krachen.“

„Deponiere auch nicht so viele Dinge in seinem Haushalt. Und schreibe alles auf, was du mitgebracht hast.“

„Aber er ist gewiss der Richtige. Ich spüre das. Er sagt mir Komplimente, die mein Verflossener nie über die Lippen gebracht hätte. Er ist so kulturinteressiert, in allen Bereichen. Ich habe in den paar Wochen schon mehr gesehen als mit Roland in den ganzen Jahren. Wir sind ein schönes Pärchen.“

„Freilich sagt er dir nur angenehme Dinge und wickelt dich mit Komplimenten ein. Das würde ich auch machen, wenn ich mich eng an jemanden binden wollte, der perfekt den Haushalt führen kann und dazu noch sparsam wirtschaftet; der sehr gut und gepflegt aussieht; der sich mit einer Tochter im Teenageralter gut versteht; der immer freundlich und zuvorkommend ist; und der ausnehmend gut kochen und backen kann. Wir wollen dich nur bitten, immer wachsam zu sein.“

Marita bedankte sich für die wohlmeinenden Worte, dachte aber insgeheim: „Ob sie vielleicht doch etwas neidisch sind, weil ich so viel erlebe und vergöttert werde? Welcher Ehemann hält das schon jahre- und jahrzehntelang durch?“ Doch etwas von den Ratschlägen, gemischt mit den vielen eigenen Erfahrungen, blieb im Unterbewusstsein haften und ließ nicht zu, dass bei all dem schönen Leben ihre Sinne eingeschläfert wurden. Dazu kam ihre Maxime, sich nie wieder so bedingungslos an einen Menschen auszuliefern.

Als sie sich in der Familie eingelebt hatte, erwachte ihr Bestreben, die Bedingungen im Haus zu verbessern. Trotz Eberhards Sparsamkeit gelang es ihr, ihn zu überzeugen, dass auf Dauer eine neue Heizung sparsamer sei, auch wenn er momentan mehr investieren musste. Über seine Sparsamkeit musste sie oft lächeln. Wenn sie ihn manchmal bat, ihr eine Kleinigkeit aus der Stadt mitzubringen, verlangte er auch die Summe von zwei Mark für einen Nagellack oder ein anderes Utensil von ihr zurück. Etwas erschüttert war sie, als sie ihre jüngste Tochter Susanne einladen wollte und er es immer wieder hinauszögerte. Die beiden Großen wollte er überhaupt nicht kennenlernen. Als Susanne dann an einem Sonntag zu Kaffee und Abendbrot kam, verlangte er von Marita mehr Kostgeld. Unangenehm berührt war sie, als sie immer wieder feststellte, wie neugierig er darauf war, zu erfahren, wie viel auf ihrem Sparkonto war. Irgendwie wurde ihr Lächeln über seine Sparsamkeit, die sie inzwischen Geiz nannte, immer seltener. Aber der Erfolg über die Neuerungen im Haus machte sie froh. Auch im Garten nahm sie einige Veränderungen vor, die ihren Eberhard sogar beeindruckten. Freilich kostete dies fast nur ihre Arbeitskraft. Aber sie war ein Kind vom Land und genoss es, wenn alles grünte und blühte, die Vögel zwitscherten und die Schmetterlinge über die Blumen gaukelten. Sie hatte Rondelle angelegt, auf denen zu jeder Jahreszeit Blumen ihre Kelche öffneten, um Bienen und andere Nektarsuchende anzulocken und die Menschen mit ihrer farbigen, duftenden Pracht zu erfreuen.

Als sie wieder einmal im Garten arbeitete, sah sie hinter dem Zaun eine Nachbarin. Marita ging auf sie zu, sprach sie an und stellte sich vor. Die Frau sah sie erstaunt an, antwortete aber freundlich auf ihre Fragen. Dann sagte sie: „Ich bewundere Sie, dass Sie mit Herrn E. so gut zurechtkommen, und wünsche Ihnen alles Gute!" Jetzt guckte Marita verwundert.

Im Laufe der Wochen lernte sie ihren Eberhard von einer ganz anderen Seite kennen. Er war materiell besessen und stets auf der Suche nach Besonderheiten, von denen er glaubte, dass man sie ihm vorenthalten würde. Da er begeisterter Fotograf war, suchte er häufig nach besonderen Motiven. Vor dem Weihnachtsfest gingen er und Marita in die Kaufhalle, und er verlangte, dass die Verkäuferin ihm verschiedene Schokoweihnachtsmänner verkaufen sollte, da er sie dringend als Fotomotive benötigte. Sie legte ihm zwei auf den Ladentisch, zu diesen Zeiten in der DDR ein normales Angebot. Aber nicht für Eberhard! „Jetzt bücken Sie sich gefälligst und holen Sie alles unter dem Ladentisch hervor, was Sie für Ihre guten Kunden reserviert haben!" Empört wandte sich die Verkäuferin an den Verkaufsstellenleiter. Dieser kannte schon das anmaßende Verhalten dieses speziellen Kunden, wies ihn zurecht und sagte: „Versuchen Sie es nächste Woche nach der Lieferung noch einmal! Und was die Ware unter dem Tisch betrifft, so geht Sie das einen feuchten Kehricht an! Es gibt nämlich Werktätige, denen der Einkauf erst nach 17 Uhr möglich ist und die sich sehr freuen, wenn es für ihre Kinder auch noch Schokohohlkörper gibt! Und wenn Ihnen das nicht passt, versuchen Sie Ihr Glück in Zukunft woanders."

Vor Zorn schnaubend schnappte sich Eberhard seine Marita, die sich schamvoll in den hintersten Winkel verdrückt hatte, und verließ mit ihr die Verkaufsstätte. Obwohl sie sich schwor, nie wieder mit ihm einkaufen zu gehen, häuften sich trotzdem solche mehr als peinlichen Situationen. Eberhard hatte sich in den Kopf gesetzt, ein Kaffeeservice mit breitem Goldrand zu besitzen. Im Handel entdeckte er trotz intensiver Suche und Beschimpfungen der Verkäuferinnen und der Verkaufsstellenleiter den begehrten Artikel nicht.

Mit den Worten „Morgen machen wir eine Rundfahrt zu allen Porzellanbetrieben im Umkreis von 100 Kilometern" schockte er Marita.

„Wir fahren früh um sechs Uhr los. Zuerst versuchen wir es natürlich in Meißen. Falls wir es dort nicht bekommen, geht es ab nach Kahla, Triptis und Lichte."

Marita wunderte sich. Sein Geiz verschwand, und eine Besessenheit überkam ihn, wenn er etwas begehrte. „Wenn du so einfach freinehmen kannst, dann ist es deine Sache. Ich kann es nicht. Und glaube ja nicht, dass ich mich krank melde."

„Dann fahren wir eben zu deiner Charlotte. Sie wird dich schon mal für einen Tag beurlauben."

„Bei mir gibt es so etwas nicht, bloß weil du ein Goldrandservice möchtest. Das ist doch kein dringlicher Grund. Ich fahre nicht zu Charlotte!"

„Dann fahre ich eben selber!" Mit diesen Worten stürzte er wie ein Besessener davon und fuhr an den Stadtrand von Gera, wo Charlotte wohnte. Diese erschrak, als der Freund ihrer Kollegin eintrat.

„Marita ist doch hoffentlich nichts passiert?"

Unangenehm berührt war sie, als sie sah, dass der Mann, während er einen Tag Freistellung forderte, seine Augen blitzschnell durch die Wohnung gleiten ließ. Er benötigte keinen Fotoapparat, um alle Dinge im Raum sofort aufzunehmen und zu verinnerlichen. Der forschende Blick endete schließlich an einer Glasvitrine. „Das ist ja eine Keramikbowle", staunte er. „Wo gibt es denn so etwas?"

„Das gibt's normalerweise nicht bei uns im Handel, sondern wird für den Export hergestellt. Nur wenn Produktionsfehler vorhanden sind, also zweite Wahl, erscheint es ausnahmsweise im Handel. Es war der blanke Zufall, dass wir es erwerben konnten. Der Betrieb ist in Römhild, im Thüringer Wald. Nun, Sie können Marita mitteilen, dass sie selbstverständlich ihren Haushaltstag, den sie zwar für einen anderen Tag eingetragen hatte, gleich morgen nehmen kann, wenn es ein dringendes Problem gibt." Er verriet ihr nicht dieses dringende Problem, sondern schoss wieder davon.

Zwei Tage später kam Marita gleich bei Dienstbeginn auf sie zu und teilte ihr mit, wie peinlich diese Situation für sie war. „Eigentlich wollte er mit mir nach Meißen und in alle südlichen Städte fahren, die Porzellanartikel produzieren, um ein Kaffeeservice mit Goldrand aufzutreiben. Als er aber eure Keramikbowle entdeckt hatte, überfiel ihn plötzlich der heiße Wunsch, ebenso eine Bowle zu besitzen, dass das andere nebensächlich war. Wir fuhren früh um sechs Uhr los. Als wir in Römhild eintrafen, verlangte er augenblicklich den Chef zu sprechen. Er fuchtelte mit seinem Schwerbeschädigtenausweis vor der Sekretärin herum, die ihn mit den Worten ,Der Chef ist in einer wichtigen Beratung und darf nicht gestört werden' wieder verabschieden wollte. Doch das galt nicht für Eberhard. Er schüchterte sie dermaßen ein, dass sie es schließlich doch riskierte, vom Chef zurechtgewiesen zu werden und ihn aus der Versammlung holte. Eberhard überrumpelte mit seiner dreisten Art nun auch noch den Chef, der ihm dann entnervt mitteilte, dass er die Bowle in fünf Wochen abholen könne. Ich habe mich vor Scham wieder in die hinterste Ecke verdrückt. Und damit nicht genug! Voller Freude über den Sieg wollte er mit mir noch zur Wartburg fahren. ,Wenigstens ein Lichtblick für mich', dachte ich. Als wir dort eintrafen, stießen wir bei regnerischem Wetter auf eine riesige Schlange von Besuchern, die Einlass begehrten. Eberhard zögerte nicht einen Moment. Schnellen Schrittes eilte er nach vorn, schob den ersten Mann zur Seite, zeigte wieder seinen Schwerbeschädigtenausweis und verlangte, als erster eingelassen zu werden. Er zerrte mich mit hinein und stürmte, wie es seine Besichtigungsart war, im Laufschritt durch die Burg. Ich wollte alles in mich aufnehmen und mich an den herrlichen Bildern, Skulpturen und anderen

Kunstwerken erfreuen. Er aber überhäufte mich mit Vorwürfen, dass wegen meiner Bummelei eine Besichtigung im Automuseum nicht mehr möglich war."

Charlotte sah ihre Kollegin nur lange an. Diese Situationen mit Eberhard häuften sich und waren urkomisch, aber auch sehr ernst. Sie fragte sich, warum Marita das auf sich nahm. Vielleicht hatte sie ihn sehr gerne und sehnte sich einfach nach Geborgenheit. Womöglich glaubte sie sogar, ihn noch erziehen zu können.

Marita wollte kämpfen. Schließlich war sie Erzieherin. Ihre Geduld würde sich auszahlen, dessen war sie gewiss. Die schwierigste Aufgabe war jetzt zunächst einmal, die Tochter Inge richtig kennenzulernen. Sie war dreizehn Jahre alt, eine schwierige Zeit der Pubertät, wie Marita aus den Erfahrungen mit drei Kindern wusste. Das Mädchen hatte ein hübsches Gesicht, in dem sich bereits in diesem Alter Dreistigkeit und Egoismus ablesen ließ, aber wenn man sich die Mühe machte, genau hinzusehen, auch ein Schimmer von Melancholie. Ihr erst dreizehnjähriger Körper war plump und vollbusig. Marita registrierte, dass Inge frech zu ihrem Vater war, regelmäßig widersprach und seine Anweisungen schlicht ignorierte. Wenn Marita sie in ihrer ruhigen, liebevollen Art ansprach, fügte sie sich. Als sie einmal beide in der Küche waren, fragte Marita: „Warum suchst du immer Streit mit deinem Vater? Dir geht es doch gut. Du bekommst fast alle Wünsche erfüllt. Er liebt dich; das sieht man."

Inge schnaubte verächtlich: „Der? Mich lieben? Außerdem ist er gar nicht mein Vater. Seit Mutter tot ist, versucht er sein Glück mit Frauen. Alle sind wieder abgehauen, weil er so ein Spinner ist. Ich konnte sowieso keine von diesen Weibern leiden – nur dich. Du sollst jetzt meine liebe Mutti sein."

Marita war so überrascht, dass sie zunächst keinen Ton hervorbrachte. Als sie sich wieder gefasst hatte, fragte sie, wer denn ihr richtiger Vater sei.

„Ach, weißt du, Eberhard und die Mutti haben mich als Baby adoptiert. Mutti konnte keine Kinder kriegen, und seine beiden kleinen Jungen aus seiner ersten Ehe wollte er nicht haben und hat sie ins Heim gegeben."

Marita war schockiert. „Er hat seine eigenen kleinen Kinder ins Heim gegeben und ein fremdes Kind adoptiert?" Ihre Vorstellungswelt über heile Familie und die Sprache des Blutes, die durch die vielen eigenen Misserfolge seit der Kindheit schon gewaltige Risse hatte, zerbarst nun völlig.

Als sie Eberhard abends zur Rede stellte, wiegelte er das Ganze ab mit den Worten: „Meine dritte Frau wollte keine Jungen und schon gar nicht welche, die schon zwei und drei Jahre alt waren."

Marita benötigte all ihre Kraft, um ihr aufgewühltes Gemüt wieder zu beruhigen. Sie wollte doch nichts weiter, als ein harmonisches Familienleben. Es hatte so viele schöne Situationen mit Eberhard gegeben. Die wollte sie sich erhalten. Er war, bis auf seine Geizanfälle sehr liebevoll zu ihr. Sie glaubte, genügend Einfluss auf ihn nehmen zu können, dass sie sich weiter bei ihm wohlfühlen konnte. Und die pubertären Anwandlungen seiner Tochter gingen gewiss bald vorüber. Sie kannte manche Ausfälle von den eigenen Kindern und nahm sich vor, tolerant zu sein. Zum anderen glaubte sie jetzt in der Lage zu sein, Aufregungen gefühlsmäßig nicht mehr eng an sich herankommen zu lassen, sondern mit Abstand zu betrachten.

Da trat die nächste Aufregung in ihr Leben. Sie hatten es sich nach dem Abendbrot vor dem Fernseher gemütlich gemacht, und sie spürte, wie sie sich langsam entspannte; da regte sich auf einmal der Verdacht in ihr, dass Inge immer näher an sie heranrückte. Plötzlich erstarrte sie. Da fing doch diese Halbwüchsige an, sie zu streicheln und das noch an Stellen, die ihr die Röte ins Gesicht trieben. „Ich möchte auf deinem Schoß sitzen", flüsterte das Mädchen. „Ich will mit dir schmusen." Sie griff nach Maritas Hand und führte sie an ihre Brust und dann zwischen die Beine. Der Schock saß so tief bei Marita, dass sie jetzt erst reagieren konnte. Sie ergriff energisch die Hände des Mädchens. „Das lässt du sofort bleiben. An mir wird nicht herumgeschmiert!" Und zu Eberhard gewandt: „Weshalb duldest du, dass sie so etwas macht?"

„Ach, sei doch froh, dass sie dich als Mutti ansieht. Mit ihrer Mutti hat sie abends auch immer geschmust."

Marita verbat sich derartige Zuneigungsäußerungen. Doch da fiel ihr ein, dass es ihr neulich bereits die Sprache verschlagen hatte, als sie dazukam, wie Eberhard dieses voll entwickelte Stück Fleisch in der Badewanne eigenhändig Stück für Stück gewaschen hatte. „Du wirst doch nicht so ein großes Mädchen, das schon den Körper einer Frau hat, noch waschen?!", hatte sie empört gerufen, worauf er geantwortet hatte: „Ich habe sie immer gebadet. Warum soll das jetzt wegen dir aufhören?"

An einem Sonntagmorgen hatte sie den Elektrokocher für das Filtern des Frühstückskaffees eingeschaltet. Um die Zeit bis zum Kochen des Wassers zu nutzen, verließ sie die Küche und ging durch das Haus, um die Fenster zum Lüften zu öffnen. Als sie gleich darauf zurückkam, war der Kocher ausgeschaltet. Eberhard kam herein und sagte tadelnd: „In diesem Haushalt wird kein Strom vergeudet. Wenn man Kaffee kochen will, bleibt man in der Küche." Solche Situationen häuften sich. Die Krönung war, als sie einen Rinderbraten zubereitete. Nach einer Stunde stürzte er mit wildem Blick in die Küche. „Der Braten ist fertig!"

„Nein! Rind benötigt mehr Zeit. Er ist doch noch steinhart."

„Über eine Stunde zum Fleischbraten! Wo gibt's denn so eine Verschwendung!? Der ist fertig und wird so gegessen." Er schaltete den Herd augenblicklich ab. Die Frauen aßen mittags nur Klöße, Rotkraut und Soße. Eberhard aber kaute standhaft wie ein Mann auf einem Stück Rinderbraten herum, das höchstens als Schuhsohle getaugt hätte.

Dann kam eine Aufregung nach der anderen. Anfangs hatte Marita ihren Kolleginnen aus Scham alles verschwiegen. Doch bald konnte sie die Szenen nicht mehr verkraften und öffnete nach und nach den anderen ihr Herz. So schockiert und oft auch empört die Kolleginnen nach jeder Offenbarung waren; es siegte bald darauf immer der Humor. Manchmal bogen sich alle vor Lachen. Es artete so aus, dass Marita, kaum dass sie den Kindergarten betrat, bestürmt wurde, das Neueste zu schildern.

Eberhard beschuldigte Marita, dass immer Hemden und Schlafanzugjacken fehlen würden, seit sie da war. Sie sah in der Wäsche nach und suchte im ganzen Haus. Die Teile blieben verschwunden.

Das Merkwürdigste für Marita war, dass Inge sehr an ihr hing. Mit dem Vater stritt sie, brüllte herum und jagte ihn mit dem Messer durchs Haus. Dann schloss sie sich stundenlang in ihr Zimmer ein. Auch wenn sie weg war, blieb das Zimmer verschlossen. An ihrem Haushaltstag wollte Marita waschen. Am Abend vorher bat sie Inge ihre Schmutzwäsche ins Bad zu legen. Am nächsten Morgen, Inge war bereits zur Schule unterwegs, wollte Marita die Wäsche sortieren und stellte fest, dass von dem Mädchen nichts dabei war. Sie forderte Eberhard auf, ihr die Tür vom Kinderzimmer zu öffnen. Nach langem Zögern holte er auf ihren Druck hin einen Dietrich und schloss auf. Marita bekam das Grausen. Dass alles zerstreut herumlag, hätte sie mühelos verkraftet. Sie hatte schließlich drei Kinder großgezogen. Aber vor und unter dem Bett kullerten Bier- und Schnapsflaschen herum. Blutverschmierte Schlüpfer lagen dazwischen. Und dann entdeckten sie die verstümmelten Hemden und Schlafanzugjacken von Eberhard, die er so sehr vermisst hatte. Alles war zerschnitten und die Teile als Rüschen an Inges Kleidung genäht, auch als Ketten und Armkrausen verwendet. Marita wusste nicht, was sie davon halten sollte. Bisher hatte sie das Mädchen nicht mit diesen Fetzen gesehen.

„Du musst ihr so etwas verbieten und sie mehr kontrollieren", rief Marita empört. „Das ist doch kein Zustand! Wenn das nicht bald besser wird, bin ich aus diesem Haus verschwunden."

Eberhard warf sich auf die Knie, bat um Verzeihung wegen der Versäumnisse bei der Erziehung und versprach alles, was sie hören wollte. Am Abend überraschte er sie mit Konzertkarten.

Eine Weile lief es mit Inge einigermaßen. Sie war wohl etwas erschüttert, dass sie auch Marita, ihrer lieben Mutti, Kummer gemacht hatte. Aber es hielt nicht lange an. Nach einigen Tagen schloss sie sich wieder in ihr Zimmer ein, und es fand ein emsiges Rascheln statt sowie Geräusche, die Marita nicht einordnen konnte. Inge verließ das Zimmer nur noch zum Schulbesuch. Marita hatte ein ungutes Gefühl, was das Mädchen stundenlang allein im Zimmer anstellte. Als ihr alles zu mysteriös wurde, verlangte sie von Eberhard, erneut die Tür zu öffnen. Er musste sie aufbrechen, da das Mädchen allerlei Riegel angebracht hatte.

Dann starrten beide wie hypnotisiert auf das, was sich ihnen bot.

Der ganze Raum war mit Nazi-Fahnen und Nazi-Symbolen ausgestaltet.

Sie waren beide so fassungslos, dass sie nicht glauben konnten, was sie dort sahen. Marita hatte noch geringe Erinnerungen an ihre Vorschulzeit, wo sie derartige Symbole gesehen hatte. Aber in den ganzen Jahren ihres Lebens war ihr nie wieder so etwas untergekommen. Sie hatte geglaubt, dass in der DDR alles Nationalsozialistische mit Stumpf und Stiel ausgerottet worden war. Ohnmächtige Wut packte sie, was ihr in diesem Haus alles widerfuhr. Sie riss den Dreck von Wänden und Möbeln, warf ihn Eberhard vor die Füße und befahl ihm, augenblicklich alles zu verbrennen.

Marita benötigte lange, um alles zu verdauen. Als sie sich das Mädchen vornahmen, wiegelte sie alles in einer naiven Weise ab, die unfassbar war. „Ihr macht immer aus einer Mücke einen Elefant. Das ist jetzt eben mal modern. Wen stört das schon, was ich hier oben habe?"

„Mich!", rief Marita empört. „Wenn ich noch einmal irgendetwas von dem Nazi-Dreck sehe, verlasse ich dieses Haus."

Das wollte Inge nicht, und sie gab sich sichtlich Mühe, sich zu bessern.

Um die Wogen wieder zu glätten, wurde Marita am nächsten Tag von Eberhard ins Ballett geführt.

Marita dachte, dass es keine Steigerung der fürchterlichen Vorfälle mehr geben könnte und dass jetzt endlich Harmonie und Ruhe einkehren würde. Sie irrte.

Inges Schule veranstaltete eine Jahresabschlussfeier. Sie wollte nicht hingehen und sich wieder im Zimmer einschließen.

„Aber du gehörst doch dazu. Es ist doch schön, einmal mit seinen Klassenkameraden zu feiern."

Inge murmelte etwas Unverständliches, ging dann aber doch los, weil sie Marita nicht schon wieder erzürnen wollte.

Nach knapp zwei Stunden bereute Marita zutiefst, das Mädchen losgeschickt zu haben. Als Inge zuhause erschien, war Marita bei dem Anblick, den sie bot, entsetzt. Der helle neue Rock war total verdreckt. Blut lief auf den Innenseiten der Beine herunter. Die Bluse war zerrissen.

„Wer war das? Wie ist denn das passiert?"

„Tut das immer so weh? – Mir war schlecht, und ich ging in den Hof und lehnte mich an einen Baum. Da kam der Jörg aus unserer Klasse, drückte mich ganz fest an den Baum und zerriss die Bluse, um meine Brust anzugrapschen. Dann hob er den Rock, schob den Slip nach unten und drückte mir sein Ding da rein." Sie zeigte die Stelle zwischen den Beinen.

Dann fuhr sie fort: „Er hat gesagt, dass er nicht wusste, dass ich noch Jungfrau gewesen sei."

Was sollte Marita tun? Es war passiert. Sie schickte sie ins Bad, nicht ahnend, dass das erst der Anfang war. Inge hatte nun entdeckt, wie sie Männer gefügig machen konnte und, was noch schlimmer war, wie man dadurch sein Taschengeld aufbessern konnte.

„Sprich mit ihr", flehte Marita Eberhard an. „Du bist doch der Vater."

Für Erziehung war es jedoch eindeutig zu spät. Inge lachte nur, tänzelte nackt durch das Haus, den gesamten Körper geschmückt mit den gekräuselten Streifen von Eberhards Hemden. Eines Tages hörte Marita Geräusche aus Inges Zimmer, die sehr eindeutig daraufhin wiesen, was da oben geschah. Das Kind war erst dreizehn. Eberhard machte sich strafbar, wenn er dies duldete. Sie legte sich auf die Lauer und erkannte nach einer Weile, wer da die Treppen herunterschlich. Es war der Vater einer Klassenkameradin, der in der Nähe wohnte. Eberhard stellte ihn nach Maritas unmissverständlicher Aufforderung zur Rede. Der Mann zeigte keinerlei Scham. Dass Verkehr mit Minderjährigen eine Straftat war, nahm er in keiner Weise ernst.

„Die ist eben so weit entwickelt, dass sie das braucht. Es ist doch besser, ich mach es, als einer, der nicht weiß, wie man verhütet."

Als Eberhard mit seiner Tochter, wieder gedrängt von Marita, über ihre Tat sprach, lachte sie nur und sagte: „Für 50 Mark lieb ich dich auch."

Marita war am Ende ihrer Kräfte. Als sie ihm eröffnete, dass sie ihn verlassen wolle, warf er sich wieder auf die Knie und flehte sie an, zu bleiben. Er versprach, alle ihre Wünsche zu erfüllen. Sie wusste, dass er sie nicht gehen ließ. Er sprach von einer großen Überraschung. „Ich habe uns in Quedlinburg unsere Hochzeitsfeier mit Übernachtung gebucht."

Er wollte sie also bei einem Besuch dieser wunderschönen historischen Stadt im Harz überrumpeln, denn Hochzeit hatte sie immer weit von sich gewiesen.

Dann kam der Moment, an dem sie fest entschlossen war, zu gehen. Sie zog sich einen grippalen Infekt zu und wurde krankgeschrieben. Da die Poliklinik näher an ihrer eigenen Wohnung lag und es ihr sehr schlecht ging, beschloss sie, zunächst dorthin zu gehen. Sie hatte in ihrem Zuhause eine Heizdecke, ein Rotlichtgerät und ein Gerät zum Inhalieren.

Abends klingelte es. Eberhard kam. Er betrat nur kurz den Raum, weit von ihr entfernt, blickte auf die elektrischen Geräte, und sein Geiz schoss diesmal den Vogel ab.

„Am besten ist es, du bleibst gleich hier, bis du wieder gesund bist."

Er verließ das Zimmer und kam erst nach zwei Tagen wieder, um sich nach ihrem Befinden zu erkundigen, wieder weit entfernt, damit er sich nicht anstecken könnte. Für Marita war nun alles klar. Sie würde sich trennen. Als sie gesund war, verabredete sie sich mit einer Kollegin, und sie gingen in Eberhards Haus. Sie packte ihre mitgebrachten Utensilien und Möbel ein, schrieb ihm einen Brief, legte den Schlüssel bei und brachte dann ihren Besitz in ihr eigenes Heim. Am Abend erschien er und wollte sie wieder kniefällig überzeugen. Als sie keine Anstalten machte, zurückzukehren, erteilte er ihr Hausverbot und schleuderte ihr entgegen, dass er jetzt genau wüsste, dass er nur seine Tochter lieben würde.

„Dann werdet glücklich. Ihr habt euch verdient", waren die letzten Worte, die sie ihm mit auf den Weg gab. Sie wusste, dass sie richtig gehandelt hatte, bedauerte aber das Mädchen. Im Kindergarten gratulierten ihr alle zur Trennung. „Es ist nur schade", sagte Dorit, „dass du so viel Kraft und Geld investiert hast."

„Wieso Geld? Ich war zwar in mancher Hinsicht blöde, weil ich dachte, ich könnte meine erzieherischen Fähigkeiten besser zur Wirkung bringen. Aber ganz so bescheuert war ich dann doch nicht. Wie ich durchschaut hatte, was für einem Geizkragen ich ausgeliefert war, habe ich Mark für Mark beiseite gezogen und in den Monaten ein hübsches Sümmchen zusammengespart."

„Und das hat dieser notorische Geizhals nicht gemerkt?"

„In dieser Beziehung sind die Frauen mit wesentlich besseren rechnerischen Fähigkeiten ausgestattet. Ich musste mein ganzes Leben lang genau kalkulieren und rechnen, wie jede von euch. Ich kann einsparen und kriege trotzdem den Rinderbraten weich. Und was die investierte Kraft betrifft, so verrechne ich dies mit dem Umfang an Erfahrungen, die ich gewonnen habe."

„Gut", sagte Charlotte. „Und jetzt haben wir uns alle eine schöne Tagesreise verdient. Wollen wir nicht einmal alle zusammen auf die Wartburg, damit Marita endlich in ihren künstlerischen Gefühlen schwelgen kann und nicht durch die fürstlichen Hallen gejagt wird?"

„Ja, aber zuerst lade ich euch alle zu mir zum Kaffee ein."

Als Marita in der Kaufhalle Wein und Knabbereien für ihre Gäste erwarb, lächelte sie vor sich hin, wenn sie daran dachte, wie gut sie die Situation gelöst hatte und wie schön es sein würde, allein zu sein, ohne badewütigen Single, ohne Alkoholiker, ohne Nazi-Symbole, ohne Entjungferung am Baum, ohne notorischen Geizhals, ohne Jagd durch Schlösser und Museen, ohne Jagd auf Schokohohlkörper. Von ihren erotischen Erlebnissen wollte sie träumen, aus den ernüchternden Erfahrungen hatte sie Schlussfolgerungen gezogen. So erwarb sie für die Feier, immer noch lächelnd, eine besonders gute Flasche Wein. Doch einer verstand das Lächeln falsch. Ein Mann schob sich mit einem aus seiner Sicht umwerfenden Lächeln an sie heran. „Ich habe Sie schon öfters hier gesehen und finde Sie sehr begehrenswert. Wir könnten uns doch ab und zu für erotische Treffen verabreden. Ich erwecke vielleicht nicht den Eindruck, aber ich bin für mein Alter noch ein ganz flotter Feger.“

Nichts war mehr an Marita von Schüchternheit und schamvollem Erröten.

Sie war vom Leben geschult worden und dabei gereift. Das Leben war hart. Sie aber inzwischen auch. „Fegen Sie gefälligst woanders!“, gab sie dem erwartungsvoll blickenden Mann zurück. „In meinem Haushalt fege ich jetzt nur noch allein.“

Quellennachweis:

Kessler, Hans Joachim, Kriegskinder in Mitteldeutschland, Wartberg Verlag, Gudensberg-Gleichen, 2005.

Knopp, Guido, Das Ende 1945 – Der verdammte Krieg, Verlag Bertelsmann, München, 1989.

Die Autorin

Lilien Mergner, geboren 1943 in Schlesien, ist ausgebildete Pädagogin und arbeitete als Kindergärtnerin und Heimerzieherin. Kinder gaben und geben ihr noch heute einen Impuls zum Schreiben und zum Erfinden von Märchen.

Die vorangegangenen Teile ihrer Biografie „Lilien, ein Flüchtlingskind im Allgäu", „Lilien, das bayrische Mädchen im DDR-Internat", „Pfüati Gott Bayern. Lilien und die Mauer" und „Lilien und die steinigen Wege im geteilten Deutschland" erschienen 2011, 2012 und 2014 im novum pro Verlag.

Lilien Mergner

Lilien, ein Flüchtlings- kind im Allgäu

ISBN 978-3-99003-279-4
154 Seiten

Lilien, ein evangelisches Flüchtlingskind aus Schlesien, wächst in einem katholischen Dorf im Allgäu auf. Autobiografie von Lilien Mergner über Flucht, ihre Kindheit, über Ablehnung und den Neustart in der DDR.

Lilien Mergner

Lilien, das bayrische Mädchen im DDR-Internat

ISBN 978-3-99026-044-9
190 Seiten

Ihre Kindheit verbrachte Lilien im Allgäu. 1957 wird sie im Alter von 14 Jahren in die DDR gebracht, um im Schweriner Schloss den Beruf einer Kindergärtnerin zu erlernen. Ganz allein, in einem Land mit sozialistischer Gesellschaftsordnung bemüht sich die ehemalige Westdeutsche um Anerkennung und Freundschaft …

Lilien Mergner

Pfüati Gott Bayern

ISBN 978-3-99026-728-8
282 Seiten

Lilien lernt das Leben der DDR-Bürger mit allen Sinnen und Gefühlen kennen, schildert unbeschreibliche Komik und auch Wut
und Enttäuschung beim einfachen Volk. Berufliche Erfolge und
Schwierigkeiten kennzeichnen ihre Jugendjahre.

Lilien Mergner

Lilien und die steinigen Wege im geteilten Deutschland

ISBN 978-3-99038-170-0
284 Seiten

Das bayerische Mädchen Lilien wächst in der DDR zu einer jungen Frau heran. Sie lernt das Leben mit all seinen Höhen und Tiefen inmitten der einfachen Menschen zu meistern und beweist Humor und Durchhaltevermögen.